박해민, 최기타 지음

민스뮤직출판

 '못 간다고 전해라'의 노랫말처럼 요즘같은 백세인생 시대에 악기 하나 정도는 배워야 하는 것이 당연한 듯 되었습니다. 또 이런 사회 분위기에 맞춰 문화생활이나 여가 활동을 위해 악기를 배울 수 있는 곳이 많아졌습니다. 가까운 집 근처 주민센터나 대형마트, 백화점에 가더라도 '문화센터'라는 이름으로 다양한 수업이 있으며, 수업료 역시 저렴하므로 시간을 내어 악기 하나 정도는 배워두는 것이 좋습니다.

 통기타를 포함하여 모든 악기가 마찬가지겠지만 연주법의 기술적인 부분(통기타는 코드, 주법 등을 말함)에서는 시대가 변해도 같습니다만, 선곡적인 부분에서는 구입하는 독자층에 맞는 곡을 선곡해야 합니다. 그러나 일반적인 통기타 교본은 전체 연령층을 염려해 두고 집필하는 경우가 많아 중·장년층이 배우기에는 어려운 점이 있었습니다. 그래서《낭만의 통기타》는 60년대의 트롯 음악을 시작으로 70·80년대의 고고와 발라드 음악 그리고 현대 음악 중에 성인들이 즐겨 부를 만한 음악을 선곡하여 중·장년층이 통기타를 조금 더 쉽고 재밌게 배울 수 있도록 구성하였습니다.

 인터넷이 대중화 되기 전인 불과 10여 년 전만 해도 음반을 구매하지 않고서는 음악을 듣기가 쉽지 않았지만 요즘은 각종 음원 사이트(멜론, 벅스 등)와 유튜브 등에서 음악을 쉽게 들을 수 있으므로 악기를 배우는 데는 더없이 좋은 환경입니다. 여기에 발맞춰《낭만의 통기타》의 수록 곡은 카포(Capo)를 사용하여 원곡의 음과 같이 맞춰서 귀로 듣는 음악과 연주하는 음악을 동일하게 만들었습니다. 언제든 음악과 같이 연주하는 즐거움이 있기를 바랍니다.

 마지막으로《낭만의 통기타》는 유튜브에서 찾아 레슨 영상을 보며 연습할 수 있습니다. 유튜브에 들어가서《낭만의 통기타》로 검색하고 구독하여 영상 순서대로 보거나 목차에서 제목을 찾아보면 됩니다.

1. 트롯을 시작으로 현대음악까지 중·장년층이 좋아하는 음악으로 선곡하였습니다.
2. 목차를 세분화하여 가르치고 배우기 쉽게 만들었습니다.
3. 많은 연습 곡을 수록하였습니다.
4. 유튜브에《낭만의 통기타》채널에 오시면 레슨 영상과 연주팁, MR 등의 다양한 자료가 있습니다.

개정판 -
종합 연습곡 두 번째 '가을이 오면(이문세)'이
'토요일 밤에(김세환)'으로 교체되었습니다.

개정2판 -
종합 연습곡에서 4곡이 삭제 되었습니다.
  인생1, 사는게 니나노, 백세인생,
  Raindrops keep falling on my head

낭만의 통기타 초급 곡 목록

#낭만 1.
통기타 알아보기

1. 통기타란

통기타는 일반적으로 여섯 개의 쇠줄을 8자 모양의 통과 음을 배분하는 넥의 양쪽에 걸고 줄을 튕겨 울림통의 증폭으로 소리를 만드는 악기를 말합니다.

'**통기타**'는 우리나라에서만 사용되는 말로, 원래 'Acoustic Guitar(어쿠스틱 기타)'가 정식 명칭입니다. (=Folk Guitar(포크기타))

'**Acoustic**^{전자 장치를 쓰지 않는} **Guitar**'란 나무의 울림통을 가지며 현을 튕겨 소리가 통 안에서 증폭되어 나오는 기타 모양의 악기를 총칭하는 말로서 클래식 기타도 포함하지만, 현재는 보편적으로 어쿠스틱 기타를 통기타라고 합니다.

'**Folk**^{일반적인, 대중적인} **Guitar**'는 70년대 포크^{folk}라는 음악 장르에서 어쿠스틱 기타가 많이 연주되어 붙여진 말입니다.

2. 통기타의 역사 history

1. 통기타의 어원

통기타의 언어적인 변천을 보면, 고대 페르시아와 인도에 'sitar(시타)'라는 기타 모양의 악기 있었는데 이것이 그리스에서 'kithara(키따라)'로 변하였고, 그 후 라틴어인 'Cithara(시따라)'와 아랍어인 'Qitara(퀴타라)'로 변하였습니다. 그러다가 8세기경 아랍계 북아프리카 민족인 무어족이 스페인을 점령하면서 지금의 'Guitar(기타)'의 직접적인 어원인 스페인의 'Guitarra(기타라)'까지 변하게 됩니다. 이 'Guitarra'는 유럽의 영어권으로 넘어가면서 현재의 정식 명칭인 'Guitar(기타)'로 불리게 되고, 마지막으로 6 · 25 이후 미군에 의해 'Guitar'가 우리나라에 들어오면서 울림통이 있는 'Guitar'라는 의미로 '통기타'로 불려지게 됩니다.

2. 통기타의 변천사

최초의 기타 모양의 악기가 확인된 시점은 기원전 4000~3000년경의 메소포타미아와 이집트 지역의 고분 벽화이며, 정확한 자료로 남아있는 것은 기원전 1400년경 이집트 신왕국 시대의 Nefer(네파, 또는 네훼르)와 고대 페르시아 시대의 Oud(오우드 또는 우드)라는 악기부터 시작합니다. 그 후 위에 어원에서 보듯이 어원이 바뀔 때마다 악기의 모양도 조금씩 바뀌었으며 변형된 형태로 만돌린, 류트, 우쿨렐레 같은 악기들도 생겨나기 시작합니다.

◆ **Nefer(네파)** 기원전 만들어져 벽화로만 존재 사실을 확인할 수 있는 기타의 시조.(왼쪽에서 두 번째)

오늘날 사용하는 통기타는 19세기경 스페인의 악기 제작자였던 안토니오 데 토레스 쥬라드 Antonio De Torres Jurado, 1817~1892에 의해 만들어진 클래식 기타의 모양, 크기, 지판을 사용하고 있습니다.

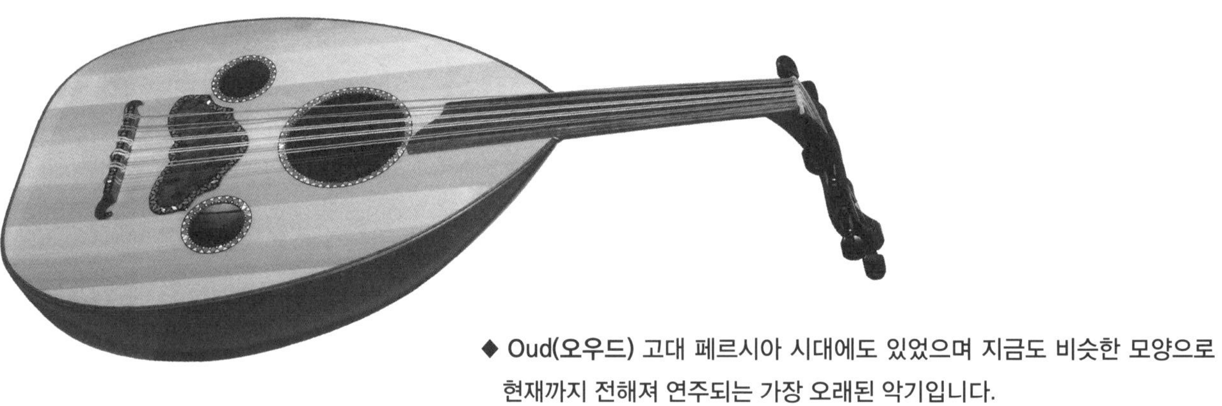

◆ **Oud(오우드)** 고대 페르시아 시대에도 있었으며 지금도 비슷한 모양으로
현재까지 전해져 연주되는 가장 오래된 악기입니다.

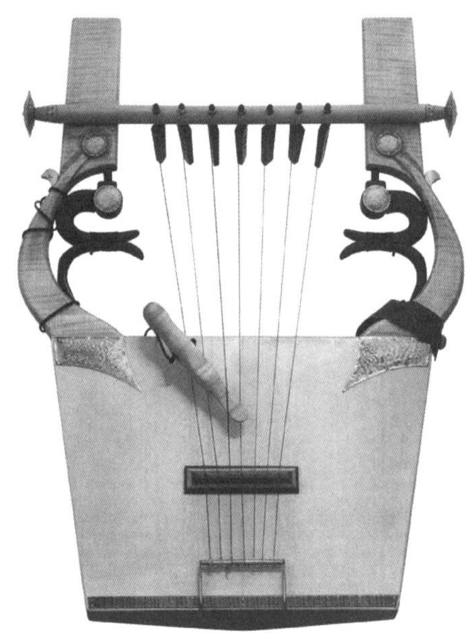

◆ **Guitarra(기타르)** 기타 어원의 시초이지만 모양은 하프의 모양입니다.

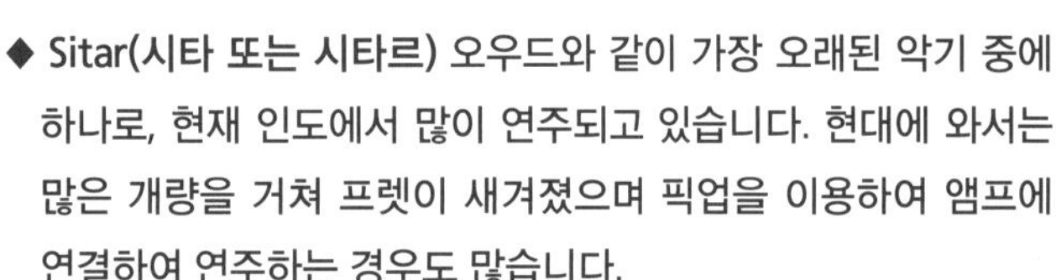

◆ **Sitar(시타 또는 시타르)** 오우드와 같이 가장 오래된 악기 중에
하나로, 현재 인도에서 많이 연주되고 있습니다. 현대에 와서는
많은 개량을 거쳐 프렛이 새겨졌으며 픽업을 이용하여 앰프에
연결하여 연주하는 경우도 많습니다.

◆ **Lute(류트)** 아라비아에서 8~10세기경에 확립된 현악기 우드(oud)가 이슬람의 지배하에 있던 스페인에서 유럽으로 전해졌다. 그 후 유럽에 널리 퍼진 류트는 바로크 시대를 정점으로 하여 유럽 고전 음악의 각광받는 악기가 되었고, 각지에서 다양하게 변형, 발전하여 만들어졌다. 그러나 그 과정에서 줄의 수가 계속 늘어나면서 조율이나 주법의 문제와 음량이 작은 이유로 대중에게서 멀어지게 되었습니다.

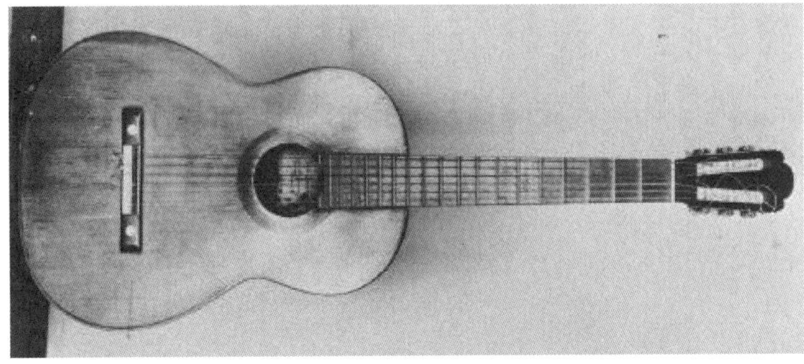

◆ **Vihuela(비후엘라)** 다른 악기와 특이하게 다른 점은 한 옥타브 차이로 조율된 겹줄로 되어 있는 구조라는 것이다. 14~16세기 유럽에서 크게 유행하였으며 기타 발전에 많은 영향을 미친 악기 중에 하나이다. 같은 시기에 있었던 '기타라'에 비해 귀족들이 듣고 연주하는 악기였다.

◆ **Guitarra(기타라)** '비후엘라'와 같은 시기의 유행했던 악기로 '비후엘라'가 귀족적인 악기였으면 '기타라'는 서민적인 악기였으며 현재의 기타의 가장 가까운 형태를 가지게 됩니다.
4현 또는 5현의 줄에 8바모양의 원통을 가집니다. (사진 없음)

◆ **Classic Guitar(클래식 기타)** 안토니오 데 토레스 쥬라드에 의해 만들어진 기타로, 요즘 사용되고 있는 기타와 같은 모양이며, 통의 비율과 지판의 배열이 같습니다.

3. 기타의 종류

1. 통기타^{Acoustic Guitar}

Folk Guitar(포크 기타)로도 불리며 6줄의 쇠줄을 이용하여 소리를 내며 음계, 화음, 리듬, 타악기 주법 등 여러 가지의 가능을 하여 피아노와 더불어 현재 가장 많이 사용되는 악기입니다.

● 모델명 : JR.Custom/Hara
사진제공 : JRmusic(제이알뮤직)

2. 일렉 기타^{Eletric Guitar}

전기 기타 또는 스틸 기타라고도 하며 현의 진동을 픽업으로 받아 앰프에 연결해서 나는 악기로 전체적인 악기 느낌은 통기타와 비슷하지만 자체 울림통이 없어 어쿠스틱 기타에 비해 얇은 것이 특징입니다.

3. 클래식 기타^{Classic Guitar}

클래식 기타는 나일론 줄을 사용하며 손가락으로 뜯어서 멜로디와 화음을 동시에 연주하는 어쿠스틱 기타를 말합니다. (=Classical Guitar, 영어 표기가 다른 경우도 있습니다.)

4. 베이스 기타^{Bass Guitar}

일렉 베이스 기타라고도 하며 일렉 기타와 같은 원리로 만들어졌으며 일반적으로 4현이 많지만 5현과 6현도 존재합니다.

음악에서 저음역대를 소리를 내며 리듬 악기와 화음 악기를 연결하는 역할을 합니다. 어쿠스틱 베이스 기타도 있지만 사용빈도가 낮습니다.

5. 우쿨렐레^{UKulele}

일반적으로 크기가 50Cm 내외의 작은 4현 기타 악기입니다. 클래식 기타와 마찬가지로 나일론 줄을 사용하며, 바디의 크기가 작기 때문에 소리가 경쾌하며 이동이 용이한 장점이 있습니다. '우쿨렐레'의 의미는 '뛰는 벼룩'이라는 뜻으로 소리의 특성 때문에 붙여진 이름이며, 하와이의 민속 악기입니다.

6. 그 외 악기로는 만돌린, 벤조 등의 수없이 많은 현악기가 있습니다.

4. 통기타의 종류

통기타는 크기에 따라 크게 4가지로 나뉩니다.

1. Dreadnauht Body^{드레드넛 바디} **= D-Body**^{디-바디}

가장 일반적인 통기타의 크기입니다.

2. Orchestra Bosy^{오케스트라 바디} **= OM-body**^{오엠-바디}

드레드넛 바디보다 약간 작은 사이즈로서 여성용 또는 학생용이란 말로 쇼핑몰에서 판매되는 크기입니다.

■가장 많이 판매되는 드레드넛 바디와 오케스트라 바디의 모양 비교

① 밑의 사진처럼 크기가 작으며 옆면의 사운드홀(구멍)쪽으로 많이 들어가는 것이 오케스트라 바디입니다.

② 드레드넛 바디는 옆면이 12~13Cm이며, 오케스트라바디는 10~11Cm입니다.

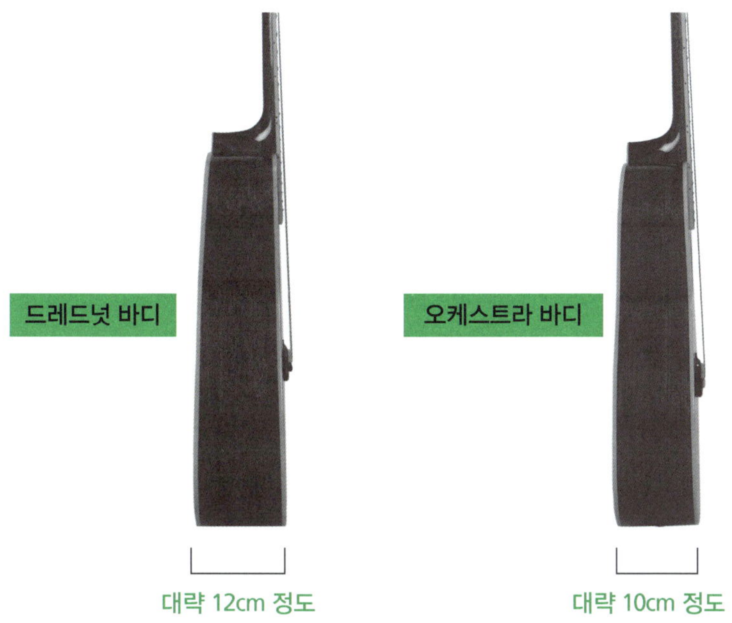

3. Jumbo Body^{점보 바디} = J-body,

드레드넛보다 크며 저음역대가 강조된 연주할 때 사용합니다.

4. Palar Body^{팔러바디} = O-Body

오케스트라보다 작으며 상당히 날카로운 소리가 납니다.

■ 참고

Cut Away Body^{컷어웨이 바디}

위의 사진처럼 1~4번 바디에 넥 접합부분의 밑부분이 타원형으로
잘려 나간 것을 말합니다.

위의 종류 외에도 제조사의 판매 전략에 따라 크기나 모양을 조금씩 다르게 해서 생산합니다.

5. 통기타의 구조

1. 구조

통기타는 머리, 목, 몸통의 세 부분으로 나뉘며 머리는 조율의 역할, 넥은 음의 배분 역할, 몸통
은 울림의 역할을 합니다.

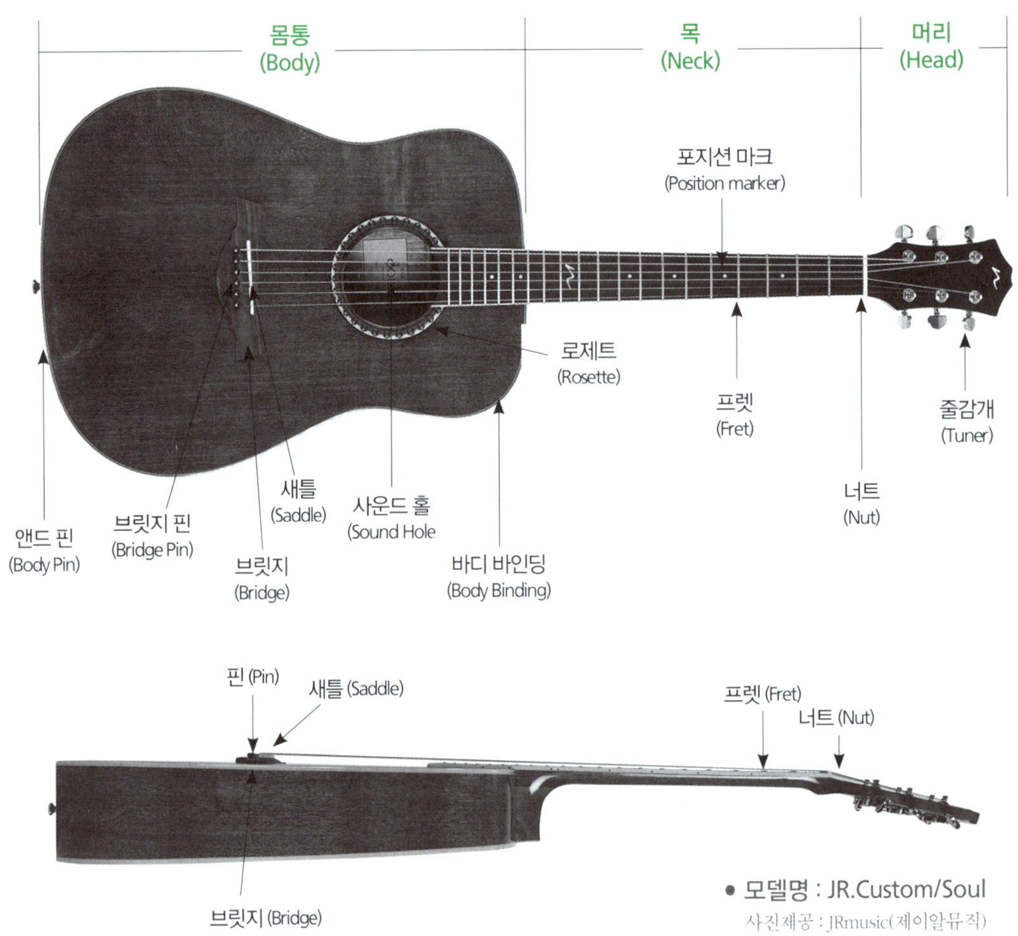

● 모델명 : JR.Custom/Soul
사진제공 : JRmusic(제이알뮤직)

2. 명칭별 역할

① **헤드**[Head] - 기타의 머리 부분.(악기 브렌드는 자기들만의 고유한 헤드 모양이 있습니다.)

줄감개[Tuner] - 줄감개에 감겨있는 줄을 감거나 풀어서 음의 조율하는 부분.

② **넥**[Neck] - 기타의 목 부분.

너트[Nut] - 기타 줄이 줄감개에서 넥을 통해 연결될 수 있도록 하는 중간 이음 역할.

프렛[Fret] - 지판 위에 수직으로 박혀 있는 금속재질의 막대기. 음을 나누는 경계선.

포지션 마크[Position Marker] - 프렛수를 빨리 파악할 수 있도록 도와주는 표지.

- 3, 5, 7, 9, 12 프렛에 표시가 있는 경우가 대부분입니다.

③ **바디**body - 기타의 몸통 부분.

　바디 바인딩body Binding - 기타 바디의 테두리.

　로제트Rosette - 사운드 홀 주변의 무늬 장식.

　사운드 홀 Sound Hole - 통기타 몸통에 있는 구멍.

　새들Saddle - 기타 줄을 브리지를 통해 넥쪽으로 연결할 수 있도록 이어주는 역할을 하며 줄 높이와 소리
　　　에도 영향을 줍니다.

　브리지Bridge - 바디에 줄과 새들을 고정시키는 역할을 합니다.

　브리지 핀 Bridge Pin - 줄을 바디와 브리지에 고정시키는 작은 플라스틱 조각.

　엔드 핀 End Pin - 기타 스트랩(멜빵)을 걸기 위한 고정 핀.

■ 통기타와 클래식 기타의 차이점

통기타와 클래식 기타는 겉모습이 거의 비슷하여 악기를 처음 접하시는 분들은 구분을 못하는 경우
가 많지만 줄의 재질, 줄감개, 브리지가 다르므로 알아두면 좋습니다.

	통기타	클래식기타
정식 명칭	Acoustic Guitar Strings (어쿠스틱 기타 스트링) 쇠줄	Classical Guitar Strings (클래식 기타 스트링) 나일론 줄
상품의 표기		
줄감개		
브리지		

6. 통기타를 배우려 하는 분들의 질문

통기타 배우기를 망설이시는 분들이 가장 많이 질문입니다.

1. 악보를 못 보는데 악기 연주가 가능한지요?

"악기(통기타)를 연주하려면 악보를 읽을 줄 알아야 하는데 악보를 못 봅니다."라는 얘기를 자주 듣는데 통기타 연주에서 악보를 읽는다는 것은 아주 단순하게 코드와 가사, 그리고 리듬을 연주하는 것이기 때문에 오선보에 있는 음표와 쉼표는 읽을 필요가 없습니다. 그러므로 악보를 못 읽어도 연주하는 데는 지장이 없습니다.

2. 악보에 쉼표가 있는데 연주를 하여야 하나요?

통기타를 연주할 경우, 일반적으로 왼손으로 코드를 운지하고 오른손으로 스트로크(리듬 연주)를 합니다. 이는 오선보 악보에서 음표와 쉼표가 있는 것과는 다른 것이므로 리듬 연주를 할 경우에는 오선보에 표기되어 있는 음표와 쉼표는 무시해도 되며, 코드와 한마디 안에 이루어지는 스트로크를 연주하면 됩니다.

3. 음악을 들어도 어떻게 연주하는지 모르겠어요?

대략 1년 정도는 꾸준히 연습해야 하고 평소에 음악을 들을 때 배운 리듬을 접목시켜 보는 연습도 중요합니다. 어떤 곳에서 배우더라도 배운 리듬, 즉 음악의 분위기를 파악하는 연습이 중요합니다. 이를 익히는 것은 짧은 시간에 가능한 일은 아니므로 대략 2~3년 정도 꾸준히 배우다고 생각하시면 됩니다.

4. 코드가 안 외워져요?

통기타의 지판과 줄은 연주하는 본인에게는 보기 불편합니다. 그래서 처음 배우는 분들은 기타를 눕혀서 자신이 잘 볼 수 있게 하고 연주하지요. 줄과 프렛이 잘 보이지 않으면 기억도 잘 되지 않기 때문에 자신만 코드를 못 외우는 바보라고 생각하시지 말고 몇 개월 하다 보면 자연히 외워집니다. 본 교재에 있는 코드표를 복사해서 연습 때 항상 옆에 두고 보시면 됩니다.

5. 내가 악기 연주를 잘 할 수 있을지 모르겠어요?

저도 모릅니다. 일단 배워보세요.

#낭만 2.
시작하기 전

1. 통기타를 배울 때 필요한 것들

1. 통기타

2. 보면대

악보를 펼쳐 올려놓는 판을 말합니다. 옆의 사진처럼 판으로 만들어진 것
이 일반적이나 휴대성을 높이기 위해 얇은 쇠대로 만들어진 것도 있으며
고급스럽게 원목으로 만들어진 것도 있습니다.

3. 피크^{Pick}

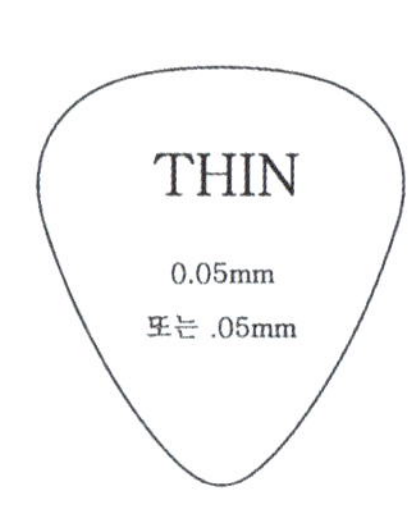

일반적인 통기타 피크는 두께 0.5mm의 얇은 것입니다. 0.8~1mm 두께의
피크는 일렉 기타용인데 이를 통기타에 연주하면 둔탁한 소리를 나기 때
문에 얇은 피크를 준비하는 것이 좋습니다.

4. 카포^{Capo}

원곡의 코드가 어려울 경우 쉽게 바꿔주는 역할을 합니다. 또 음역을 바꾸는 기능도 있으므로 통기타에
서는 가장 필요한 액세서리^{accessory, 부속, 장신구}입니다.

 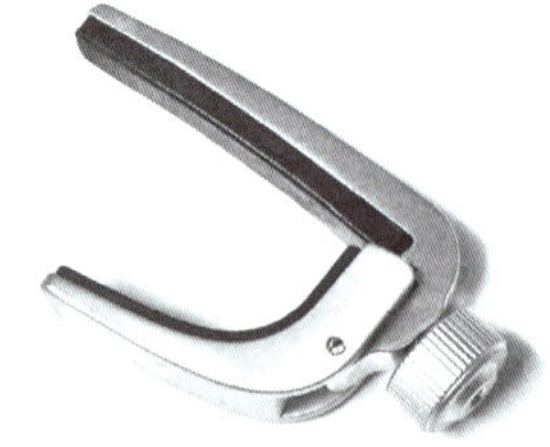

5. 스탠드^{Stand}

기타를 세워두는 받침대로 A자 모양의 스탠드가 가장 일반적이지만 헤드
에 걸어두거나 바닥에 받쳐주는 것도 있습니다.

2. 조율하기

통기타 개방현음 6개를 맞추는 것을 말합니다. 처음 통기타를 배우시는 분들에게는 어려우므로 주위에 도움을 받아 음을 맞추고 연주가 익숙해지면 그 때 배우는 것이 좋습니다.

1. 조율기(=튜너^{Tuner}, 튜닝기)

일반적으로 클립(집게) 튜너를 많이 사용하며 통기타에 장착된 튜너나 스마트폰에 어플을 이용한 튜너도 많이 사용합니다.

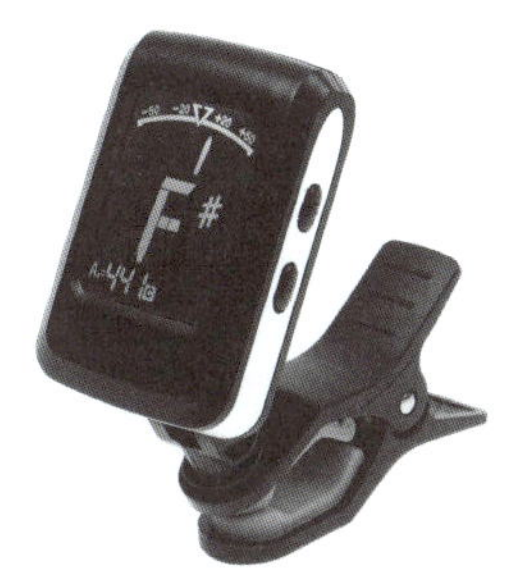

◆ 클립튜너

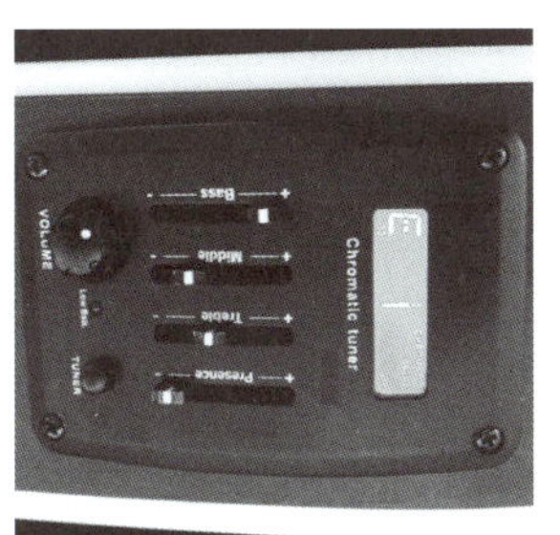

◆ 통기타에 장착된 튜너

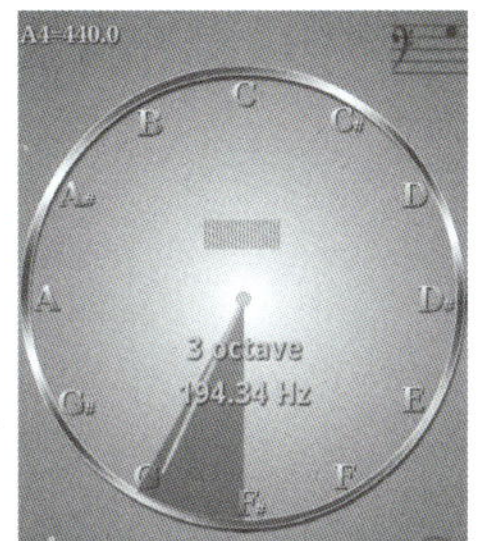

◆ 스마트 폰 어플 튜너

2. 줄감개의 방향

헤드의 줄감개 방향은 사진처럼 위에 줄은 반시계 방향이 음을 높이는 것이고, 시계방향이 음을 낮추는 것입니다. 반대로 밑에 줄은 시계방향이 음을 높이는 것이고, 반시계 방향이 음을 낮추는 것입니다. 그러나 줄을 감은 방향에 따라 바뀔 수 있으니 주의합니다.

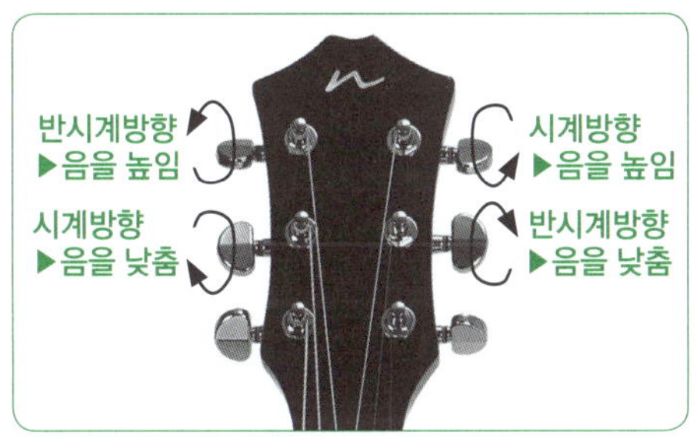

3. 개방현의 음이름

개방현의 음이름 6개를 외워야 하며 굵은 줄과 가는 줄이 혼동되지 않도록 합니다.

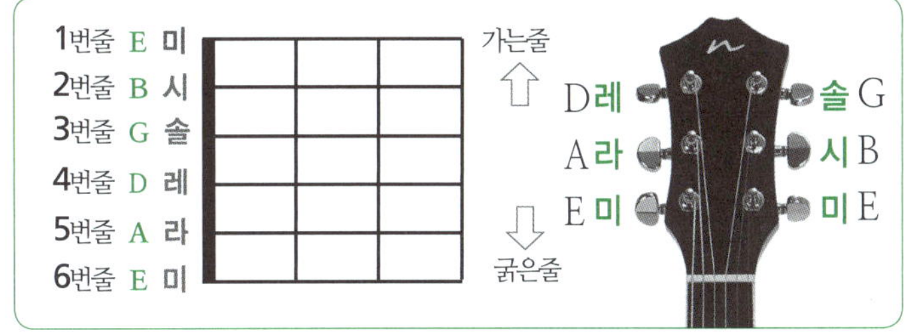

4. 음 높이

튜너는 전부 영문으로 표기됩니다.

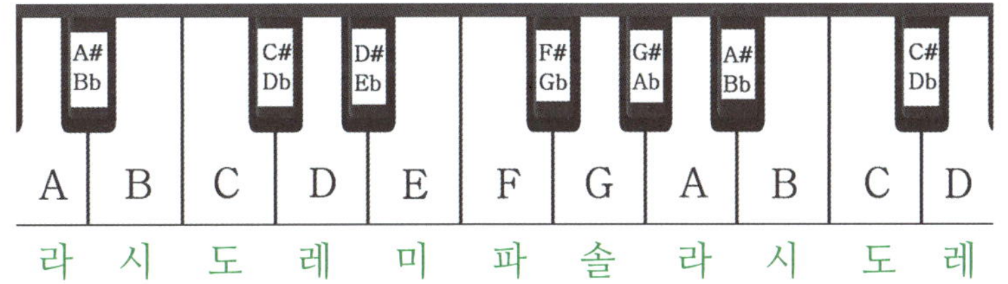

3. 악상기호

악상기호란 악보에 기입하는 음악적 연주(또는 표현법) 기호입니다. 수많은 기호가 있으나 본 교재에서는 초급에서 필요한 기호만 설명합니다.

1. 연주기호

기 호	읽 기	영 문	뜻
>	악센트	accent(엑센트)	표시된 음을 다른 음에 비해 세게 연주(노래)합니다.
	스타카토	staccato(스타카토)	음을 짧게 끊어서 연주(노래)하며 악센트를 포함합니다.
	점점느리게	fermata(페르마타)	곡의 분위기에 맞게 음표나 쉼표를 늘여서 연주(노래)합니다. rit… 으로도 표시합니다.

2. 마디선 기호

	이 름	용 도
	Bar Line 세로선, 마디선	마디를 나눌 때 사용합니다.
	Double Bar 겹세로줄	박자, 조성, 리듬 등 변화가 생기는 부분에 사용합니다.
	Double Bar 끝세로줄	겹세로줄과는 영문 이름이 같지만 뒤에 선이 굵으며 연주가 끝날 때 사용합니다.

3. 순서(반복)기호

① 도돌이표(Repeat)

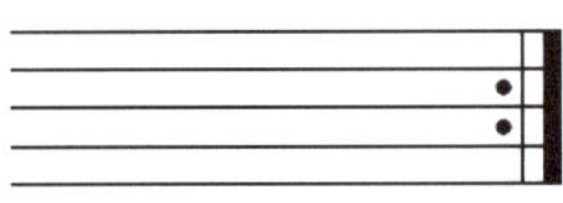

처음부터 반복하여 연주합니다. 만약 반복횟수(_ X Repeat)가 나와 있다면 그 수만큼 반복을 합니다.

연주순서 : 1 - 2 - 3 - 4 - 1 - 2 - 3 - 4

② 도돌이표^{Repeat}

② 도돌이표^{Repeat}

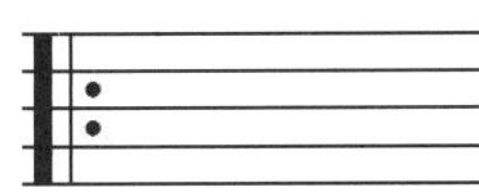

ⓐ 도돌이표의 돌아갈 마디를 표시해 줍니다. 이 도돌이표가 없다면 악보의 처음으로 가야 합니다.

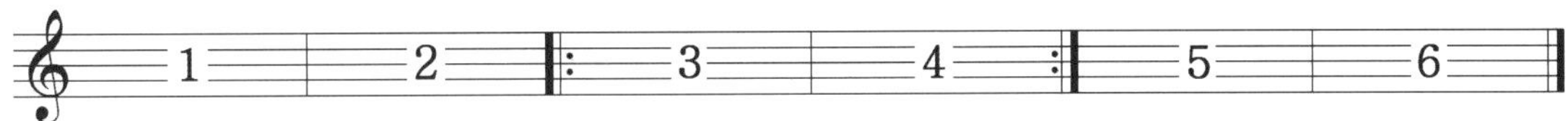

연주순서 : 1 - 2 - 3 - 4 - 3 - 4 - 5 - 6

③ 도돌이표^{Repeat}

③ 도돌이표^{Repeat}

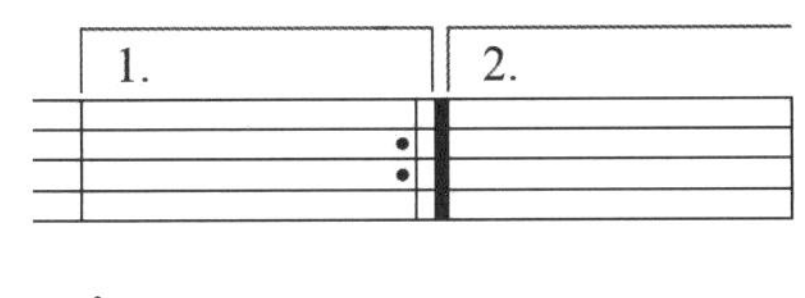

①, ② 경우처럼 반복될 때 1이 아닌 2로 진행하라는 기호입니다.

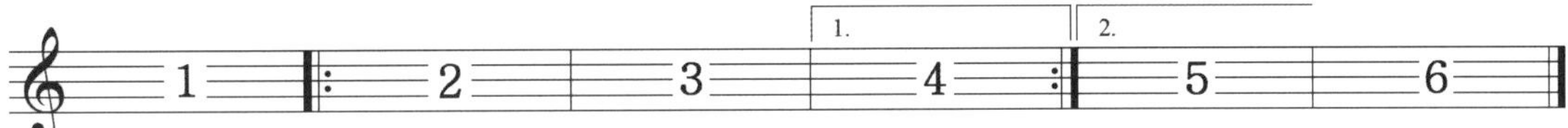

연주순서 : 1 - 2 - 3 - 4 - 2 - 3 - 5 - 6

④ Coda^{코다}

④ Coda^{코다}

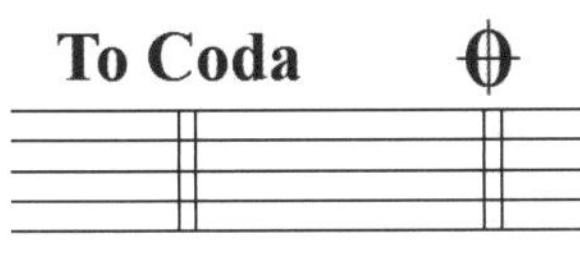

곡의 진행 중에 ③처럼 마디를 건너갈 때 쓰는 기호입니다. D.C.와 D.S.와 같이 표기할 땐 앞에 al을 붙이며 To Coda에서 (Coda) 사이를 건너 뛰어 진행합니다.

⑤ D.S.^{Da Segno:달 세뇨}

⑤ D.S.^{Da Segno:달 세뇨}

일반적인 D.S.는 D.S al coda를 말하며 (Segno)로 가서 To Coda 와 를 건너 뛰어 진행합니다.

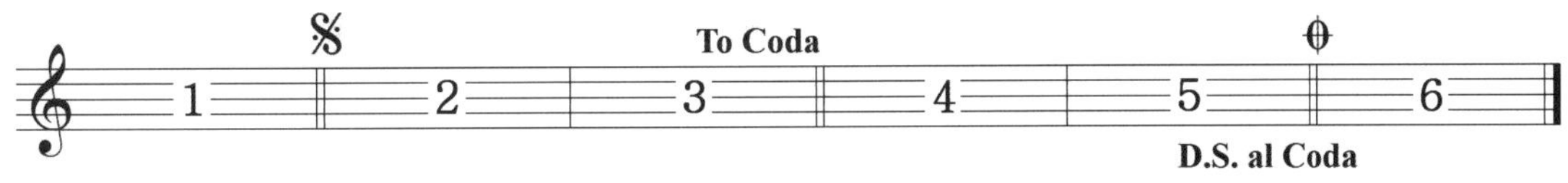

연주순서 : 1 - 2 - 3 - 4 - 5 - 2 - 3 - 6

※ D.S. al Fine도 있지만 잘 쓰진 않습니다.

⑥ 마침표

⑥ 마침표

늘임표와 같은 기호이지만 겹세로줄 위에 놓이면 마침표로 곡의 끝을 나타내며 Fine와 같이 사용되는 경우도 있습니다.

◆ 위의 순서기호 외에도 더 있습니다.

4. 통기타를 배우는 데 알아야 할 음악 용어

1. 코드란?

3개 이상의 다른 음으로 이루어지는 음의 덩어리를 말하며, 통기타에서는 왼손가락이 누르는 여러 개의 음을 말합니다. 그러나 통기타를 처음 배우는 사람에게 화음의 원리나 코드의 구성음을 설명하면 어려워하기 때문에 일단은 코드 모양(왼손의 운지)을 암기하는 것이 좋습니다.

2. 용어정리.

① 피킹^{Picking}

소리내는 행동을 '피킹^{Picking}'이라고 하며, 통기타 연주에서는 피크를 이용한 '피크 피킹^{Pick Picking}'과 손가락을 이용한 '핑거 피킹^{Finger Picking}'이 있습니다.

② 운지 : 왼손가락을 움직여 줄을 누르는 행동을 말합니다.

③ 코드표

왼손의 어떤 손가락으로 몇 번줄, 몇 프렛을 누르는지 표기해 놓은 표. (낭만3, 코드 배우기 참조)

④ 악센트^{Accent} : 세게 연주하는 것을 말합니다.

⑤ 스타카토^{Staccato} : 음을 강하고 짧게 끊어서 연주합니다.

⑥ 뮤트^{Mute}

음이 아니 음으로 '뮤트음'이라고도 말합니다. 왼손바닥 전체를 줄 위에 얹어 두고 스트로크 연습할 때 많이 사용합니다.

⑦ 섹션^{Section}

음악에서 뚜렷한 음(코드)이 특정 위치에 같이 연주하는 것을 말합니다.

⑧ 가족 코드

화음의 진행이 가장 좋은 코드를 3개 묶어서 '가족 코드'라고 합니다.

⑨ 오픈 코드^{Open Chord} = 로우 코드^{Low Chord}

개방현을 포함한 코드

⑩ 하이 코드^{High Chord} = 하이 포지션 코드^{Hi Position Chord}, 바 코드^{Bar Chord}

'하이 코드'란 개방현이 포함되지 않은 코드를 말하며 '오픈 코드'와는 반대말입니다. 검지로 6개의 줄을 다 누르는 코드인데 '바레 코드'라고도 합니다. 참고로 바코드는 가게에서 물건을 사면 찍는 바코드^{barcode}와 철자가 다릅니다.

#낭만 3.
코드 배우기

1. 연주 자세

잘못된 자세는 허리와 손목 어깨 등에 피로감을 주어 좋은 연주를 못하게 하므로 바른 자세를 알아보고 따라 하는 것이 좋습니다.

바른 자세란 먼저 앉을 때에 **허리를 펴서** 곧게 앉는 것이 중요하며, 오른쪽 팔꿈치를 이용하여 **악기를 몸에 고정시켜는 것**이 중요합니다. 그리고 연주를 위해서는 악기의 헤드부분을 몸의 옆선에서 **비스듬히 앞으로 밀어 잡아주는 것**이 좋으며, 헤드(머리) 부분은 10~15도 **위로 올려주는 것**이 좋습니다.

① 옆에서 본 바른 연주 자세

◆ 허리가 곧게 펴지게 앉습니다.

② 팔꿈치로 악기를 받치는 요령

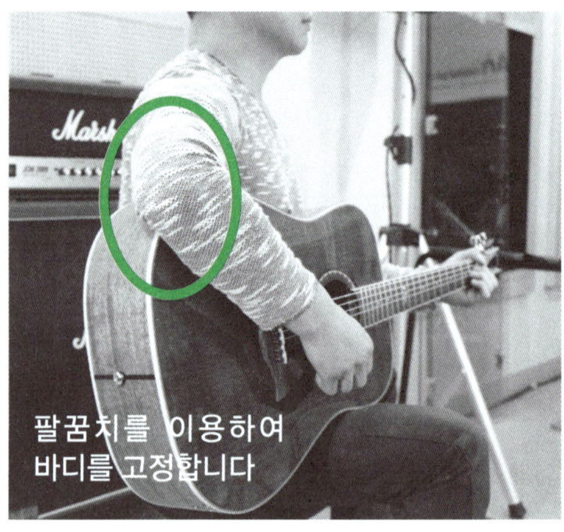

◆ 팔꿈치를 이용하여 통기타의 바디의 위쪽 뒷부분을 조금 눌러주어 바디가 허벅에 고정되게 만들어줍니다.

③ 위에서 본 바른 연주 자세

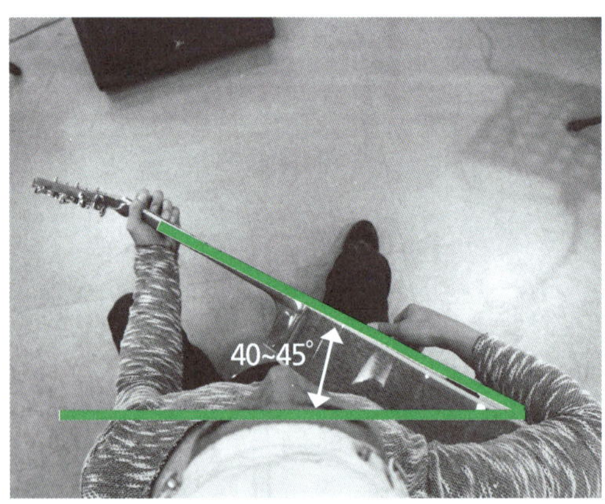

◆ 몸에서 좌우로 선을 근은 뒤 왼쪽의 헤드가 40~45 정도 앞으로 밀어줘 잡아준다

④ 정면에서 본 바른 연주 자세

◆ 왼쪽팔은 앞으로 밀어주면서 넥을 잡으며 수평에서 10~15도 정도 올려줍니다.

⚙ 잘못된 자세의 예

옆의 사진은 기타를 눕혀서 잡은 사진인데 처음 연주하는 분들이 지판이 잘 보이지 않아 생기는 현상입니다. 오른쪽 사진의 자세는 아주 초보 분이 연습할 때에는 줄을 보고 누르는 데 도움이 되지만 한두 달 정도 후에 운지(손가락의 움직임)가 좋아지면 기타를 세워서 연주해야 합니다. 그렇지 않으면 손목이 많이 꺾이게 되어 손목에 통증이 생기며 손가락의 길이가 짧아져 운지 되지 않는 코드들이 생깁니다.

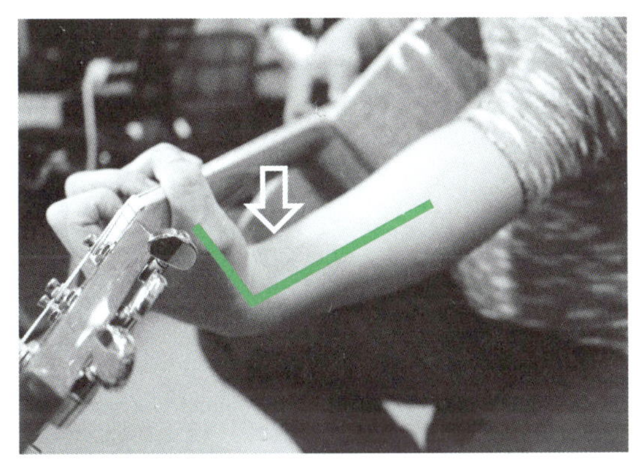

◆ 안 좋은 자세

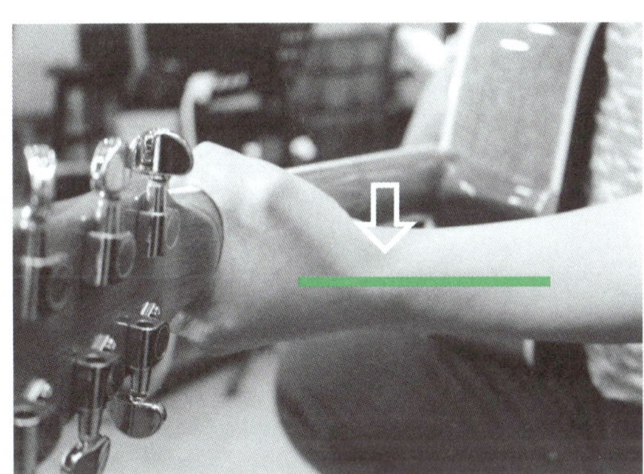

◆ 좋은 자세

POINT
처음에는 지판이 잘 보이도록 조금 눕혀서 연주하고 코드운지에 자신감이 생기면 점점 세워지도록 합니다.

2. 피크잡는 법

피크의 길이의 1/2 정도를 편한 주먹을 쥔 상태로 엄지와 검지 사이에 끼워서 잡습니다.

길이의
1/2 지점

⚙ 주의

① 주먹에 너무 힘을 주어 잡지 않도록 주의합니다.

② 손가락의 힘으로 피크를 고정하는 것이 아니므로 오른쪽 사진의 표시한 부분처럼 피크를 넓게 잡는 것이 중요합니다.

■ 피크를 잘 못 잡은 손의 모양

- 손가락의 끝으로 잡은 경우

피크를 잡은 면적이 좁아 스트로크를 할 때 피크가 계속 움직이며 안 움직이게 하기 위해 손가락에 너무 많은 힘이 들어갑니다. 그로 인해 소리가 투박하고 거칠게 나게 됩니다.

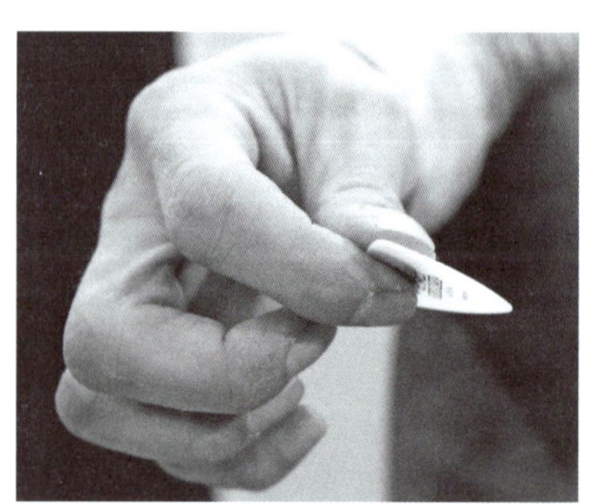

- 주먹을 꽉 쥐어 잡은 경우

스트로크를 하면서 자연히 힘이 들어가고 그로 인해 듣기 싫으면서 탁한 소리가 납니다.

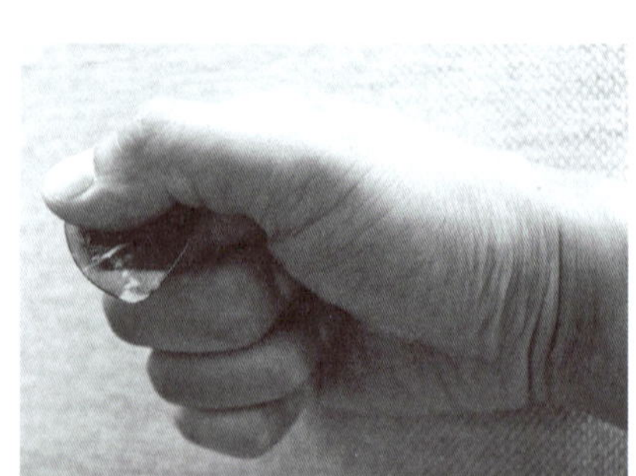

3. 스트로크^{Stroke}

'스트로크'란 피크를 잡은 손(=팔)으로 여러 개의 줄을 아래위로 움직이면서 동시에 소리를 내는 방법으로 통기타 연주의 가장 기본적인 소리 내는 방법입니다.

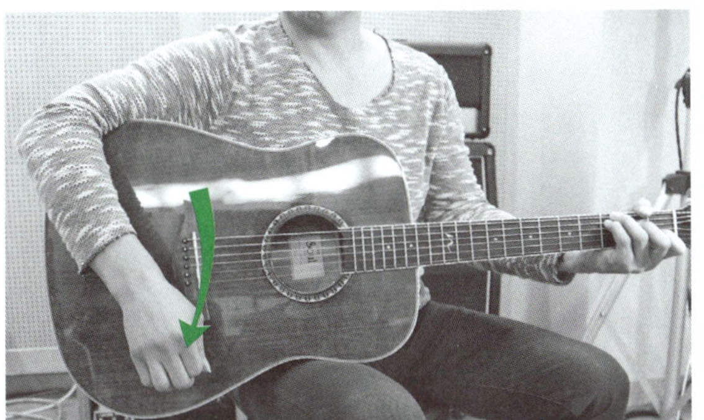

다운스트로크 (☐)

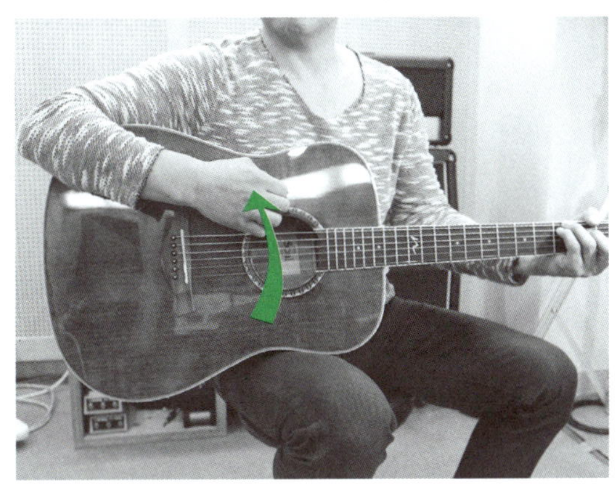

업스트로크 (V)

■ 스트로크 방법

스트로크를 팔 전체를 이용하여 통기타의 앞면과 수평으로 이동하면서 줄을 소리냅니다.

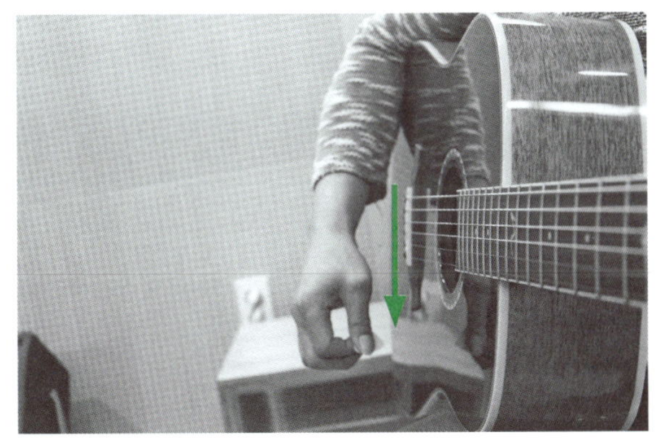

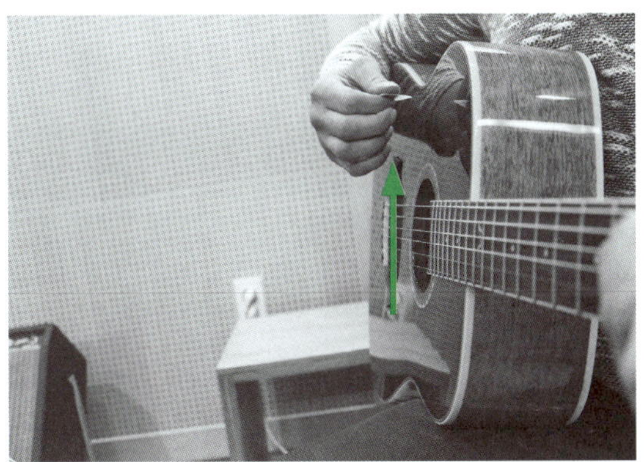

◆ 넥 쪽에서 본 팔의 동작

⚙ 주의

ⓐ 손목이 꺾이지 않게 곧게 뻗어서 연주하세요.

ⓑ 피크가 줄에 걸리는 정도를 잘 조절하여 소리가 너무 크거나 작지 않도록 합니다.

ⓒ 손가락을 이용한 스트로크도 있지만 시작 단계에서는 피크를 이용하는 것이 소리내기 편합니다.

"

4. 지판 배우기

'지판'이란 넥 부분 중 손가락을 누르는 부분(앞쪽)을 말하며 음을 배분하기 위해 프렛^{Fret}으로 구간을 나누어 놓았습니다.

왼손가락 번호

엄지를 제외하고 검지부터 번호를 새깁니다. 간혹 엄지를 1번으로 착각하시는 분이 있습니다. 주의하세요.

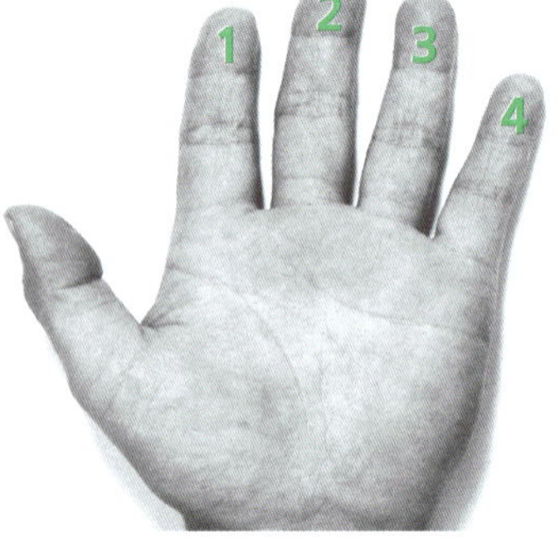

◆ 손바닥으로 보는 손가락 번호

◆ 넥을 잡을 상태에서 보는 손가락 번호

운지자세

운지 자세는 사진 ①처럼 엄지와 검지 사이의 손바닥을 넥의 뒤(반원) 부분을 감싸듯이(=주먹 쥐듯) 잡으며 사진 ②처럼 줄을 누르는 손가락은 다른 줄을 건드리지 않도록 잘 세워서 누릅니다. 그리고 누르는 손가락만이 중요한 것이 아니라 뒤에 있는 엄지손가락의 위치나 자세도 중요합니다. 사진 ③처럼 항상 엄지손가락은 위쪽으로 향하게 합니다. 엄지손가락이 옆으로 삐뚤어지면 3번과 4번 손가락의 길이가 짧아서 코드 운지가 힘들어집니다.

사진 ①

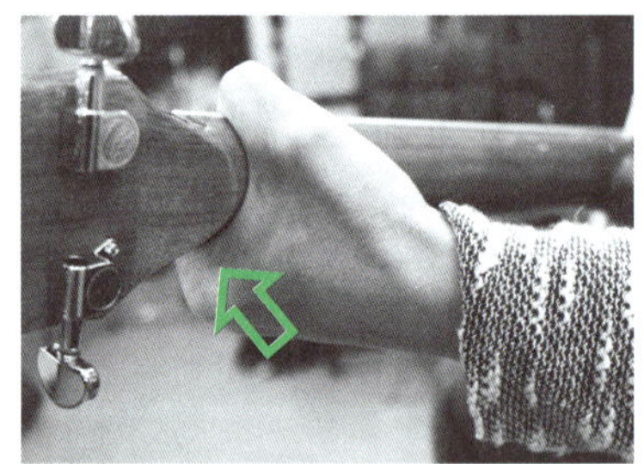

◆ 엄지와 검지 사이의 손바닥을 이용하여 넥을 잡습니다.

사진 ②

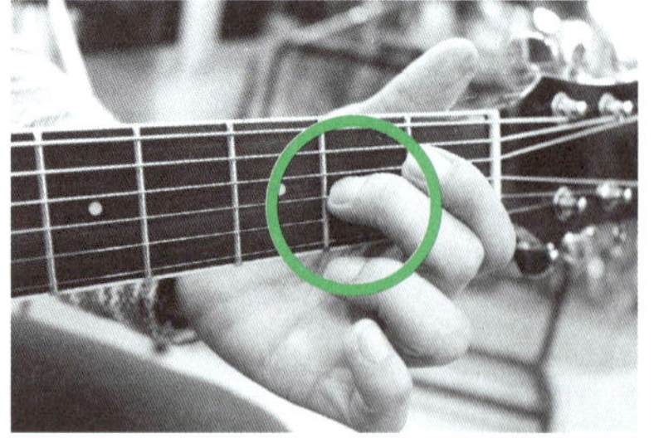

◆ 다른 줄을 건드리지 않도록 손가락을 잘 세워줍니다.

사진 ③

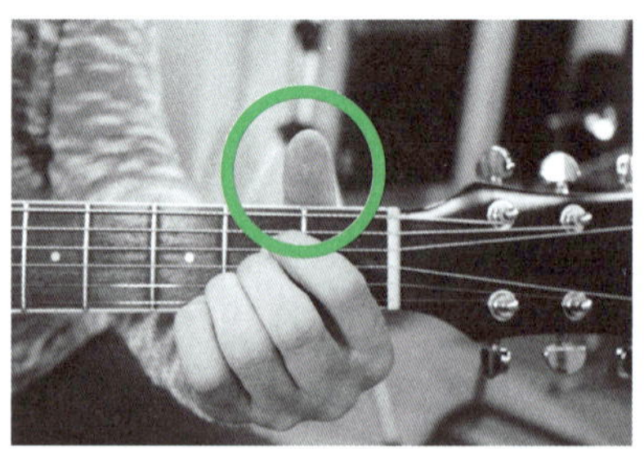

◆ 엄지손가락은 항상 위쪽을 향하도록 합니다.

지판(코드)의 표시는 뒤집어져 있습니다.

처음 코드표를 보시는 분들은 지판의 위와 아래가 바뀌어 보일 수도 있습니다. 한마디로 거꾸로 본다는 얘기죠. 굵은 줄과 가는 줄 그리고 줄번호를 잘 머릿속에 새겨 위, 아래가 바뀌지 않도록 주의하여야 하는데, 밑의 사진처럼 자신이 지판을 보듯이 교재의 코드표를 보는 습관을 익힌다면 어렵지 않게 코드표를 보고 운지를 할 수 있을 것입니다.

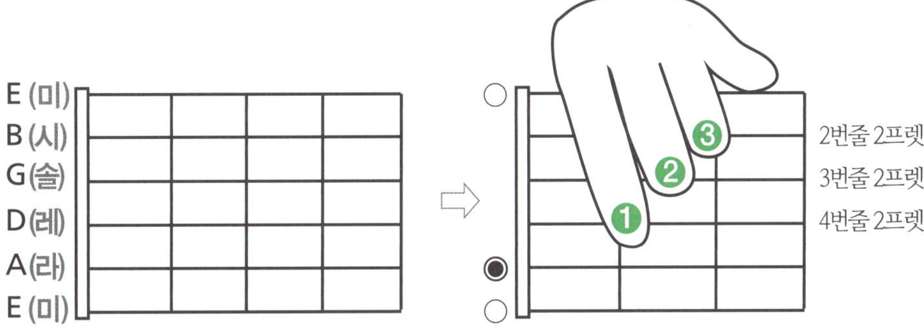

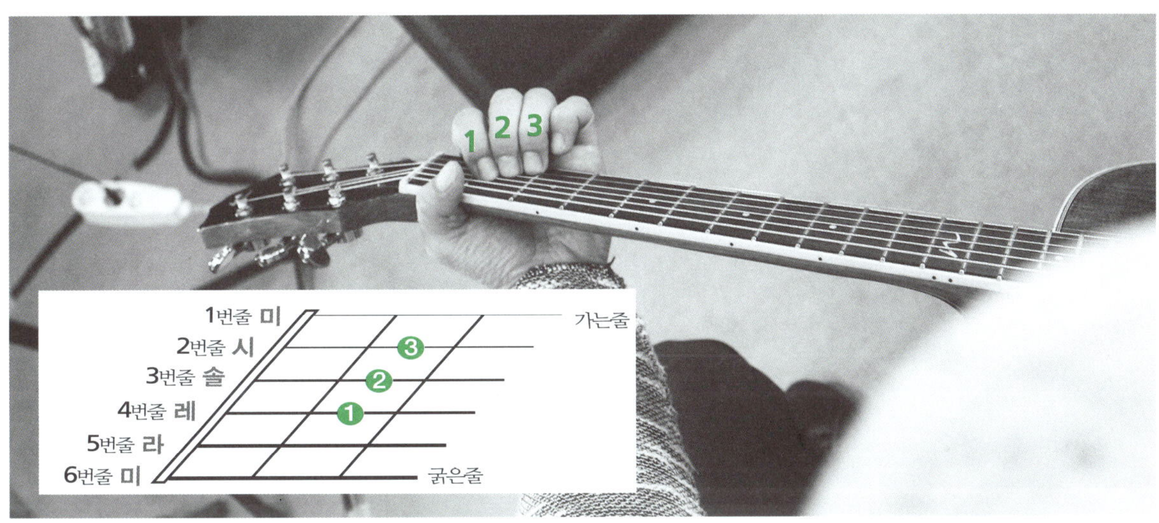

◆ 위의 사진은 연주자 자신의 눈에서 넥을 본 모양입니다.
(이해를 돕기 위해 지판이 보이게끔 기타를 약간 비스듬히 촬영하였습니다.)

POINT

연주자 자신이 기타의 지판을 본 방향 그대로 교재의 코드표를 봅니다.

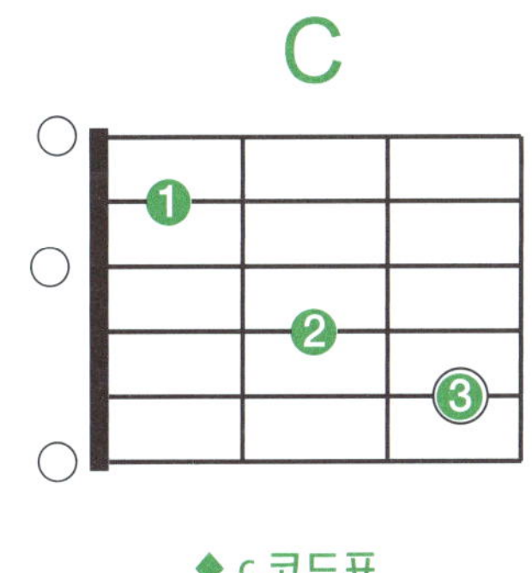

◆ C 코드표

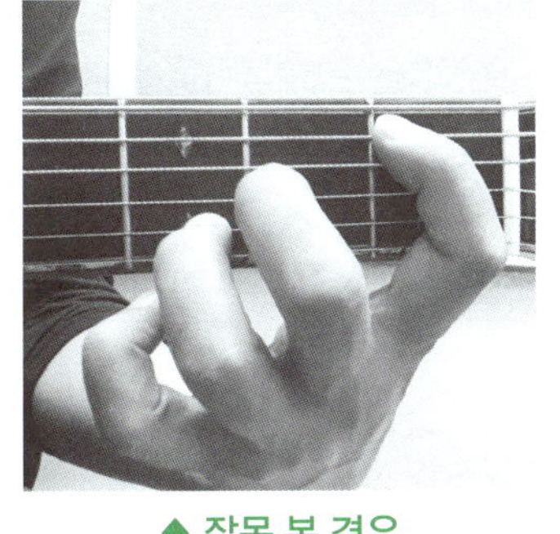

◆ 잘못 본 경우

◆ 잘 본 경우

5. A · D · E (E7) 코드

통기타 코드 중 운지가 쉬운 편이며 연주에서 가장 많이 나오는 코드들입니다.

A^{에이} 코드

2프렛에 3개의 손가락이 운지되므로 최대한 손가락을 모아서 프렛 가까이 누르도록 합니다.

① 1번 손가락으로 4번 줄 2프렛을 누릅니다.

② 2번 손가락으로 3번 줄 2프렛을 누릅니다.

③ 3번 손가락으로 2번 줄 2프렛을 누릅니다.

▶ 3번 손가락이 밑의 1번 줄을 건드리지 않도록 주의합니다.

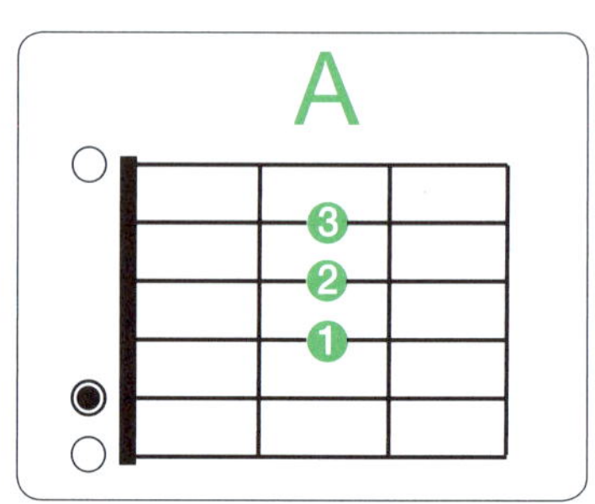

D^디 코드

삼각형 모양으로 3번 손가락이 밑의 줄을 건들지 않도록 주의하며 6번 줄 뮤트(쉼표)에 주의합니다.

① 1번 손가락으로 3번 줄 2프렛을 누릅니다.

② 2번 손가락으로 1번 줄 2프렛을 누릅니다.

③ 3번 손가락으로 2번 줄 3프렛을 누릅니다.

▶ 엄지손가락을 6번 줄에 대어줍니다.

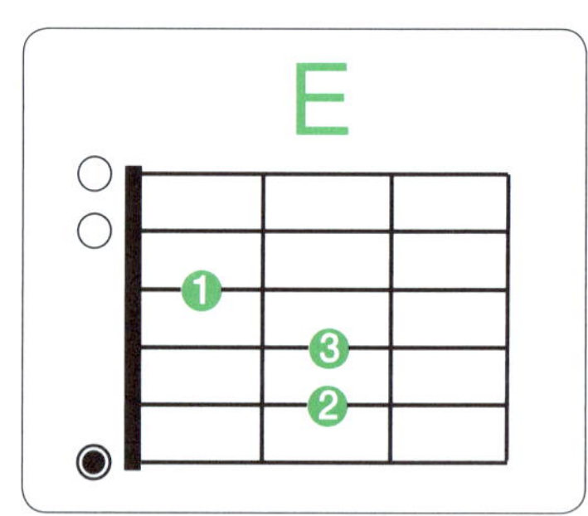

E^이 코드

비스듬한 삼각형 모양으로 운지가 쉬운 코드이지만 1번 손가락이 밑의 줄을 건드리지 않도록 주의합니다.

① 1번 손가락으로 3번 줄 1프렛을 누릅니다.

② 2번 손가락으로 5번 줄 2프렛을 누릅니다.

③ 3번 손가락으로 4번 줄 2프렛을 누릅니다.

E7^{이세븐} 코드

E코드에서 3번 손가락을 떼어줍니다. = 4번 줄이 개방현 음을 소리 냅니다.

① 1번 손가락으로 3번 줄 1프렛을 누릅니다.

② 2번 손가락으로 5번 줄 2프렛을 누릅니다.

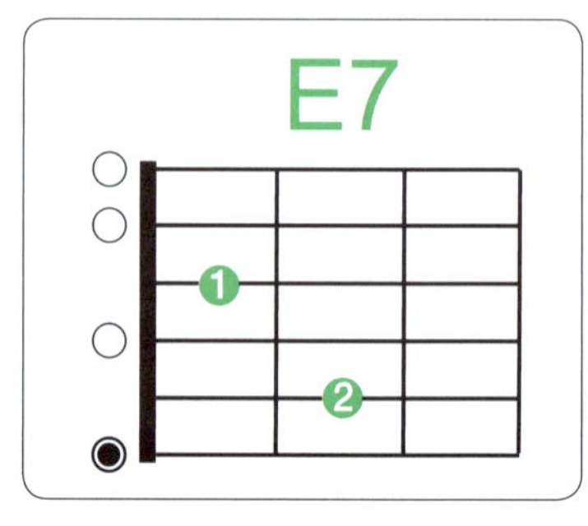

■ 코드 바꾸는 연습하기

① 왼손으로 코드를 누른 후 피크를 잡은 오른손으로 다운스트로크를 천천히 합니다.

　　→ 각 줄들의 소리가 고르게 잘 나는지 확인합니다.

② 코드 소리를 약 2초 정도 유지합니다.

　　→ 다음코드의 이름과 왼 손가락의 코드 폼을 잘 기억해 봅니다.

③ 다음 코드로 왼손을 바꾼 후에 다시 다운스트로크를 합니다.

　　→ 각 줄들의 소리가 고르게 잘 나는지 확인합니다.

④ 코드 소리를 약 2초 정도 유지합니다.

　　→ 다음 코드의 이름과 왼 손가락의 코드 폼을 잘 기억해 봅니다.

⑤ 이렇게 두 개의 코드만 집중적으로 반복하면서 코드를 외웁니다.

POINT

코드를 외우는 것이 우선이며 빨리 바꾸는 것은 어느 정도의 시간이 필요한 부분이므로 처음부터 코드가 빨리 바뀌어 지지 않는다고 하여 통기타 연주를 포기하지 않도록 합니다.

■ A코드와 D코드 왕복 연습

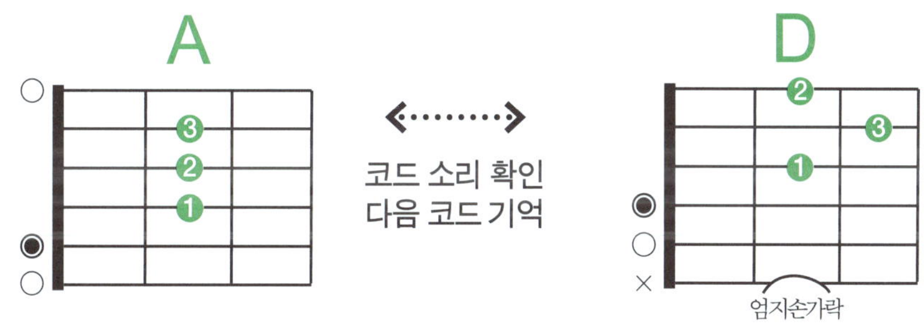

■ A코드와 E코드 왕복 연습

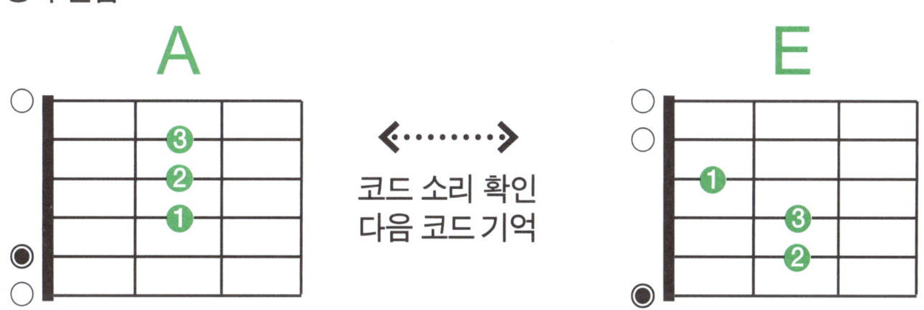

계속해서 D코드와 E코드, A코드와 E7코드도 같은 방법으로 연습합니다. 뒤에 나올 다른 코드들에서는 위와 같은 연습의 페이지를 생략합니다.

■ 2박자, 4박자

먼저 리듬 연습만 해야 할 경우에는 오른쪽 사진처럼 줄을 누르지 않고 대어진 상태로 둔탁한 음을 내면서 연습하며 리듬연습에 많은 도움이 됩니다. 일명 '뮤트(24page참고)로 연습하기'입니다.

우리는 아주 간단한 스트로크만으로도 대중가요의 많은 곡들을 연주할 수 있는데, 대표적으로 쉬우면서 리듬감이 잘 나는 스트로크는 2/4박 트롯 리듬과 4/4박 트롯 리듬이 있으므로 배워보도록 하겠습니다.

리듬의 기본은 박자에 맞춰 저음과 고음을 번갈아 소리내는 것을 중요하며. 첫 박(홀수박)은 무조건 저음부를 소리내며 다음 박은 고음부를 소리냅니다. 음(줄)의 덩어리를 내는 것이 중요하며 왼손바닥을 줄 위에 얹어 뮤트로 연습합니다.

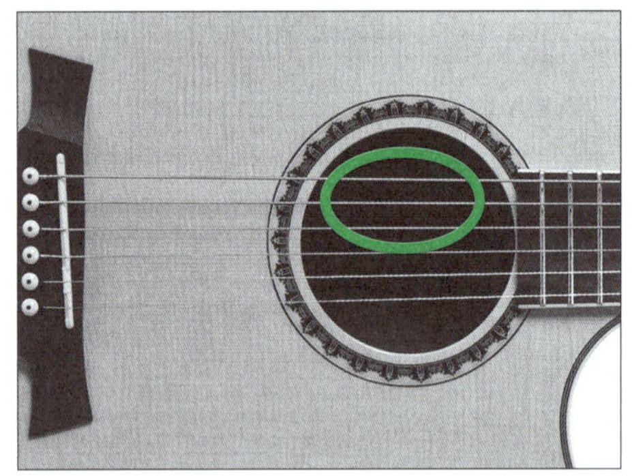

〈저음부〉

◆ 저음부는 4, 5, 6번 줄(굵은 줄)

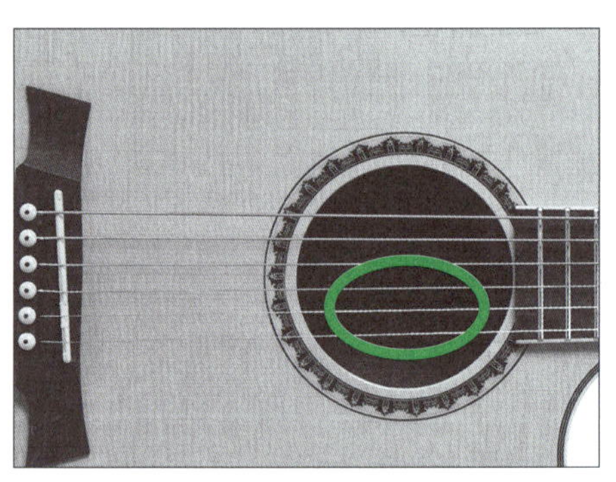

〈고음부〉

◆ 고음부는 1, 2, 3번 줄(얇은 줄)

■ 2박자 기본리듬

4분의 2박으로 표기됩니다. 한 박에 저음 한 번과 고음 한 번을 소리내면 마디가 넘어갑니다.

■ 4박자 기본리듬

4분의 4박으로 표기됩니다. 4박을 저음 두 번과 고음 두 번씩 번갈아 소리내면 마디가 넘어갑니다.

■ 트롯 리듬

정확한 명칭은 '트로트^{Trot}'이지만 줄여서 대부분은 '트롯'이라 합니다. 1920년대 후반부터 시작하여 1970년대 초까지 우리나라를 대표하는 음악 장르로서, 시대적인 이유로 느린 속도에 구성지고 애절한 느낌의 음악을 말합니다.

트롯 리듬이란 스트로크 중 가장 간단한 스타일을 가진 리듬으로 저음과 고음을 잘 나눠 소리내어 "쿵 짜쿵짜~"하는 느낌의 연주를 말합니다.

리듬 악보와 연습하기

트롯 리듬은 2/4(4분의 2박)을 기본으로 악보를 표기하지만 현대에 와서는 4/4(4분의 4박)으로 표기하는 경우도 있습니다.

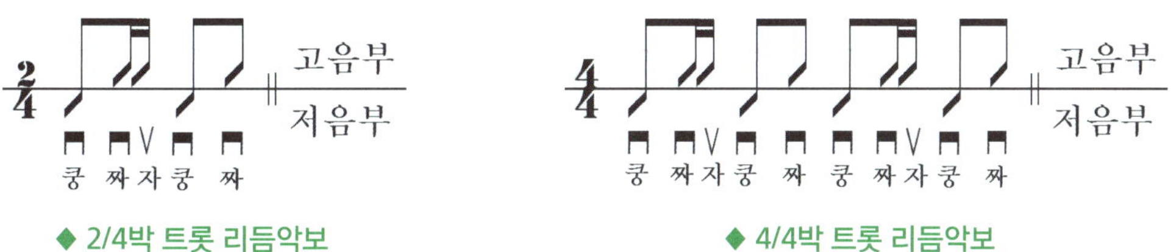

◆ 2/4박 트롯 리듬악보   ◆ 4/4박 트롯 리듬악보

⚙ 주의

저음과 고음을 나눠서 연주한다는 것은 앞의 그림처럼 정확한 줄의 개수를 지켜서 소리내는 것이 아니라 대충의 덩어리를 내는 것을 말하므로 스트로크 시 너무 큰 부담은 안 가져도 됩니다.

스트로크와 코드 바꾸기

코드가 바뀌기 전 마지막 스트로크를 한 후에 누르고 있는 왼손을 떼어 다음 코드로 바꿉니다.

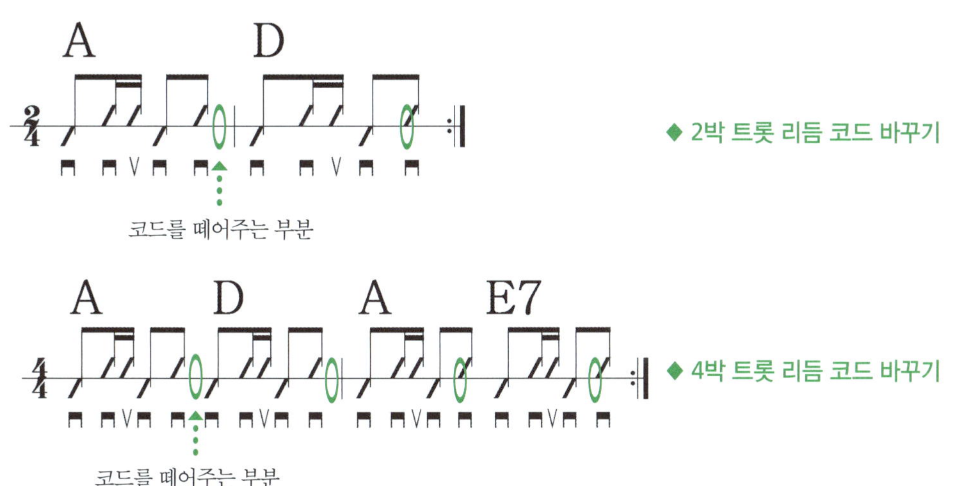

◆ 2박 트롯 리듬 코드 바꾸기

◆ 4박 트롯 리듬 코드 바꾸기

청춘을 돌려다오

월견초 작사, 신세영 작곡 / 나훈아 노래

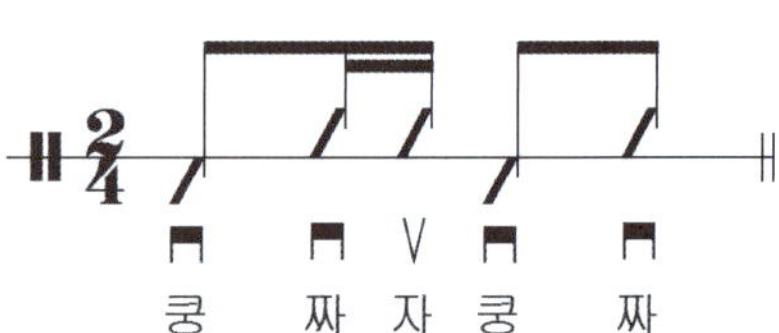

◆ 줄 전체를 스트로크합니다.

갈대의 순정

오민우 작사.작곡 / 박일남 노래

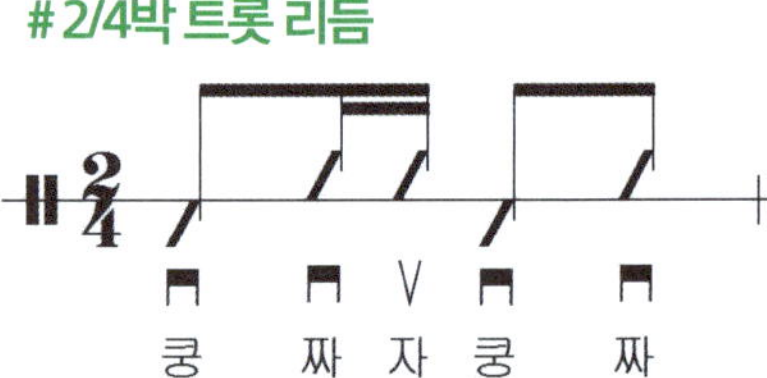

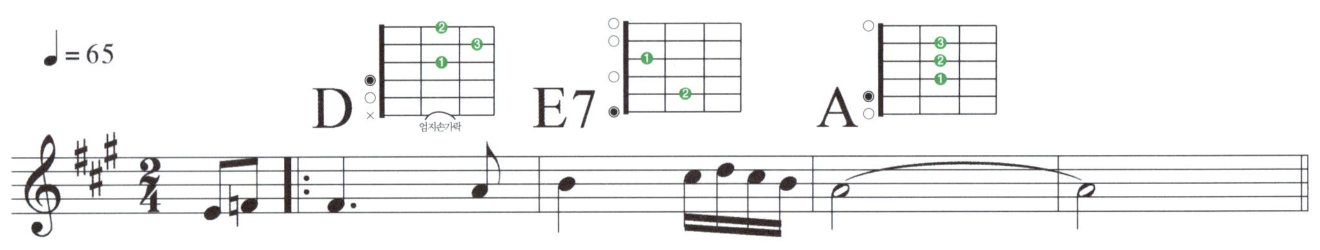

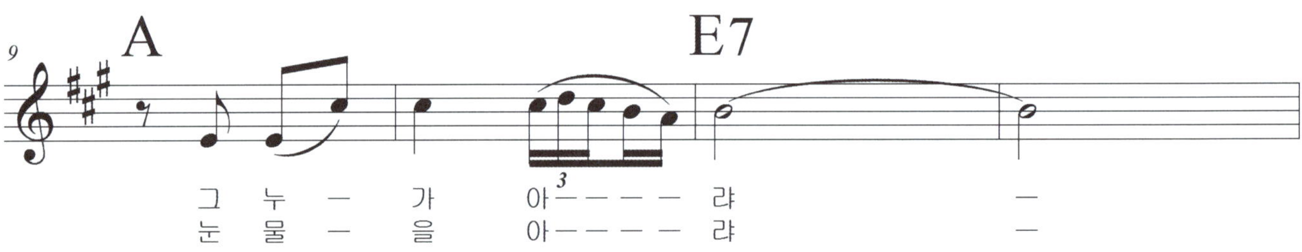

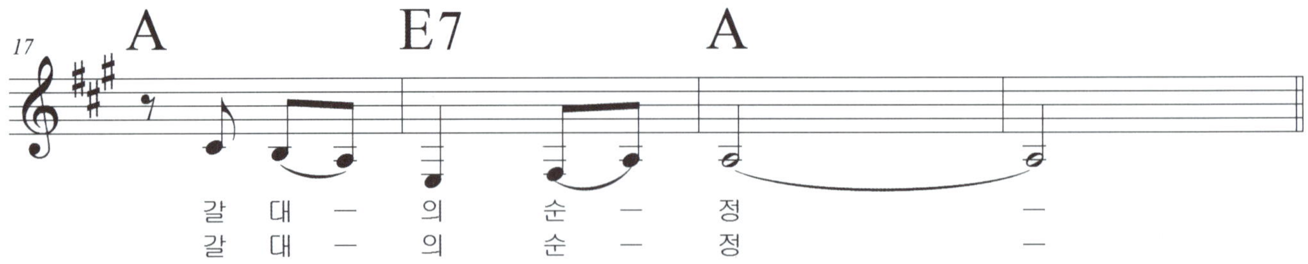

연주 Tip
1. 원곡은 Bbkey에 가깝지만 조율음이 어긋나 있어 본 교재
의 악보는 Akey로 만들어졌습니다.

D
E7
사 랑 엔 약 한 것 이 사 나 이 마 음
눈 물 엔 약 한 것 이 사 나 이 마 음
A
E7
울 지 를 마 — — — 라 —
울 지 를 마 — — — 라 —
A
D
E7
아 — 아 — — 아 — — — — —
아 — 아 — — 아 — — — — —
A
E7
A
1.
2.
갈 대 — 의 순 — 정 —
갈 대 — 의 순 — 정 —

6. G · C · D(D7) 코드

G^지 코드

6번 줄과 1번 줄을 동시에 눌러야 하므로 운지에 주의합니다. 그리고 개개인의 손가락 길이 차이로 인하여 운지법을 두 개를 제시하므로 본인에게 맞는 것을 선택하여 연습합니다.

 가장 일반적인 G코드운지입니다.

① 2번 손가락으로 5번 줄 2프렛을 누릅니다.

② 3번 손가락으로 6번 줄 3프렛을 누릅니다.

③ 4번 손가락으로 1번 줄 1프렛을 누릅니다.

▶ 손목을 앞으로 밀어주어 지판을 누르는 손가락의 길이를 여유 있게 합니다.

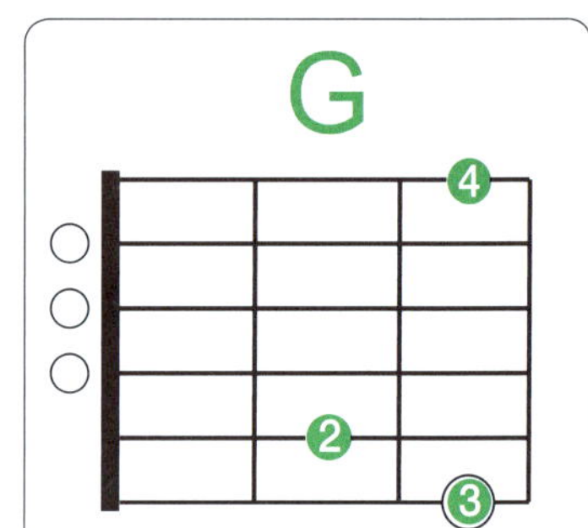

위의 G코드 운지가 어려울 경우

① 1번 손가락으로 5번 줄 2프렛을 누릅니다.

② 2번 손가락으로 6번 줄 3프렛을 누릅니다.

③ 3번 손가락으로 1번 줄 3프렛을 누릅니다.

또는 4번 손가락으로 1번 줄 3프렛을 누릅니다.

(둘 중 한 손가락만 누르면 됩니다)

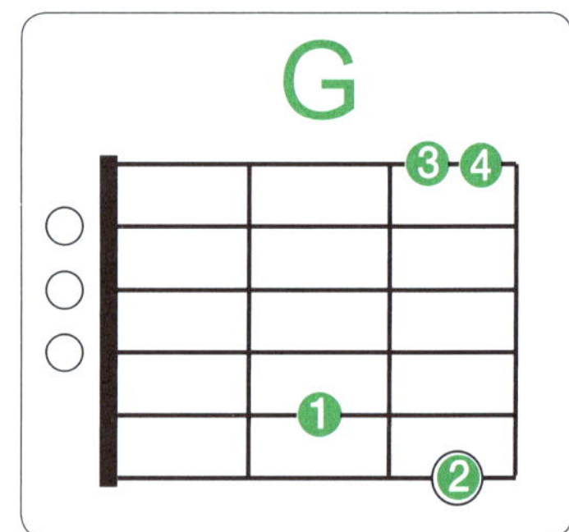

C^씨 코드

손가락들의 거리감이 있는 코드이므로 손목을 약간 비틀어 운지하며 손가락 밑에 다른 줄이 닿지 않도록 주의합니다.

① 1번 손가락으로 2번 줄 1프렛을 누릅니다.

② 2번 손가락으로 4번 줄 2프렛을 누릅니다.

③ 3번 손가락으로 5번 줄 3프렛을 누릅니다.

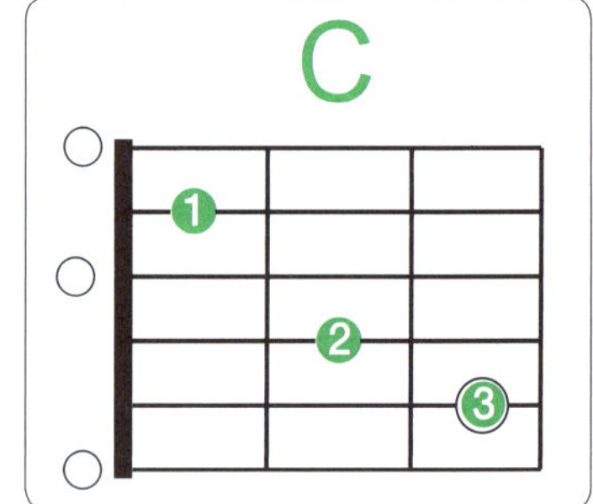

D7^{디세븐} 코드

D코드 운지에 반대편 삼각형 모양입니다.

① 1번 손가락으로 2번 줄 1프렛을 누릅니다.

② 2번 손가락으로 3번 줄 2프렛을 누릅니다.

③ 3번 손가락으로 1번 줄 2프렛을 누릅니다.

▶ 엄지손가락을 6번 줄에 대어줍니다.

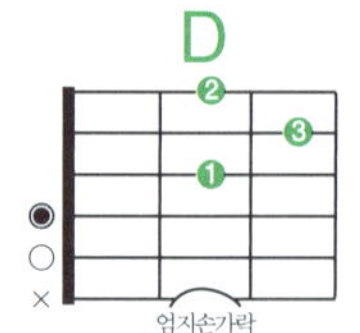

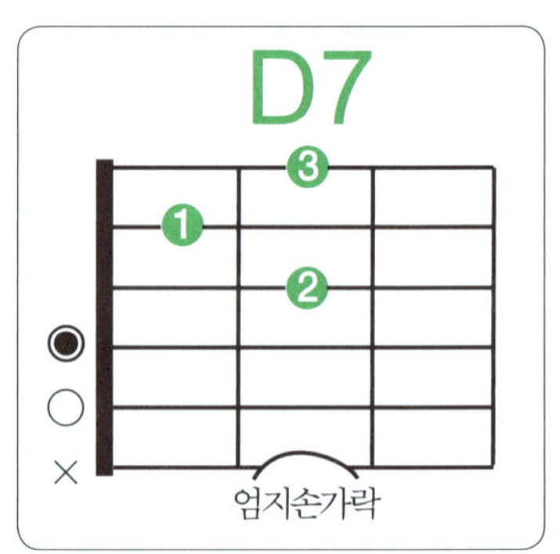

■ 왈츠^{Waltz} 리듬

왈츠는 클래식 음악에서 3박자의 경쾌한 춤곡을 말하지만 우리나라 대중음악에서는 서정적이며 삶의 애환이 담긴 곡들이 많아서 전반적으로 속도가 느린 경우가 많습니다.

리듬악보와 연습하기

3박자 리듬에 3비트를 가지는 것이 기본입니다. 빠른 왈츠는 각 박자마다 강세가 들어가지만 느린 왈츠는 서정적인 느낌의 특성상 (강·약·약)의 3비트를 주는 것이 좋습니다. 다만 음악의 특성에 따라 강과 약을 잘 조절해서 연주하는 것이 좋습니다.

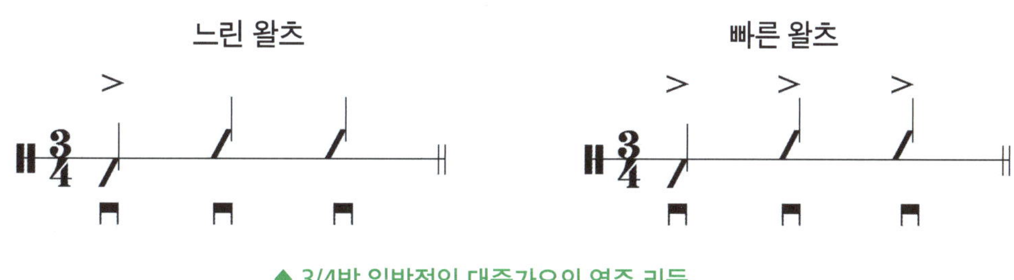

◆ 3/4박 일반적인 대중가요의 연주 리듬

일반적으로 악보 표기에 3/4가 많지만 가끔 6/8박으로 표기되는 경우도 있습니다.
6/8박일 경우에는 한마디에 왈츠 리듬을 두 번 연주합니다.

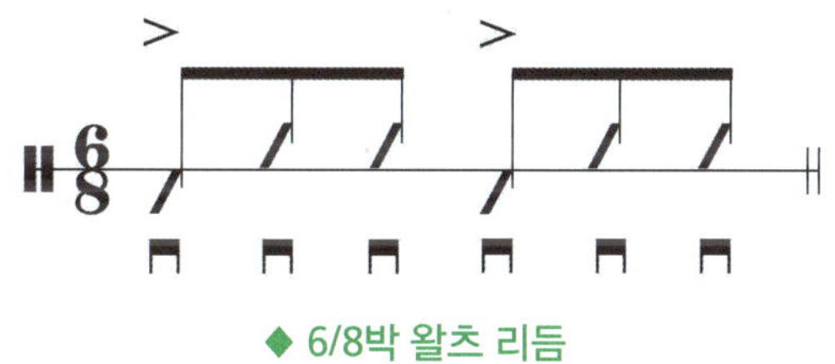

◆ 6/8박 왈츠 리듬

스트로크와 코드 바꾸기

3박째 다운스트로크가 끝난 후에 누르고 있는 코드를 떼어 빠르게 다음 코드로 넘어가서 다음 마디 첫 박에 저음부 소리가 명료하기 날 수 있도록 합니다.

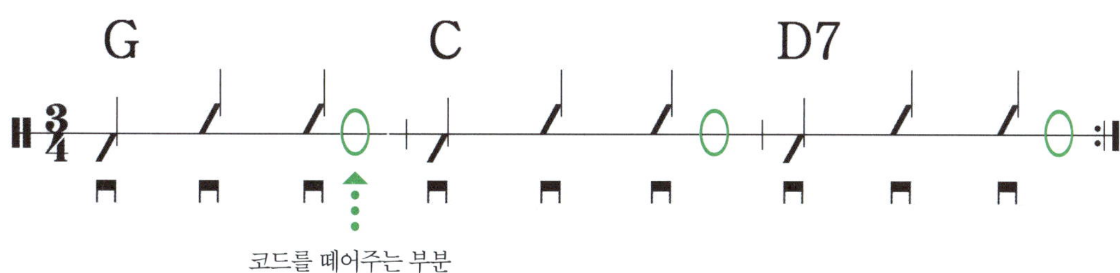

등대지기

외국민요, 유경손 작사 / 은희 노래

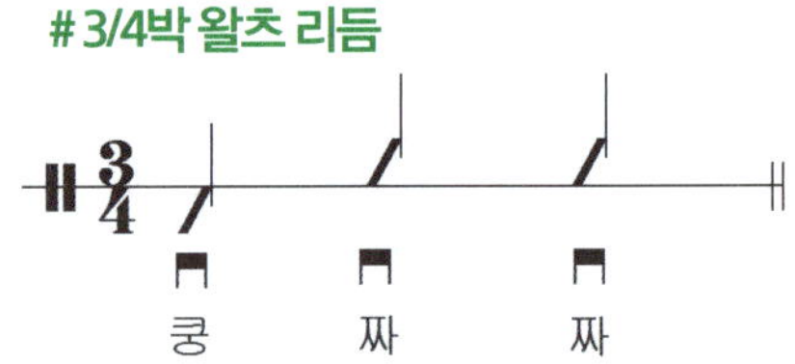

♩ = 96

G C G

G D7

G C G

G D7 G

연주Tip

저음부와 고음부를 정확히 나눠서 연주합니다.

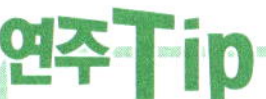

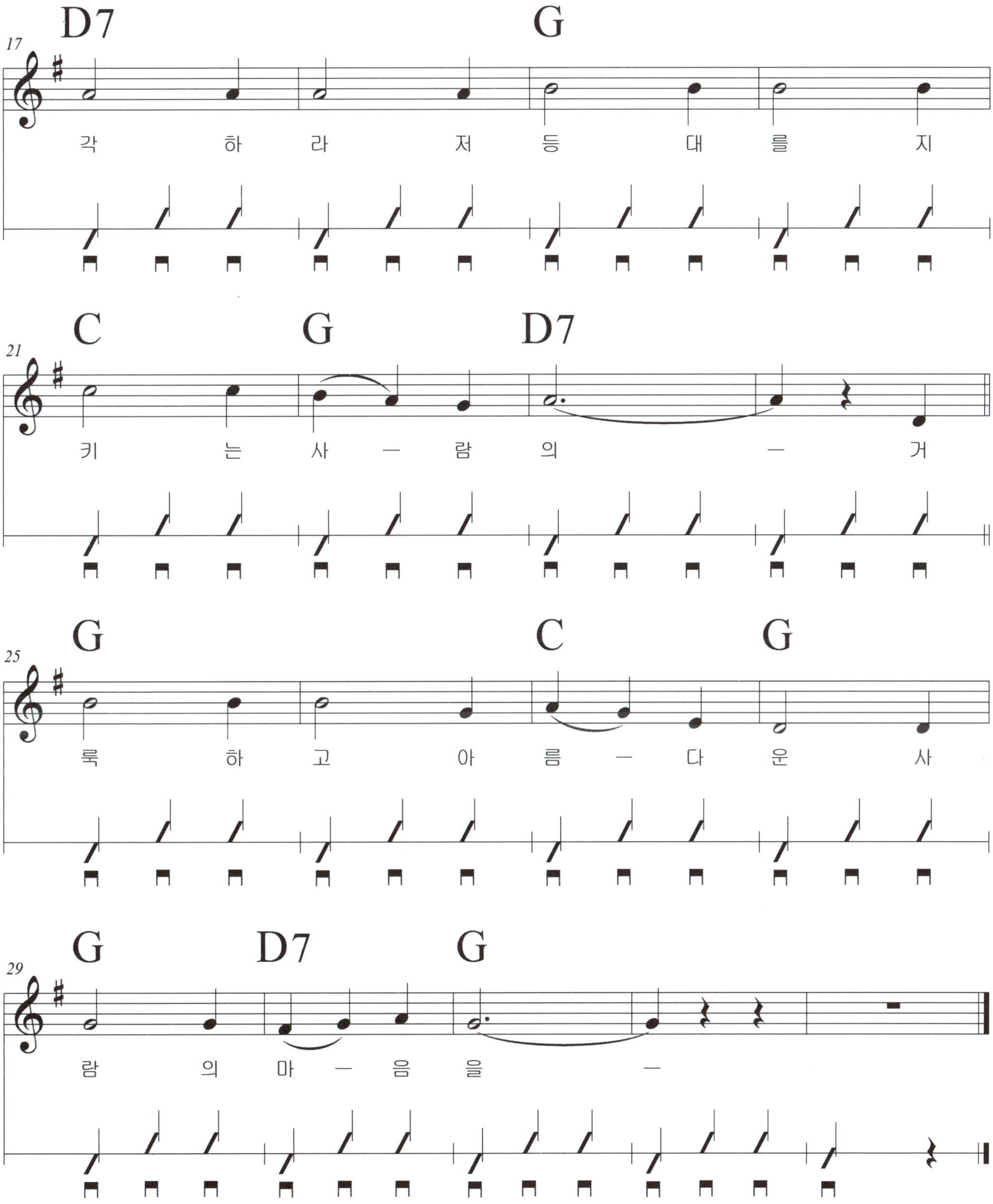
17
D7 G
각 하 라 저 등 대 를 지
21
C G D7
키 는 사 ㅡ 람 의 ㅡ 거
25
G C G
룩 하 고 아 름 ㅡ 다 운 사
29
G D7 G
람 의 마 ㅡ 음 을 ㅡ

꽃집 아가씨

지웅 작사, 홍현걸 작곡 / 붕붕사중창단 노래

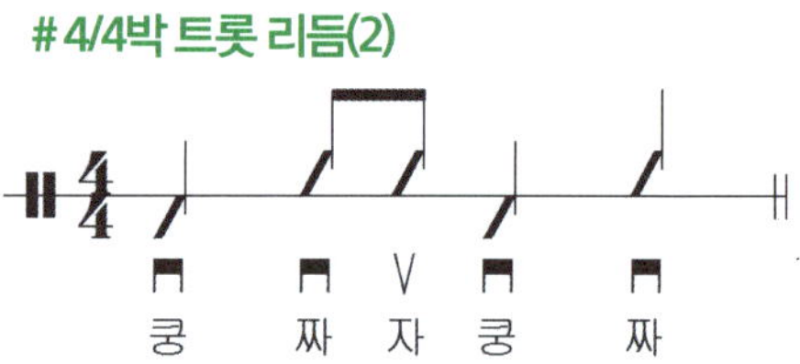

♩ = 128

연주Tip
4박자에 2박 트롯 리듬을 한 번 연주하면 되기 때문에 빠른
속도인 것 같지만 쉽게 연주할 수 있습니다.

G   D7
꽃 보 다 예 쁜   그   녀 의 —   귀 여 운 그 얼 굴 만 언 — 제 나 새 — 침 해
그 래 도 보 진   마   세 요 —   그 녀 가 없 으 면 은 나 는 혼 자 못 살 아 요

G   D7
어 쩌 다 한 — 번 만 웃   으 면 —   마 음 이 약 한 나 는 미   쳐 요 —

G   C   D7   G
새 빨 간 장 미 보 다   새 하 얀 백 합 보 다   천 배 나 만 — 배 나 예 뻐 요 —

1.
G   C   D7   G
새 빨 간 장 미 보 다   새 하 얀 백 합 보 다   천 배 나 만 — 배 나 예 뻐 요 —

2.
D7   G
천 배 나 만 — 배 나 예 뻐 요 —

7. D · G · A(A7) 코드

Dᴰ 코드

삼각형 모양으로 3번 손가락이 밑의 줄을 건들지 않도록
주의하며 6번 줄 뮤트(쉼표)에 주의합니다.

① 1번 손가락으로 3번 줄 2프렛을 누릅니다.

② 2번 손가락으로 1번 줄 2프렛을 누릅니다.

③ 3번 손가락으로 2번 줄 3프렛을 누릅니다.

▶ 엄지손가락을 6번 줄에 대어줍니다.

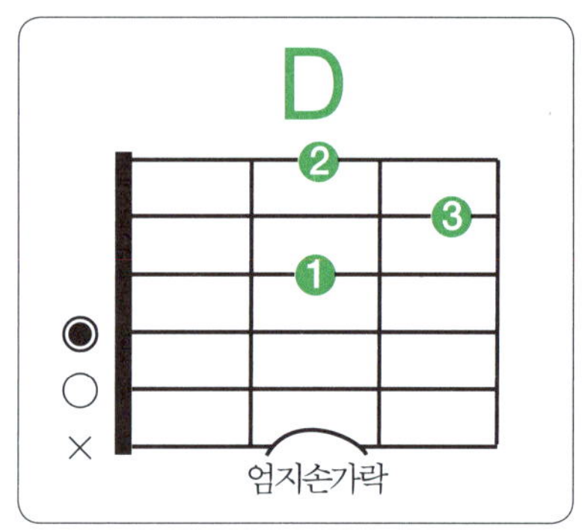

Gᴳ 코드

6번 줄과 1번 줄을 동시에 눌러야 하므로 운지에 주의합
니다.

① 2번 손가락으로 5번 줄 2프렛을 누릅니다.

② 3번 손가락으로 6번 줄 3프렛을 누릅니다.

③ 4번 손가락으로 1번 줄 1프렛을 누릅니다.

▶ 손목을 앞으로 밀어주어 지판을 누르는 손가락의 길
이를 여유 있게 합니다.

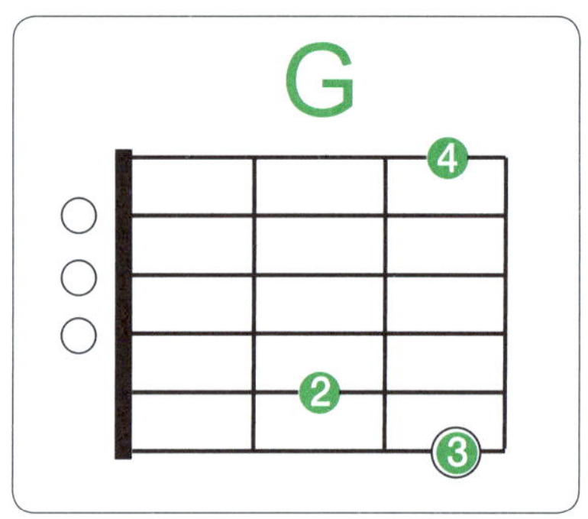

A7ᴬ⁷ 코드

A코드에서 4번 줄을 누르는 2번 손가락을 떼어 개방현
음을 솔(G)음을 소리 냅니다.

① 2번 손가락으로 3번 줄 2프렛을 누릅니다.

② 3번 손가락으로 2번 줄 2프렛을 누릅니다.

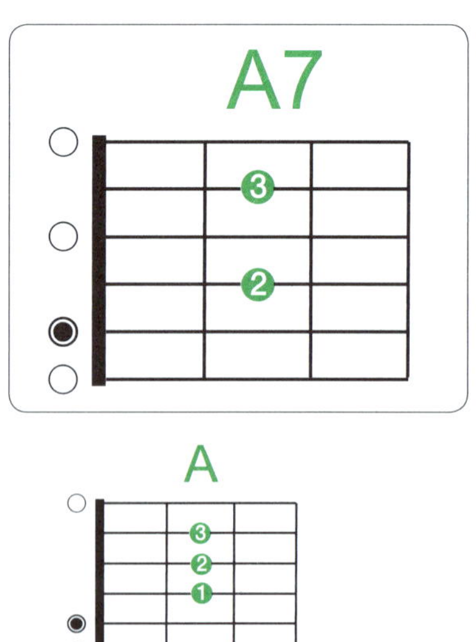

■ 4비트 리듬

4/4박의 악보에서 한 박에 한번 다운 스트로크를 하여 연주를 하는 것을 '4비트 리듬'이라고 합니다. 이 리듬은 단순하기 때문에 트롯 리듬처럼 저음과 고음을 나눠서 연주하면 지루함이 사라지므로 4비트 리듬 연주는 항상 저음과 고음을 나눠서 연주합니다.

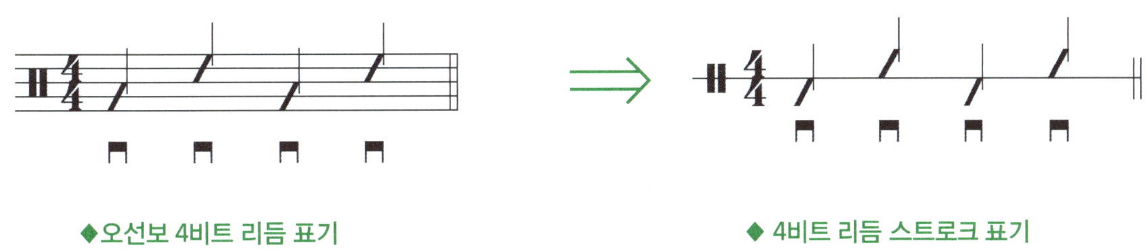

◆오선보 4비트 리듬 표기   ◆ 4비트 리듬 스트로크 표기

4비트 리듬 코드 바꾸기

앞서 배운 트롯 리듬, 왈츠 리듬과 마찬가지로 코드를 바꾸면 됩니다. 4박의 코드를 다운 스트로크 한 후에 빠르게 코드를 바꿔줍니다.

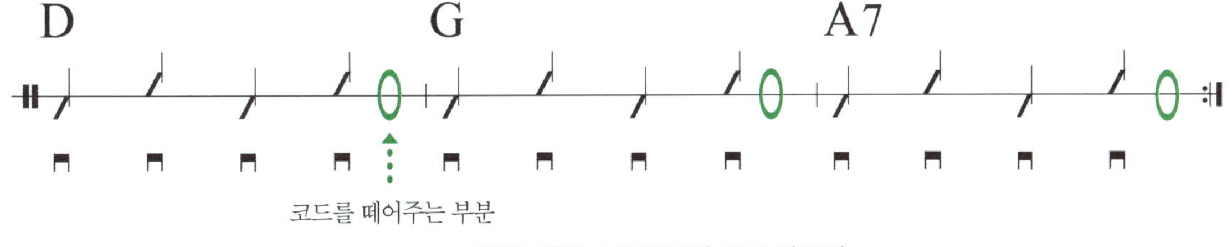

◆ 4비트 리듬 스트로크와 코드 바꾸기

앉으나 서나 당신 생각

김양화 작사, 현철 작곡 / 현철 노래

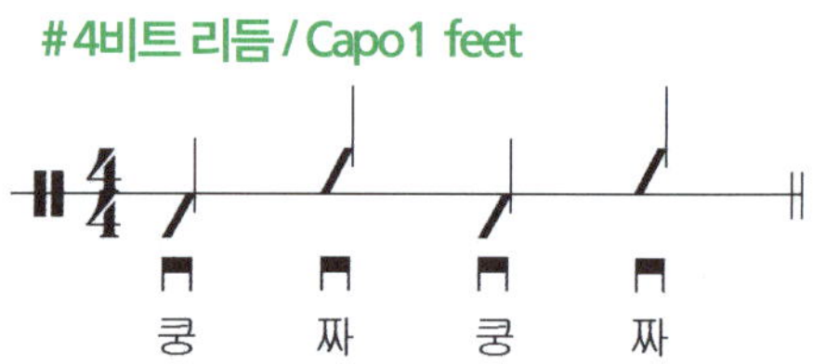

♩ = 74

D　G　D　A7　D

D　A7　D　A7　D

G　D　A7　D

G　D　G　A7

D
Em
A7
쳐 불러도 아무소 용이 없어라 앉으나
D A7 D
D A7 D
서 나─당신생 각 앉으나 서 나─당신생 각 떠 오
G D
Em A7 D
르 는당 신모 습 피 할길 없는 내마 음
2X (피 할)
1. Em A7 D
2. Em A7 D
가지 길 없는 내마 음
D G D A7 D

◆ 줄 전체를 스트로크합니다.

목화아가씨

정두수 작사, 박춘식 작곡 / 남진 노래

♩ = 62

D
A7
뱃　　고　동　이 —　울 — 때 — 마 — 다
나　룻　배　가 —　울 — 때 — 마 — 다

G
D
열 아 홉 설 레 이 는　꽃 피 는 가 — 슴
열 아 홉 설 레 이 는　꽃 피 는 가 — 슴

A7　D
G　D
A7
강 바 람 산 바 람 에　검 은 머 리 날 리 며　목 화 따 는　아 — 가 —
꽃 바 람 봄 바 람 에　소 매 자 락 날 리 며　목 화 따 는　아 — 가 —

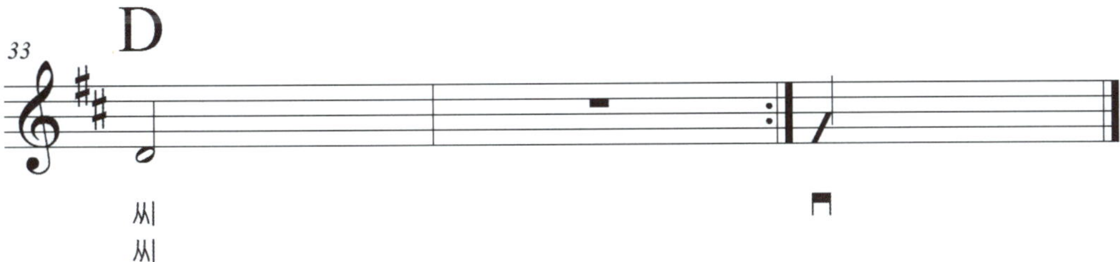

D
씨
씨

이인권 작사, 작곡 / 조미미 노래

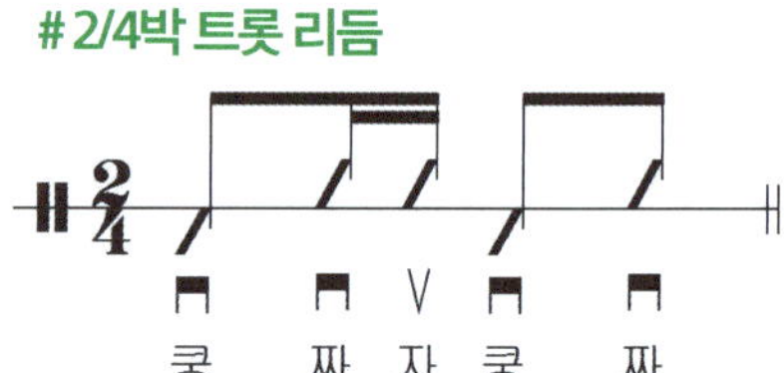

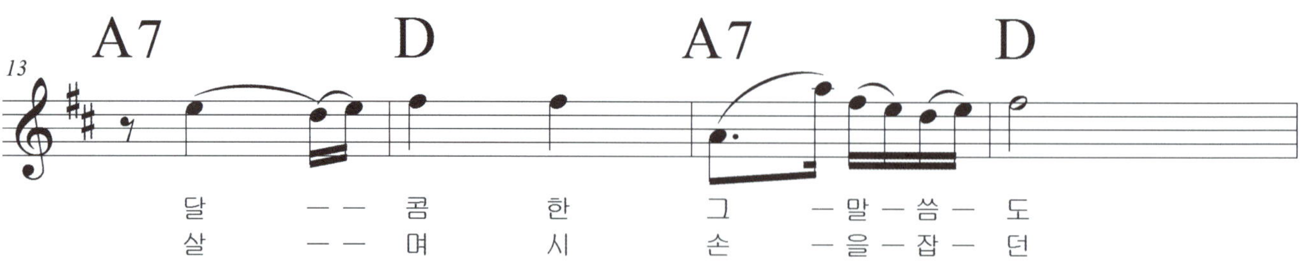

D
G
A7
17
달 콤 한 그 말 씀 도 오실때는좋았지 만
살 며 시 손 을 잡 던 그날밤이좋았기 에

D
21
안 오 시 면 외 로 워 지 는 안 오 시 면 외 로 워 지 는 아 —
오 늘 밤 도 기 다 려 지 는 오 늘 밤 도 기 다 려 지 는 아 —

D
25
아 — 단 — 골 — 손 님 — — 그 리
아 — 단 — 골 — 손 님 — — 그 리

G
A7
D
D A7 D
29
워 라 단 골 — 손 — 님
워 라 단 골 — 손 — 님

8. E · A · B7 코드

E^이 코드

비스듬한 삼각형 모양으로 운지가 쉬운 코드입니다.

① 1번 손가락으로 3번 줄 1프렛을 누릅니다.

② 2번 손가락으로 5번 줄 2프렛을 누릅니다.

③ 3번 손가락으로 4번 줄 2프렛을 누릅니다.

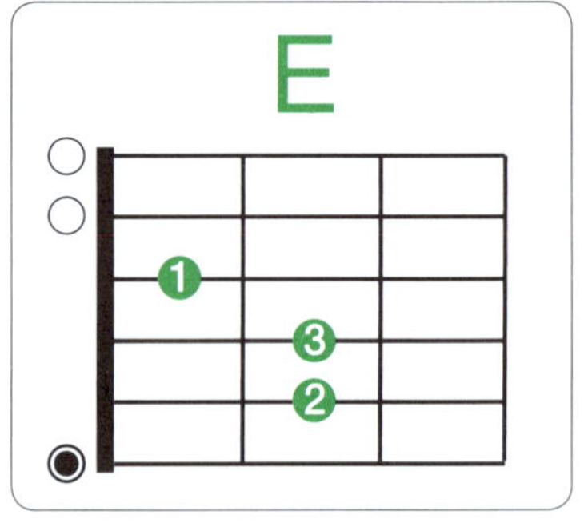

A^{에이} 코드

2프렛에 3개의 손가락이 운지되므로 최대한 손가락을 모아서 프렛 가까이 누르도록 합니다.

① 1번 손가락으로 4번 줄 2프렛을 누릅니다.

② 2번 손가락으로 3번 줄 2프렛을 누릅니다.

③ 3번 손가락으로 2번 줄 2프렛을 누릅니다.

▶ 3번 손가락이 밑의 1번 줄을 건드리지 않도록 주의합니다.

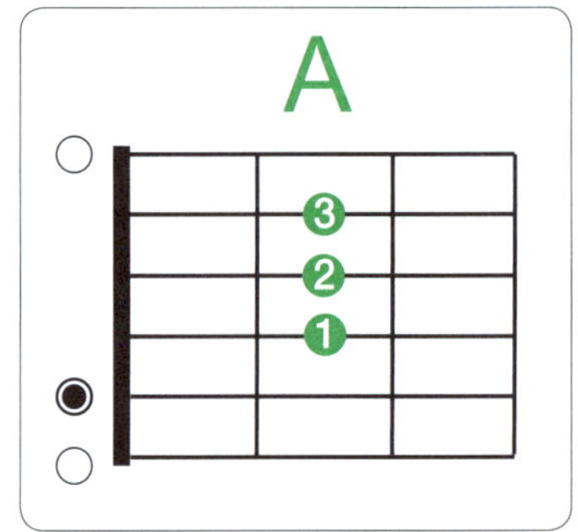

B^비 코드

B코드는 하이(바렛)코드라 운지가 어려워 설명을 생략합니다.

B7^{비세븐} 코드

손가락 사이에 줄이 들어가서 살이 줄을 건들기 때문에 조금 까다로운 코드입니다.

① 1번 손가락으로 4번 줄 1프렛을 누릅니다.

② 2번 손가락으로 5번 줄 2프렛을 누릅니다.

③ 3번 손가락으로 3번 줄 2프렛을 누릅니다.

④ 4번 손가락으로 1번 줄 2프렛을 누릅니다.

▶ 엄지손가락을 넘겨 6번 줄을 뮤트합니다. 그러나 손가락의 길이가 짧을 경우 2번 손가락을 넓게 눌러 뮤트하면 됩니다. 까다로운 코드이므로 손가락을 잘 세워서 누릅니다.

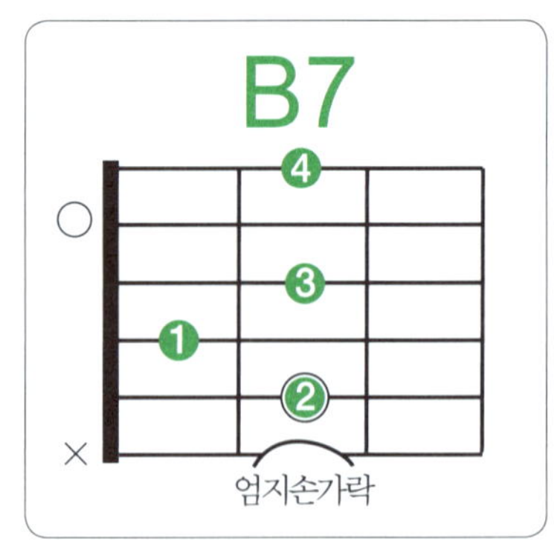

고향생각

현재명 작사 / 조영남 노래

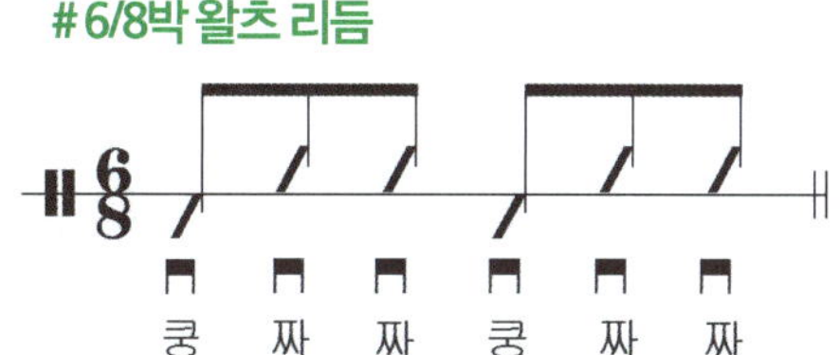

♪ = 90

E　　　　　A　　E　　　　　　　　A　B7

E　　　　　A　　E　　　B7　　E

E　　　A　　E　　　　　　B7

E　　　A　　E　　　B7　　E

55

9. Am · Dm · E7 코드

Am^{에이마이너} 코드

E 코드의 손가락을 한 줄 밑으로 내리면 됩니다.

① 1번 손가락으로 2번 줄 1프렛을 누릅니다.

② 2번 손가락으로 4번 줄 2프렛을 누릅니다.

③ 3번 손가락으로 3번 줄 2프렛을 누릅니다.

▶ 3번 손가락이 밑의 1번 줄을 건드리지 않도록 주의합니다.

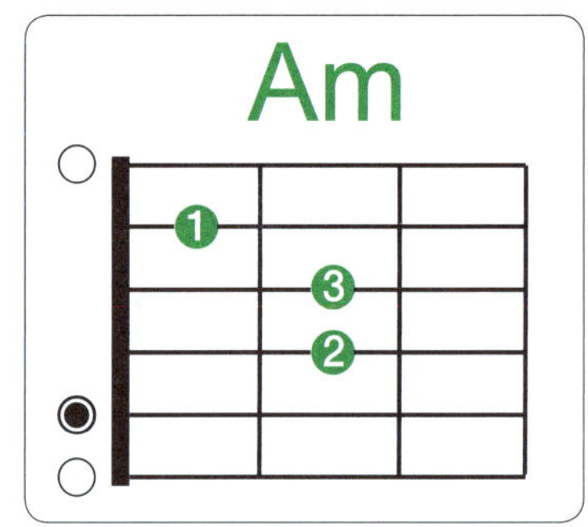

Dm^{디마이너} 코드

4번 손가락이 밑의 1번 줄을 건드리지 않도록 손가락을 잘 세워서 운지합니다. 4번 손가락의 운지가 어려울 경우 3번 손가락으로 바꿔 누르면 됩니다.

① 1번 손가락으로 1번 줄 1프렛을 누릅니다.

② 2번 손가락으로 3번 줄 2프렛을 누릅니다.

③ 4번 손가락으로 2번 줄 3프렛을 누릅니다.

▶ 엄지손가락을 6번 줄에 대어줍니다.

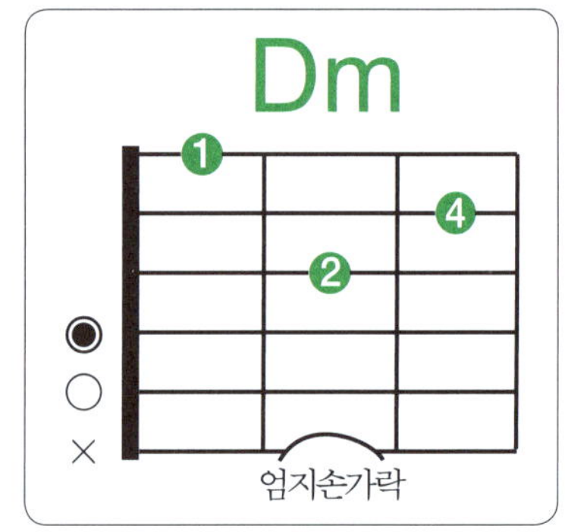

E7^{이세븐} 코드

E코드에서 3번 손가락을 떼어줍니다.

= 4번 줄이 개방현 음을 소리 냅니다.

① 1번 손가락으로 3번 줄 1프렛을 누릅니다.

② 2번 손가락으로 5번 줄 2프렛을 누릅니다.

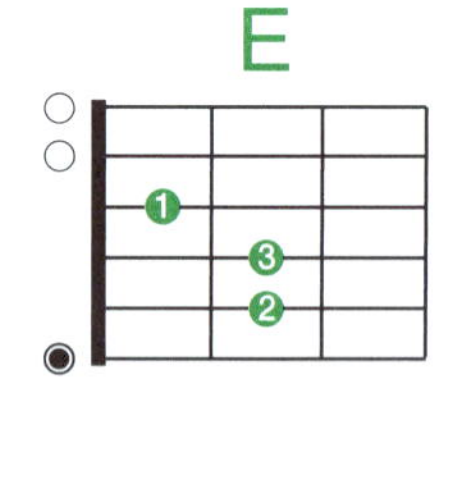
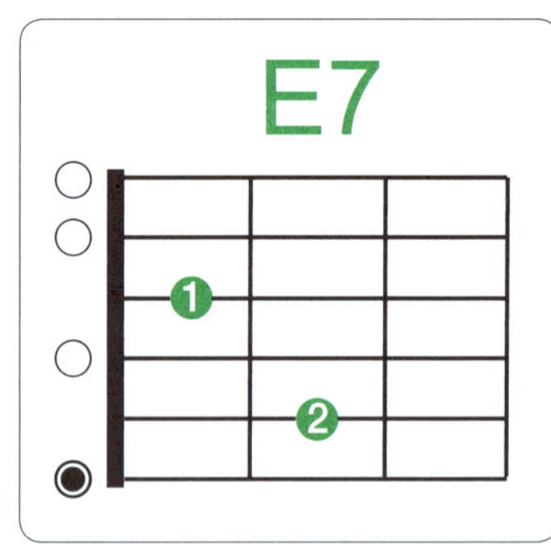

기다리는 마음

김민부 작사, 장일남 작곡 / 김성길 노래

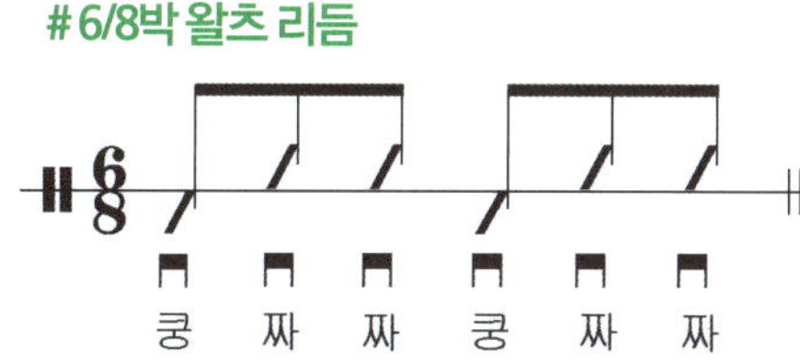

6/8박 왈츠 리듬

쿵 짜 짜 쿵 짜 짜

엄지손가락
Am E7 Am E7 G E7 Am
Am E7 Am G E7
일 출 봉 에 해 뜨 거 ― 든 날 불 러주 오
월 출 봉 에 달 뜨 거 ― 든 날 불 러주 오
Am E7 Am E7 Am
월 출 봉 에 달 뜨 거 ― 든 날 불 러주 오
일 출 봉 에 해 뜨 거 ― 든 날 불 러주 오
Am E7 Am Dm G E7
기 다 려 도 기 ― ― 다 려 도 님 오 지않 고
외 로 워 도 워 ― ― 로 워 도 님 오 지않 고
Am E7 Am E7 Am
빨 래 소 리 물 레 소 리 에 눈 물 흘 ―렸 네
빨 래 소 리 물 레 소 리 에 눈 물 흘 ―렸 네

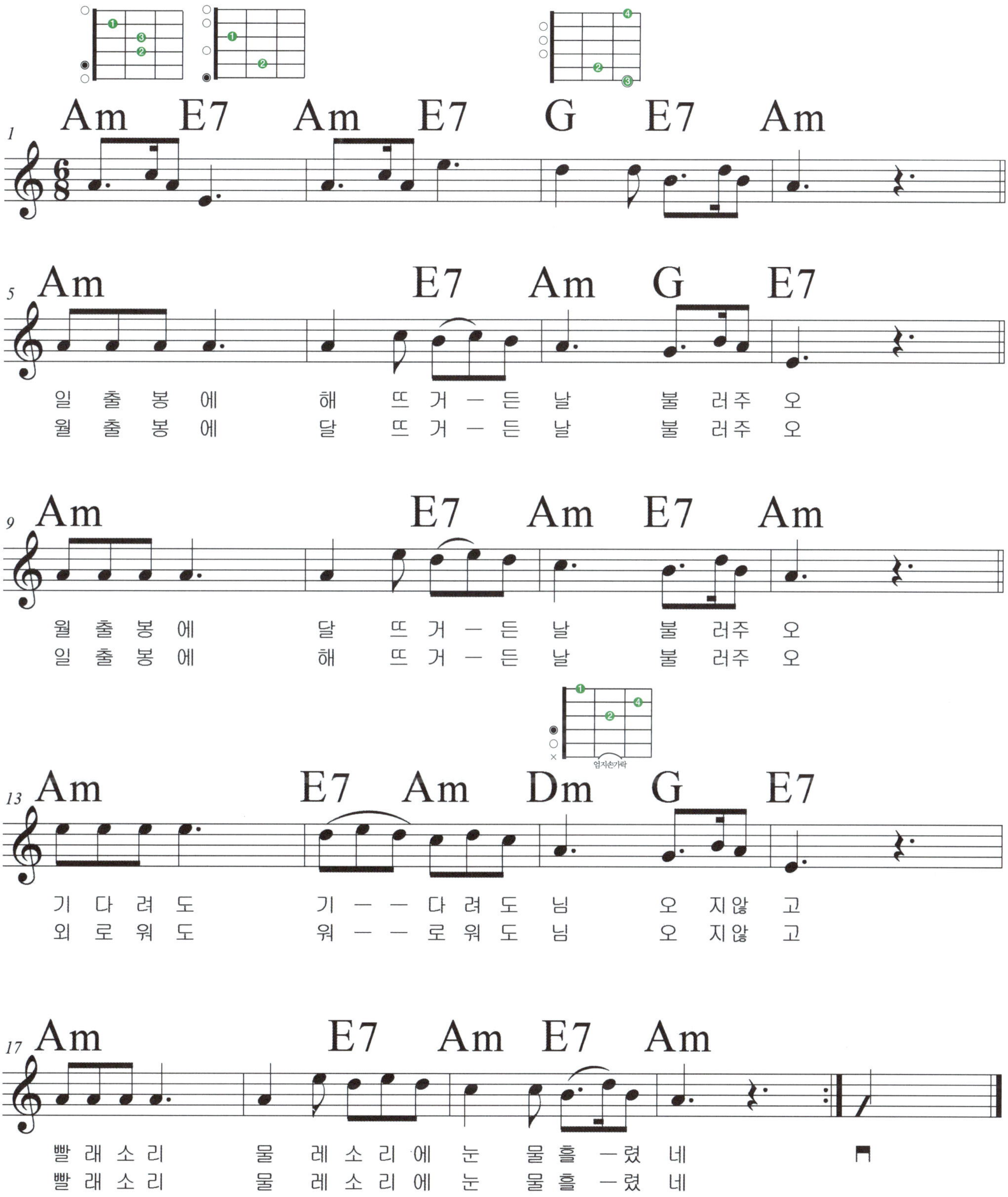

너무합니다

윤향기 작사, 작곡 / 김수희 노래

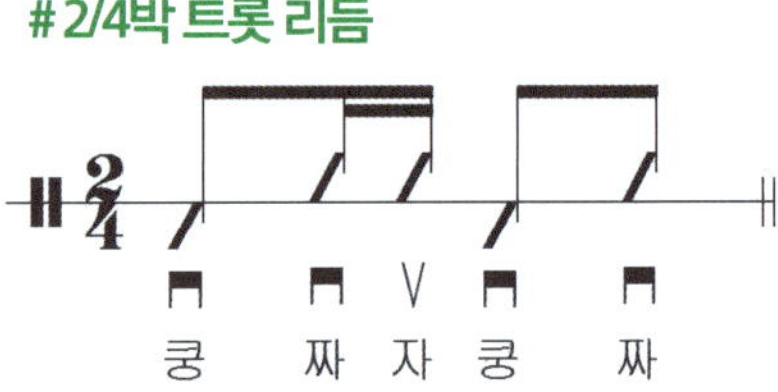

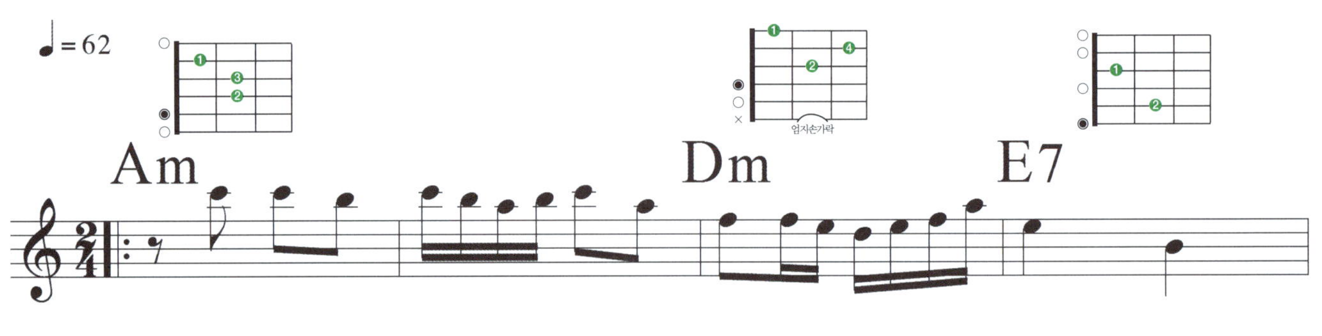

원곡 (Gm key)의 코드가 어려워서 초급 난이도에 맞게 코드를 조정하였기에 원곡과는 맞지 않습니다.

소양강 처녀

반야월 작사, 이호 작곡 / 김태희 노래

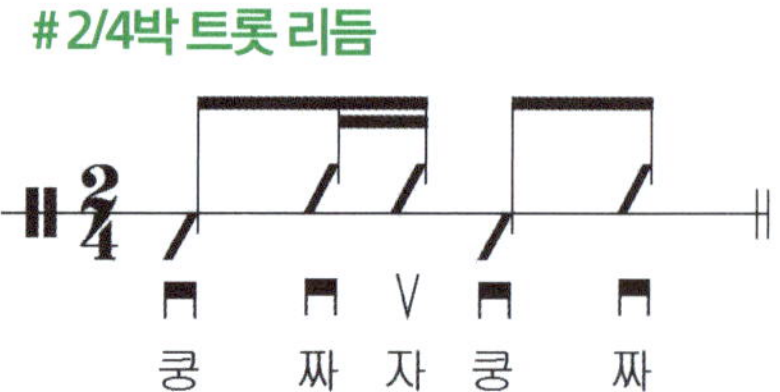

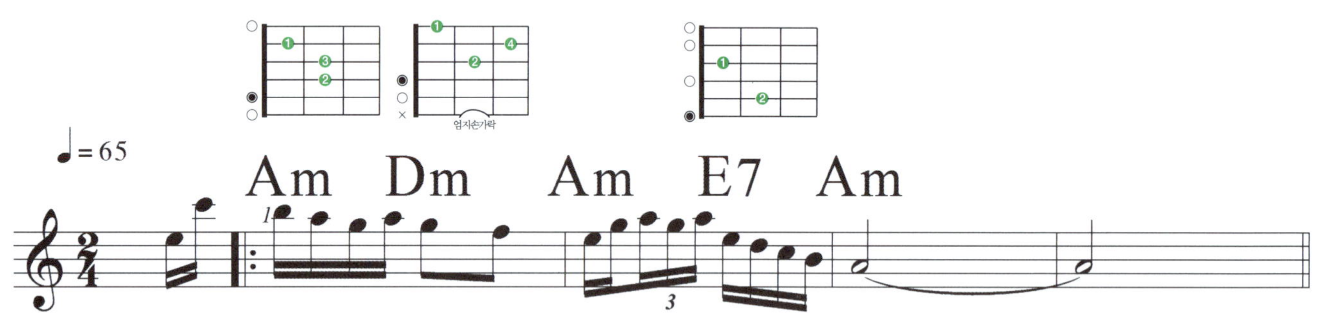

연주Tip
원곡(Gm key)의 코드가 어려워 초급 난이도에 맞게 코드를
조정하였습니다.

Am
E7
열 여 덜 딸 기같은 어 린 내 순 정
이 렇 게 기 다 리 다 멍 든 가 슴 에

E7
Am
E7
너 마 저 몰 라주면 나는나는어―쩌 나 아―
떠 나 고 안 오시면 나는나는어―쩌 나 아―

Am
Dm
E7
그 리 워 서 애―만 태―우 는 소
그 리 워 서 애―만 태―우 는 소

E7
Am E7 Am
1.
2.
양 ― ― 강 처――녀
양 ― ― 강 처――녀

10. Em · Am · B7 코드

Em^{이마이너} 코드

E 코드에서 1번 손가락을 뗀 운지입니다. 알고만 있으면 바로 운지할 수 있는 쉬운 코드입니다.

① 2번 손가락으로 5번 줄 2프렛을 누릅니다.

② 3번 손가락으로 4번 줄 2프렛을 누릅니다.

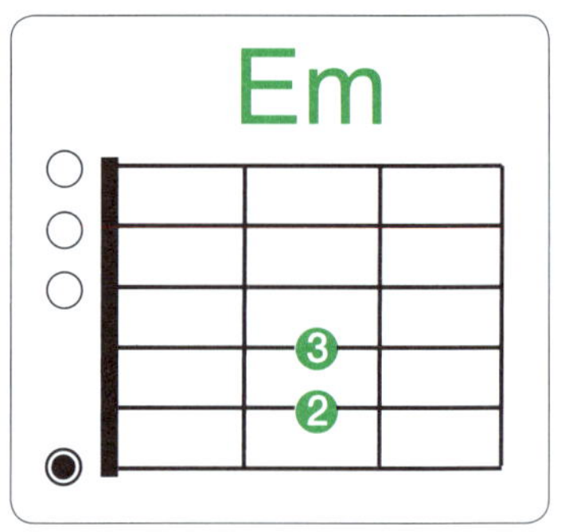

Am^{에이마이너} 코드

E 코드의 손가락을 한 줄 밑으로 내리면 됩니다.

① 1번 손가락으로 2번 줄 1프렛을 누릅니다.

② 2번 손가락으로 4번 줄 2프렛을 누릅니다.

③ 3번 손가락으로 3번 줄 2프렛을 누릅니다.

▶ 1번 손가락이 밑의 줄을 건드리지 않도록 주의합니다.

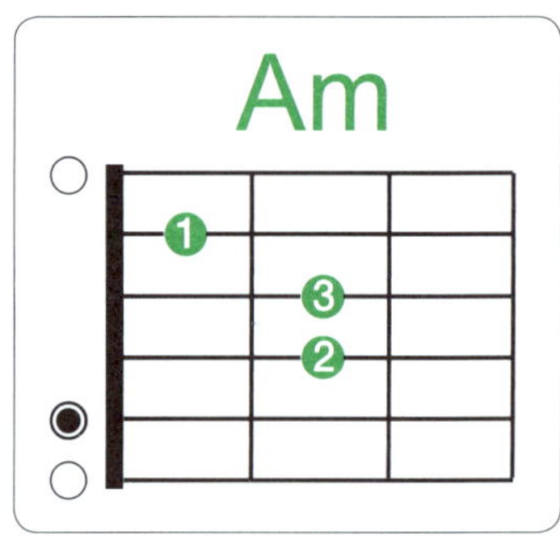

B7^{비세븐} 코드

손가락 사이에 줄이 들어가서 살이 줄을 건들기 때문에 조금 까다로운 코드입니다.

① 1번 손가락으로 4번 줄 1프렛을 누릅니다.

② 2번 손가락으로 5번 줄 2프렛을 누릅니다.

③ 3번 손가락으로 3번 줄 2프렛을 누릅니다.

④ 4번 손가락으로 1번 줄 2프렛을 누릅니다.

▶ 엄지손가락을 넘겨 6번 줄을 뮤트 합니다. 그러나 손가락의 길이가 짧을 경우 2번 손가락을 넓게 눌러 뮤트하면 됩니다. 까다로운 코드이므로 손가락을 잘 세워서 누릅니다.

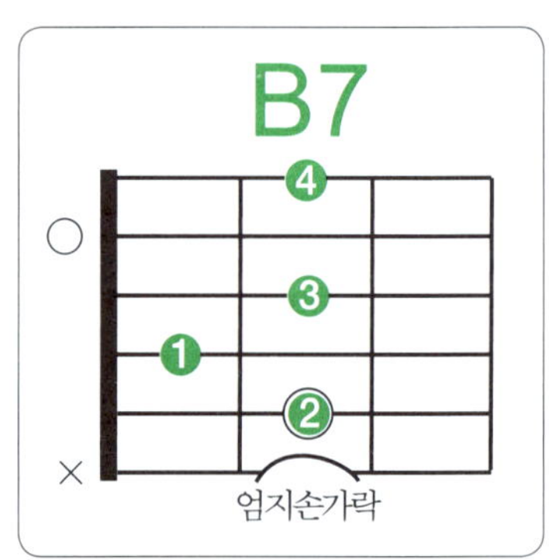

사랑은 눈물의 씨앗

남국인 작사, 김영광 작곡 / 나훈아 노래

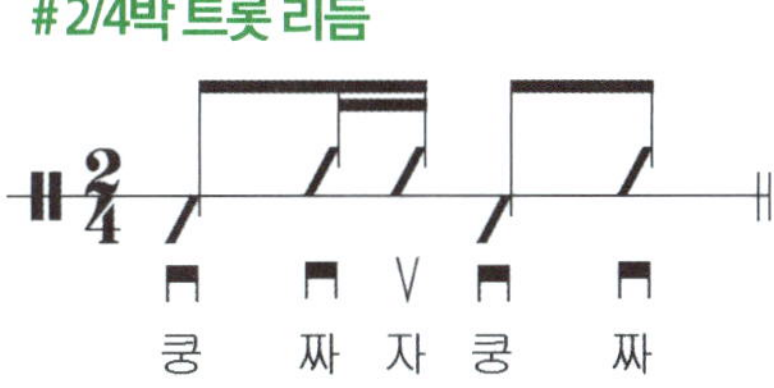

돌아와요 부산항에

황선우 작사, 작곡 / 조용필 노래

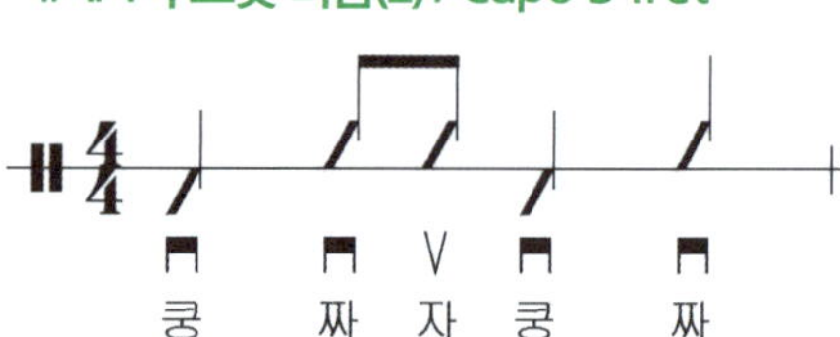

♩ = 118

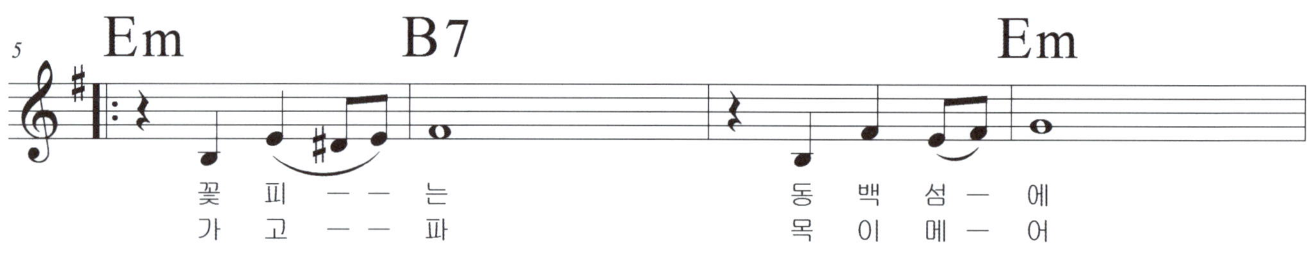

1. 원곡은 조율음이 어긋나 있습니다.
2. 이 곡은 트롯풍의 노래이지만 특이하게 악기는 8비트 리듬으로 만들어져 다양한 리듬연주가 가능한 곡입니다. 느린 2박 트롯, 4비트, 고고, 칼립소 등의 다양한 리듬으로 연습하면 실력 향상에 도움됩니다.

11. 같은 코드 다른 운지

통기타는 배우는 상황에 따라 같은 코드지만 다른 운지를 가지는 경우가 많은데 이는 배우는 교제에 표기
된 코드표가 다르거나 가르치는 강사가 배우는 분의 손가락 상태를 고려하여 조금 변형하여 수업한 경우
에 같은 코드지만 다른 운지를 가집니다.

많이 나오는 코드 중 같은 코드지만 다른 운지로 짚는 코드를 몇 개 알아보도록 하겠습니다.

☞ 코드에 정답은 없습니다. 연주하시는 분의 손에 맞는 것을 운지하면 됩니다.

1. C 코드

① 1, 2, 3번 손가락을 사용한 운지(기본)

② 1, 2, 3, 4번 손가락을 사용한 운지

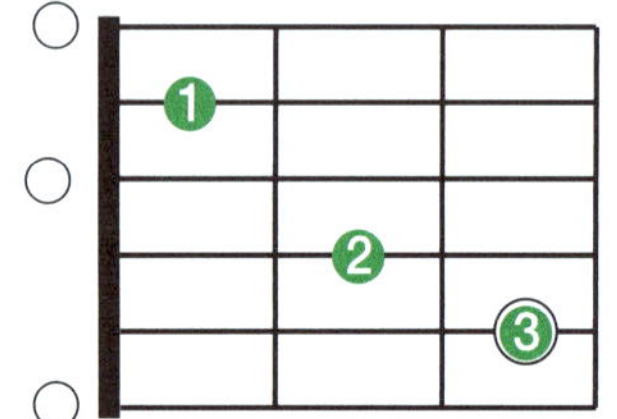

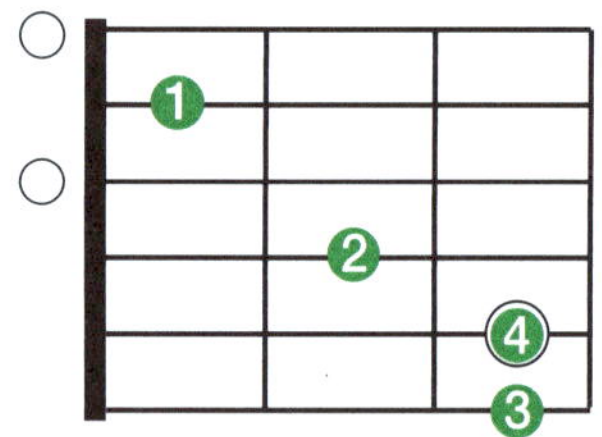

2. G 코드

① 2, 3, 4번 손가락을 사용한 운지(기본)

② 1, 2, 3, 4번 손가락을 사용한 운지

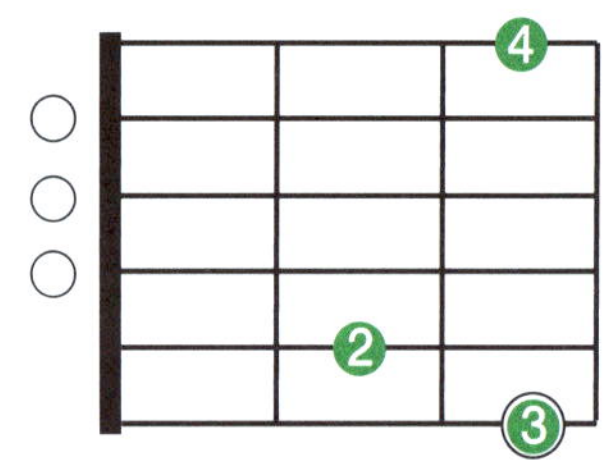

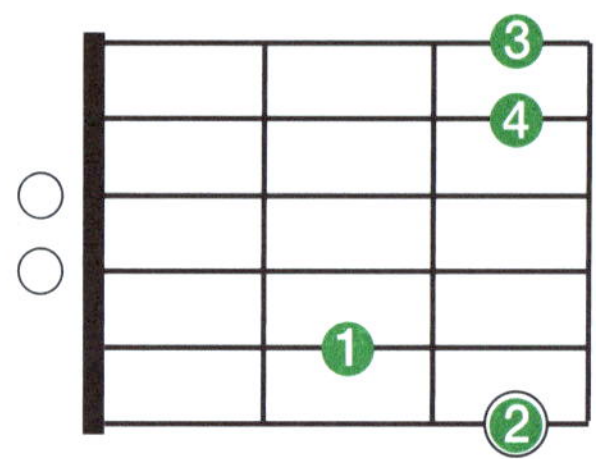

③ 1, 2, 3 또는 4번 손가락을 사용한 운지

④ G코드를 많이 힘들어 할 경우

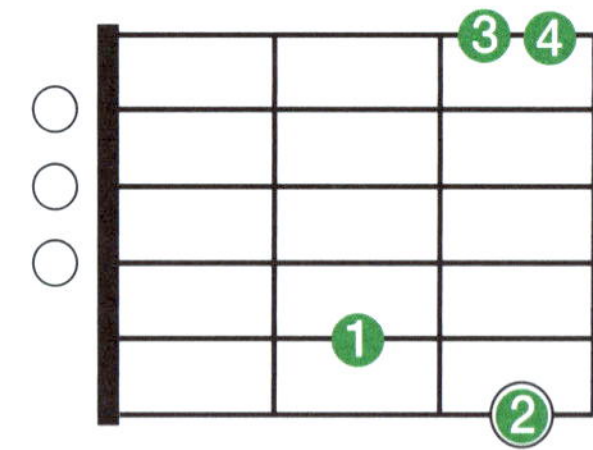

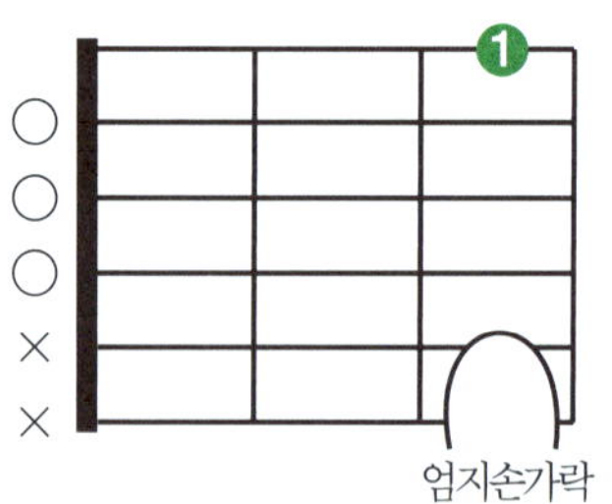

◆ 엄지손가락을 최대한 넘겨 위의 줄
들을 대어 소리가 안 나게 합니다.

3. A 코드

① 1, 2, 3번 손가락을 사용한 운지(기본)

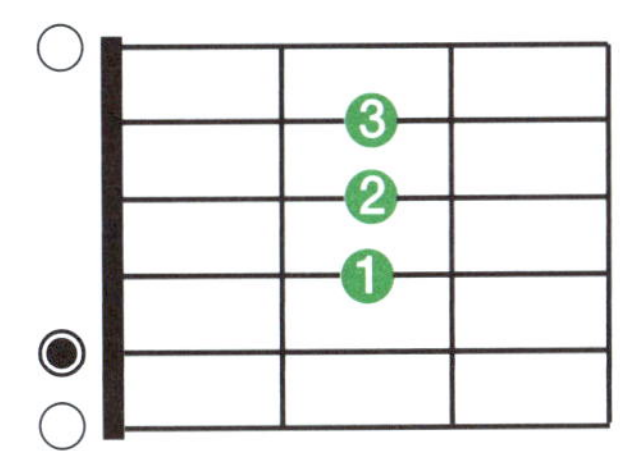

② 2, 3, 4번 손가락을 사용한 운지

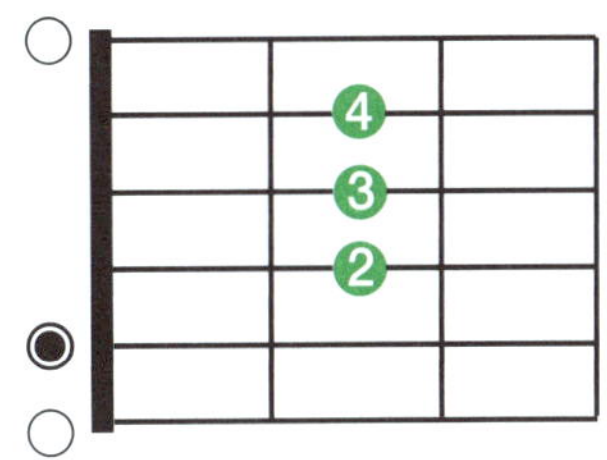

◆ Am코드로 편하게 운지됨.

4. A7 코드

① 2, 3번 손가락을 운지(기본)

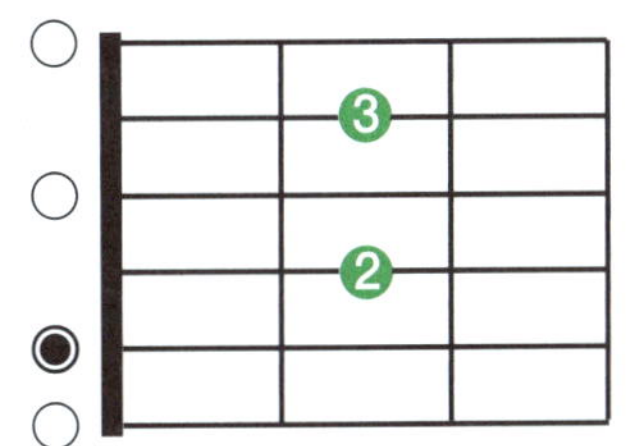

◆ 1, 2번 / 1, 3번 손가락으로도 운지

② 1, 2, 3, 4번 손가락을 이용한 운지

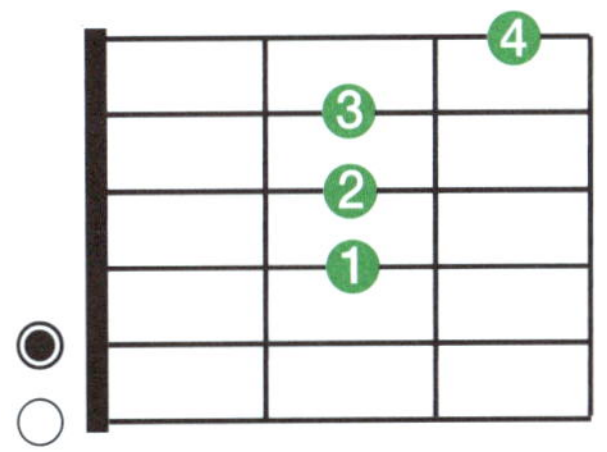

◆ A코드에서 편하게 운지

5. D 코드

① 1, 2, 3번 손가락을 사용한 운지(기본)

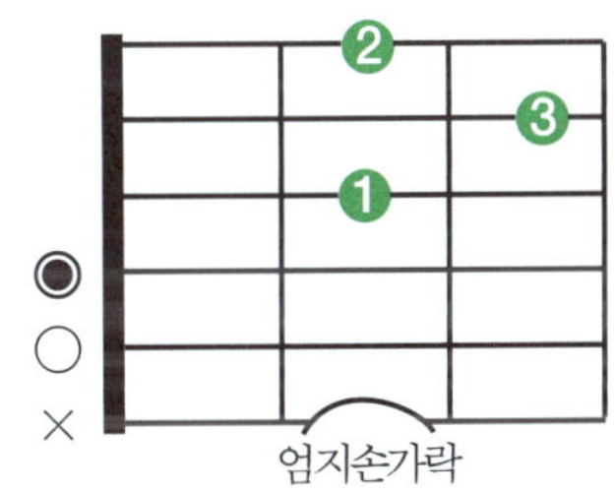

② 2, 3, 4번 손가락을 사용한 운지

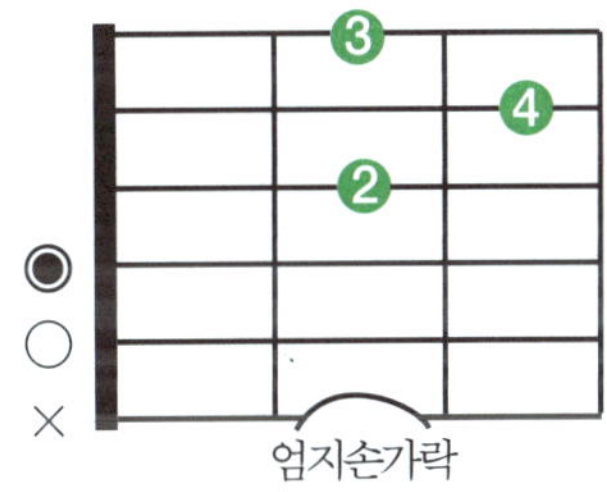

◆ Dm코드로 편하게 운지됨

6. E7 코드

① 1, 2번 손가락을 사용한 운지(기본)

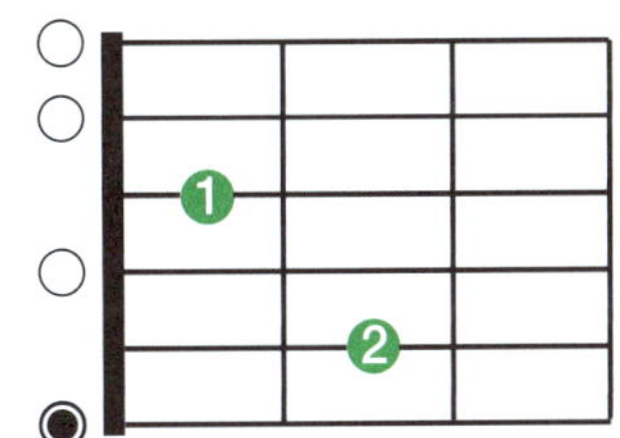

② 1, 2, 3, 4번 손가락을 사용한 운지

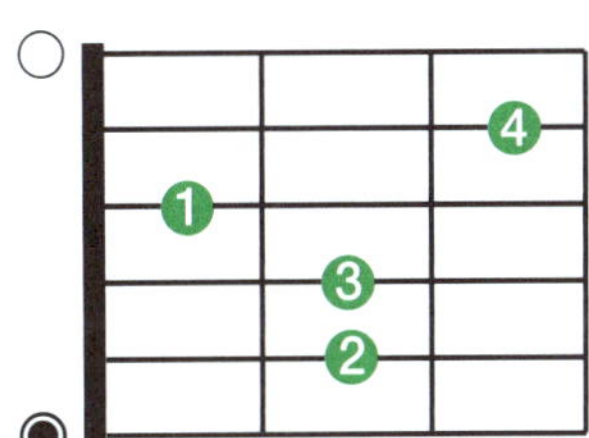

12. 코드 배우기 종합 연습

지금까지 배운 12개의 코드를 바탕으로 조금 더 다양한 코드 진행의 곡을 수록하였습니다. 다소 빠른 속도의 연습곡이 있을 수도 있으니 코드 바꾸는 연습을 충분히 한 후에 연주하면 좋습니다.

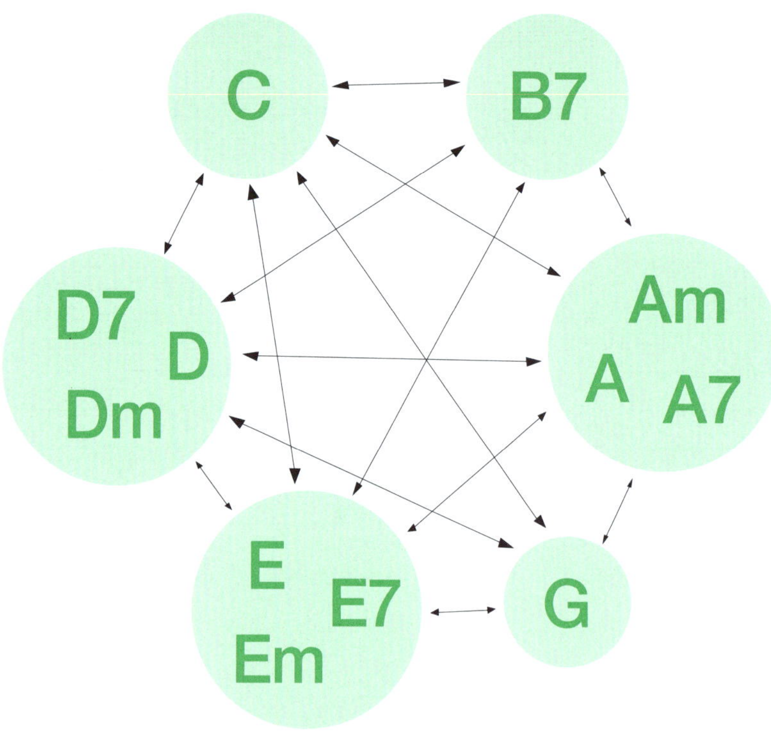

위의 코드 연습 표를 보고 코드 두 개를 정합니다.

연습 1 **C와 G**

2, 3번 손가락이 아래, 위 한 줄씩 이동하는 것에 집중합니다.

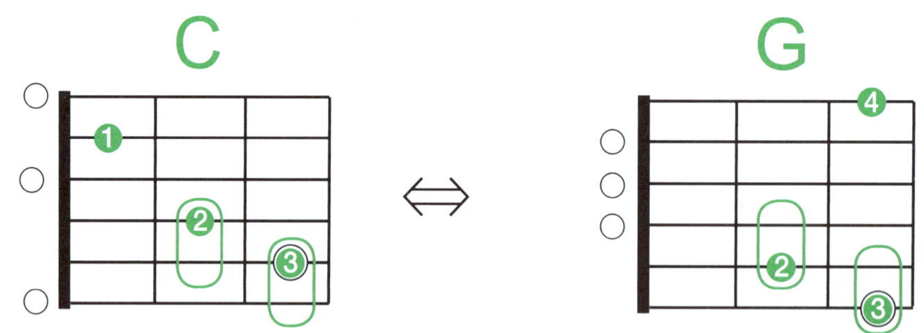

C 코드를 운지하고 소리 내어 정확하게 운지하였는지 확인 후 G 코드로 옮겨 소리냅니다. G 코드의 소리가 잘 났는지 확인하고, 혹시 소리가 명확하지 않다면 다시 운지하여 소리냅니다. 이렇게 반복적인 연습을 하여 정확한 소리를 빨리 내도록 합니다.

 Em와 B7

2번 손가락이 같은 포지션에 있습니다.

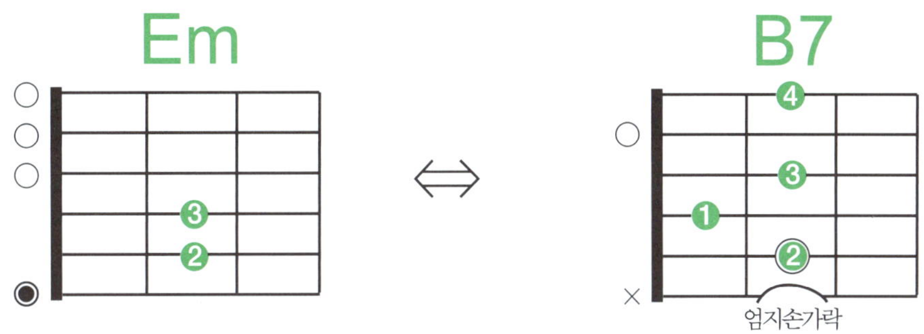

Em 코드를 운지하고 소리내어 정확하게 운지하였는지 확인 후 B7 코드로 옮겨 소리냅니다. G코드의 소리가 잘 났는지 확인하고 혹시 소리가 명확하지 않다면 다시 운지하여 소리냅니다. 이렇게 반복적인 연습을 하여 정확한 소리를 빨리 내도록 합니다.

 Am와 D7

1번 손가락이 같은 포지션에 있습니다.

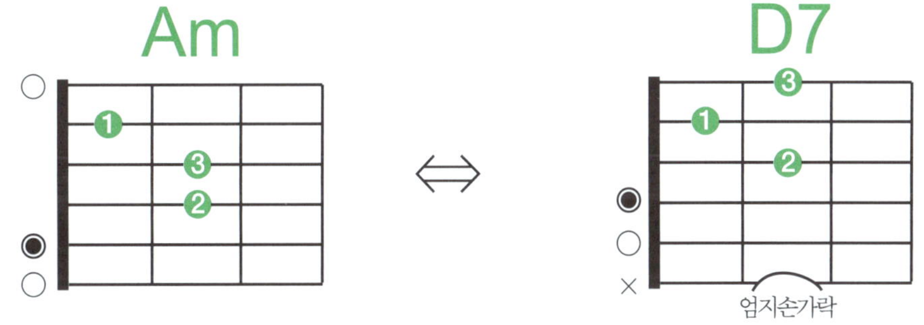

Am 코드를 운지하고 소리 내어 정확하게 운지하였는지 확인 후 D7 코드로 옮겨 소리냅니다. D7 코드의 소리가 잘 났는지 확인하고 혹시 소리가 명확하지 않다면 다시 운지하여 소리냅니다. 이렇게 반복적인 연습을 하여 정확한 소리를 빨리 내도록 합니다.

POINT

1. 코드를 빠르게 바꾸는 것이 통기타 연주를 잘 하는 방법입니다.
2. 처음에는 코드 바꿀 때 손가락을 하나씩 움직였다면 코드 운지가 익숙해질수록 손가락을 한꺼번에(동시에) 바꾸려고 노력해야 합니다.
3. 운지를 연습하는 다른 방법은 위에 줄부터 눌러보거나 손가락을 높은 번호순으로 눌러보면서 손가락의 능력을 키워봅니다.

동백아가씨

한산도 작사, 백영호 작곡 / 이미자 노래

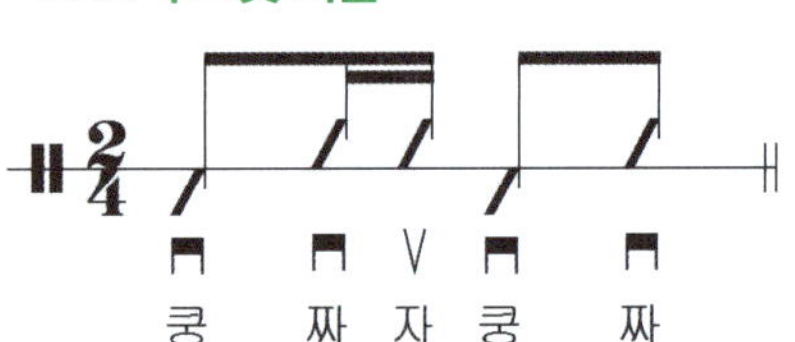

연주 Tip
1. 원곡은 조율음이 어긋나 있습니다.
2. 25~27마디는 섹션이 있으므로 원곡을 잘 듣고 맞춥니다.
(낭만 4, 5 스타카토 참고)

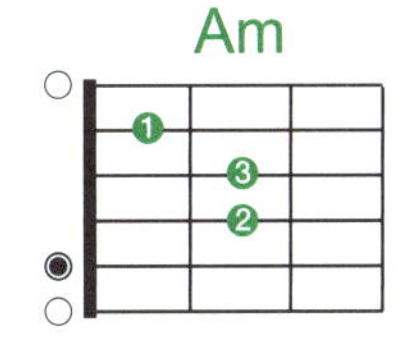

Am

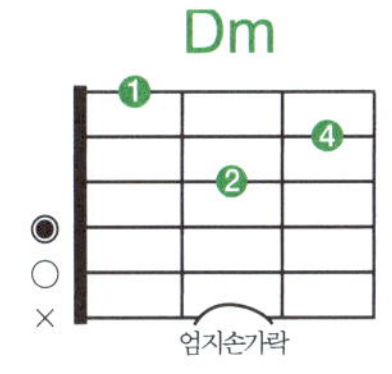

Dm
엄지손가락

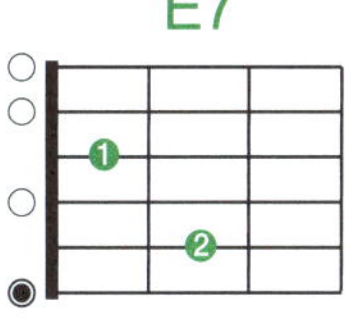

E7

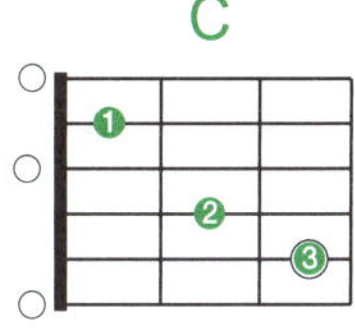

C

21
E7   Am   E7
동   백 — 아   가 — — 씨   —
동   백 — 아   가 — — 씨   —

25
Dm   E7   Am
그 리 움 에   지 쳐 서   울 다 지 쳐 서
가 신 님 은   그 언 제   그 여 느 날 에
Dm   Dm   E7   Dm   E7   E7

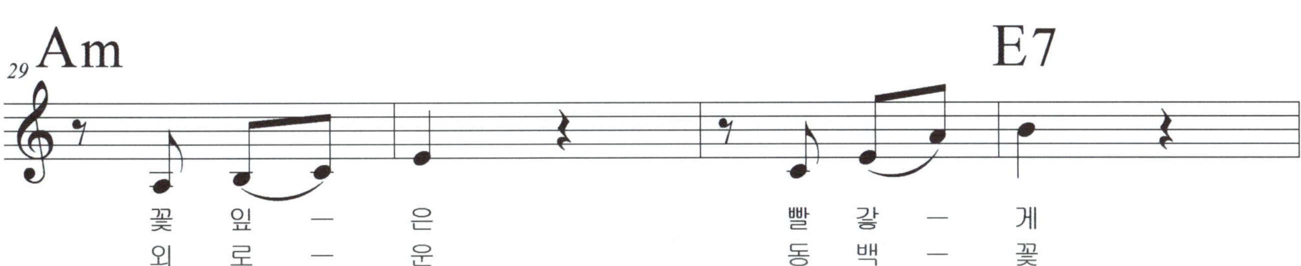

29
Am   E7
꽃 잎 — 은   빨 갛 — 게
외 로 — 운   동 백 — 꽃

33
C   E7   Am
멍   이 들 — 었 — 소   —
찾   아 오 — 려 — 나   —

37
Am   E7   Am

악보 14. 동백아가씨

피리부는 사나이

송창식 작사, 작곡, 노래

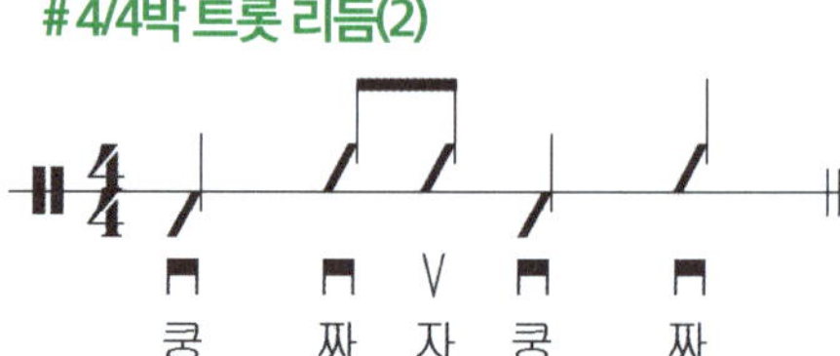

♩= 128

연주 Tip

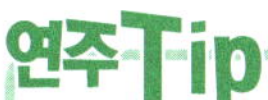

1. 10, 18, 40마디의 3박째가 B7으로 바뀌어 다음 마디에도 코드가 계속 이어지므로 박자 세는 것에 주의합니다.

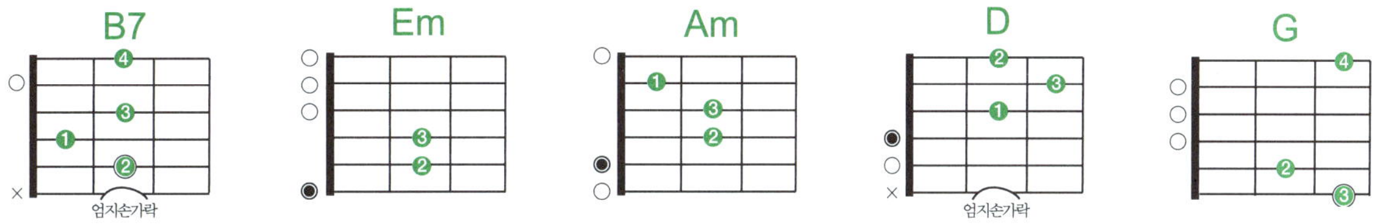

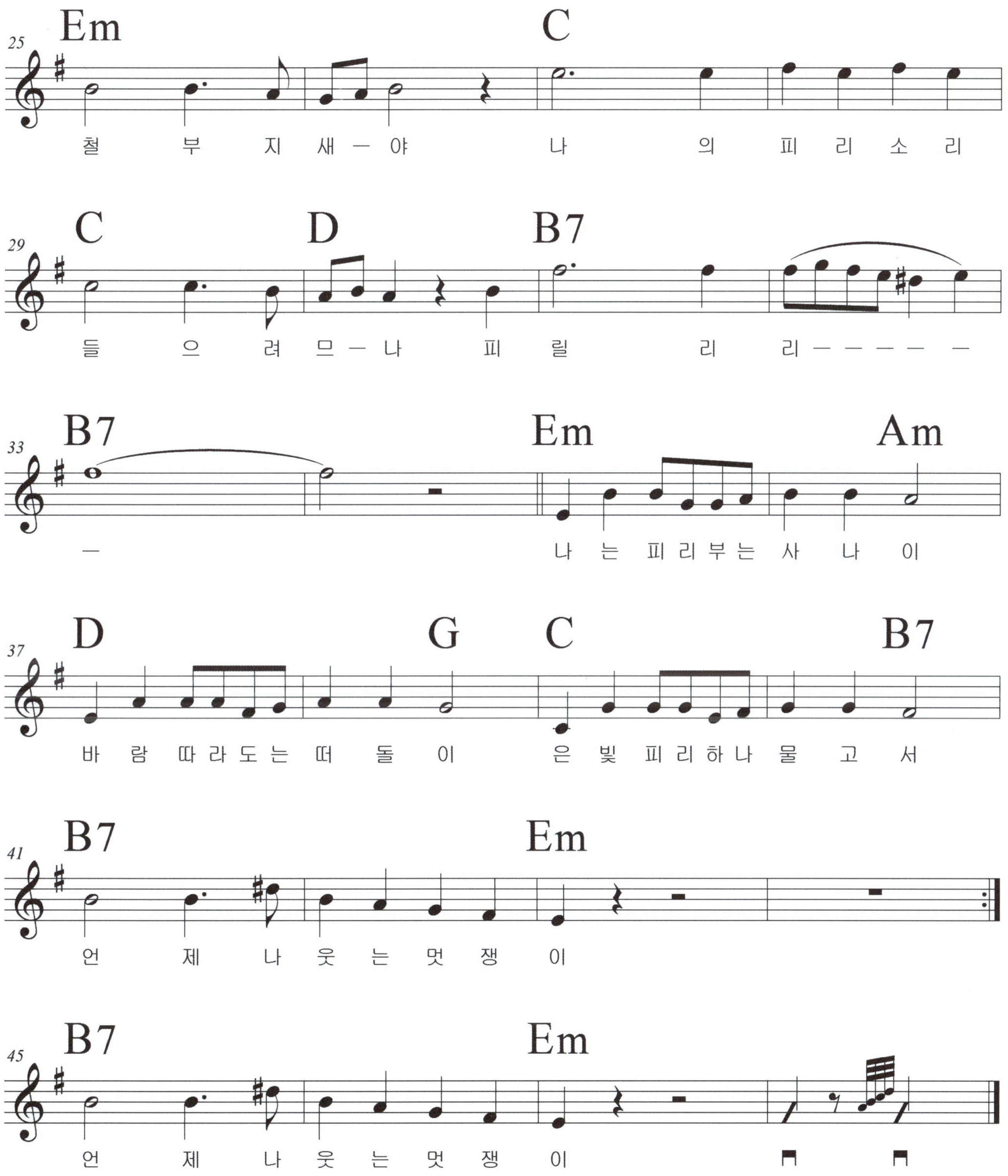

악보 15. 피리부는 사나이

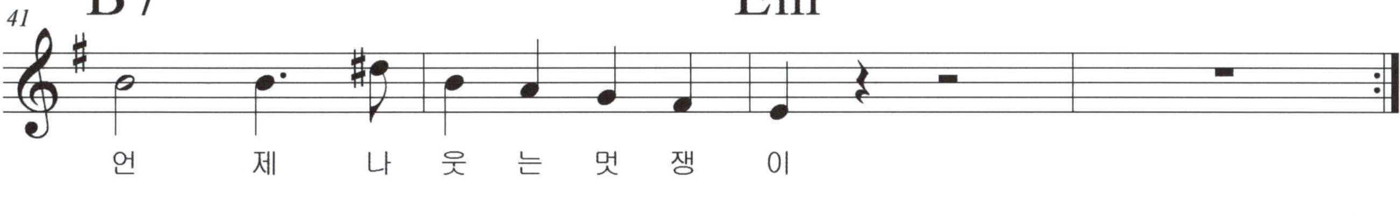

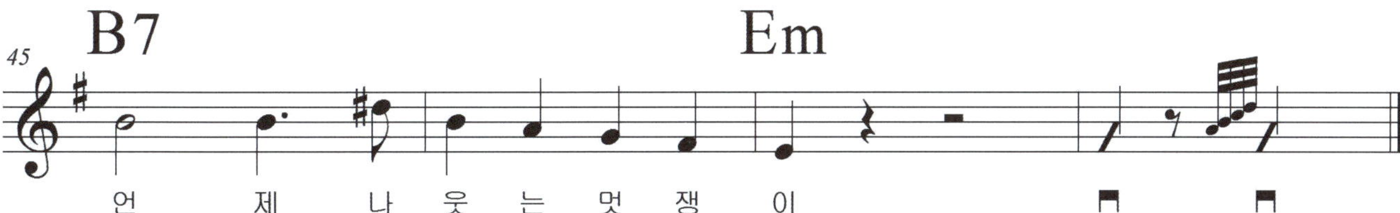

낭랑 십팔세

유호 작사, 박시춘 작곡 / 백난아 노래

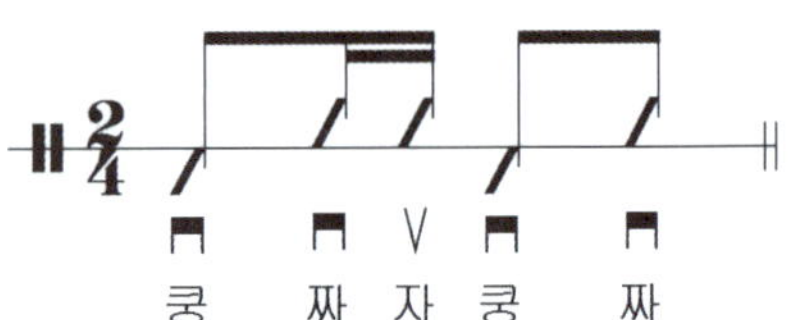

♩ = 96

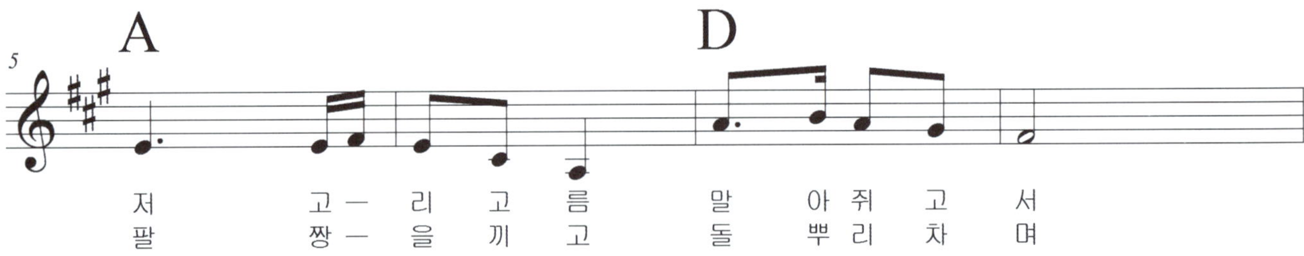

연주Tip
1. 원곡(G#key)의 코드가 어려워 초급 난이도에 맞게 코드를 조정하였습니다.
2. 리메이크가 많이 되어진 유명한 곡인 만큼 다양한 버전의 노래가 존재하므로 일상에서 듣는 음악과 맞춰 연주할 경우 맞지 않는 경우가 많습니다.

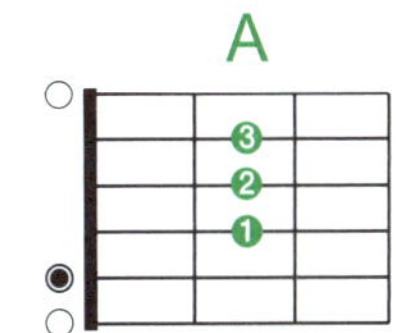

A

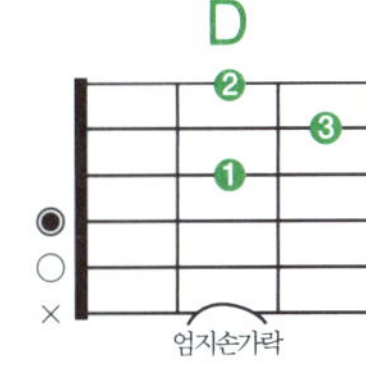

D
엄지손가락

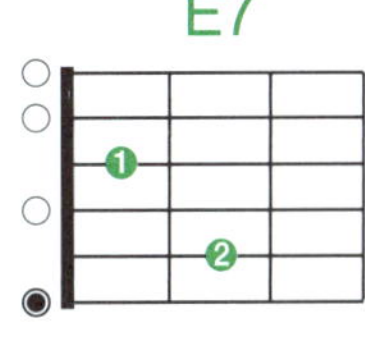

E7

A
21
소 쩍 궁 소 쩍 궁

A   D
25
소 쩍 궁 소 쩍 궁 —

A   D
29
소 쩍 궁 새 가 울 기 만 하 면

A   E7   A
33
떠 나 간 그 리 운 님 오 신 댔 어 요
풍 년 이 온 댔 어 요 풍 년 이 와 요

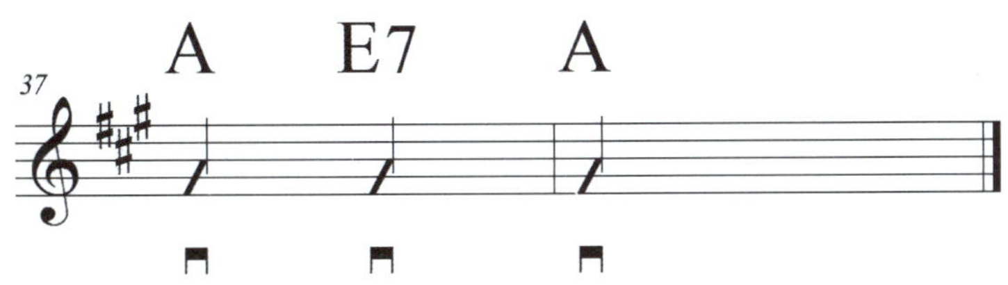

A   E7   A
37

새색시 시집가네

김신일 작사, 작곡 / 이연실 노래

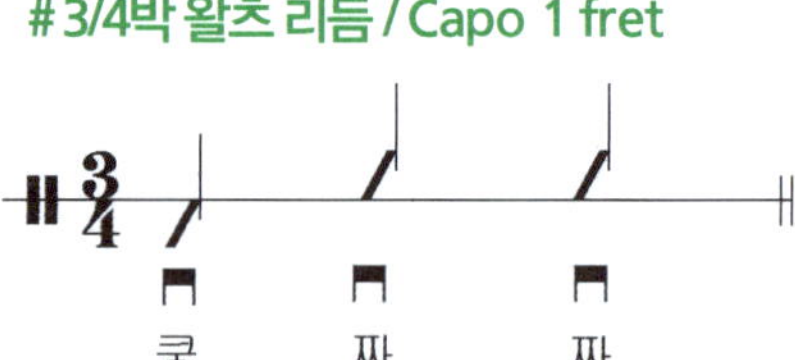

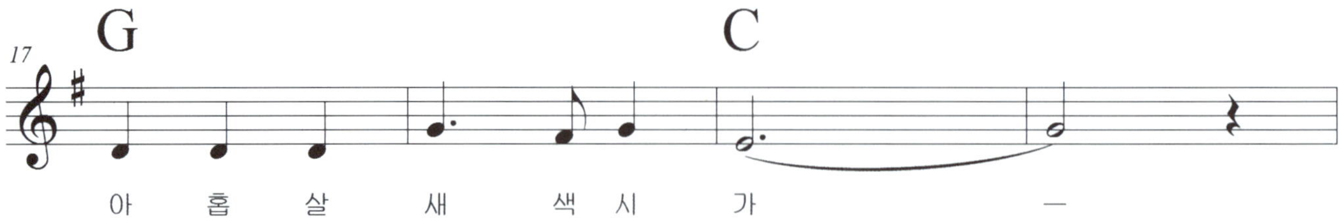

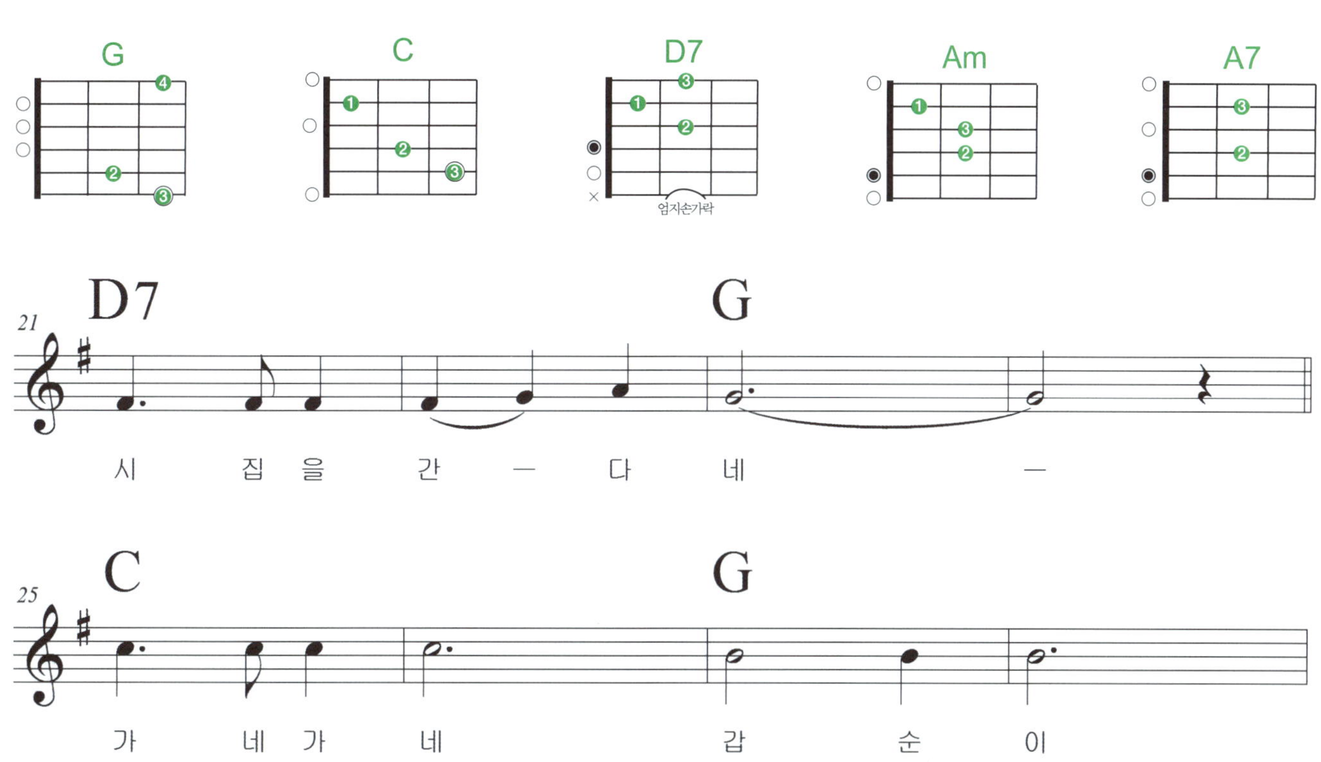

G
C
D7
Am
A7
엄지손가락

D7
G
시 집 을 간 — 다 네 —

C
G
가 네 가 네 갑 순 이

Am
A7
D7
갑 순 이 울 면 서 가 네 —

G
C
소 꿉 동 무 새 색 시 가 —

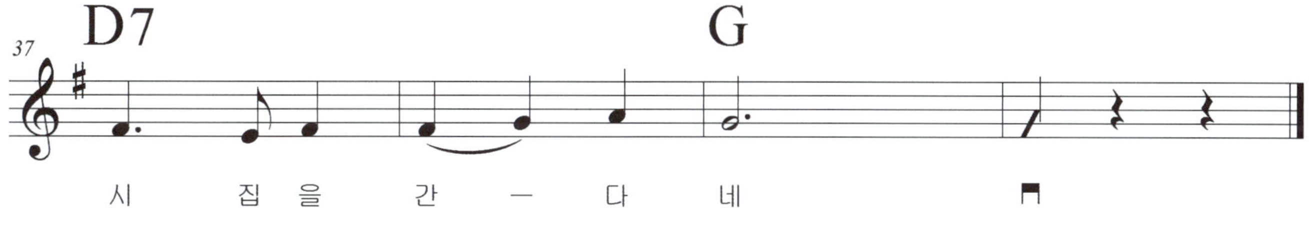

D7
G
시 집 을 간 — 다 네

꽃마차

반야월 작사, 이재호 작곡 / 진방남 노래

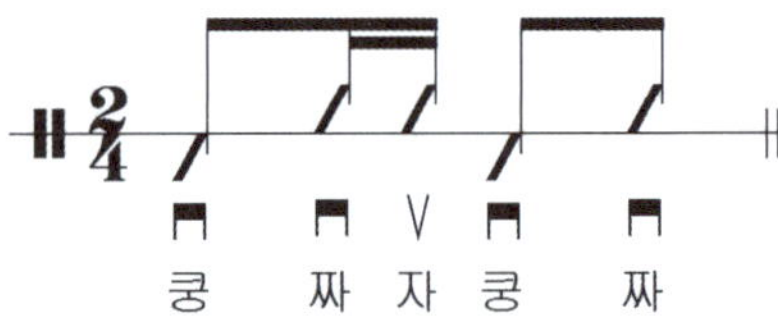

♩ = 96

연주Tip
원곡은 속도(템포)가 빠르기 때문에 느리게 연습하여 점차
속도를 높여 봅니다.

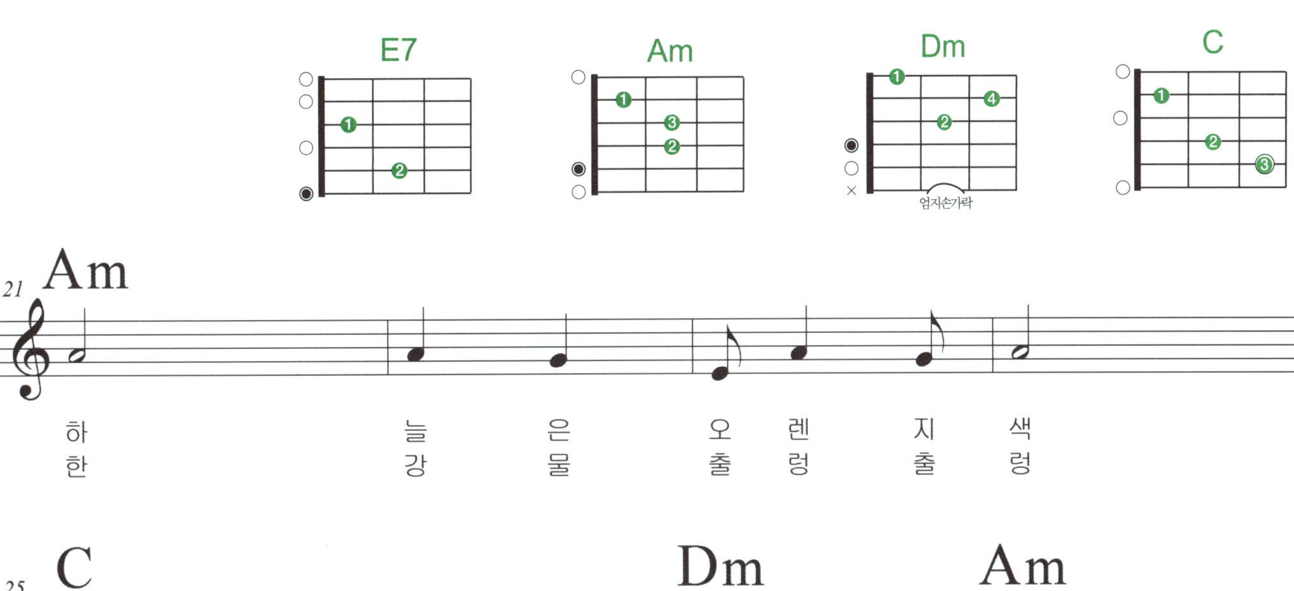

E7
Am
Dm
엄지손가락
C
21
Am
하 늘 은 오 렌 지 색
한 강 물 출 렁 출 렁

25
C
Dm
Am
꾸 ― 냥 의 귀 거 리 ― 는 한 들 한 들
숨 ― 쉬 는 밤 하 늘 ― 엔 별 이 총 총

29
Am
E7
Am
손 풍 금 소 리 들 려 온 다
색 소 폰 소 리 들 려 온 다

33
Am
E7
Am
방 울 소 리 ― 울 린 다
노 래 소 리 ― 들 린 다

얼굴

심봉석 작사, 신귀복 작곡 / 윤연선 노래

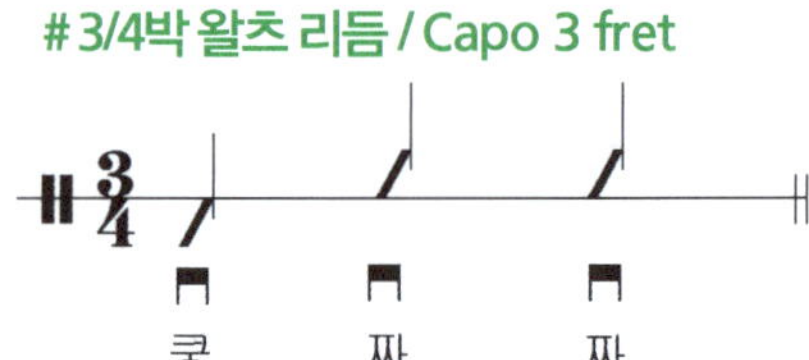

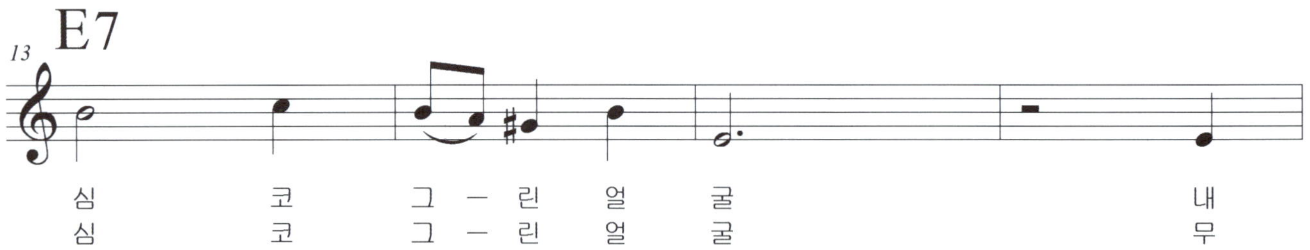

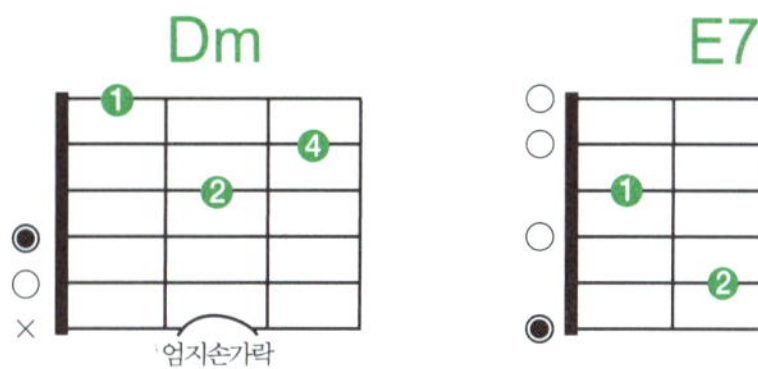

Dm
엄지손가락

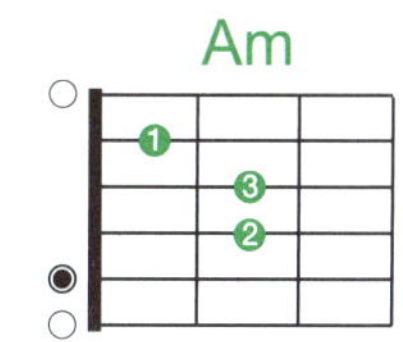

E7

Am

21
Am   E7   Am
아   햔   그 ― 때 꿈 을   풀
색   빛   하 ― 늘 아 래   구

25
E7   Am
잎   에   연   이 ― 슬 ― ― 처 럼   빛
름   속   에   나 ― 비 ― ― 처 럼   날

29
Am   Dm   E7
나   던   눈   동 ― 자   동
으   던   지   난 ― 날

33
Dm   Am
그   랗   게 ― 동 그   랗   게 ― 맴

37
E7   Am   1.   2.
돌   다   가   는   얼   굴

신사동 그 사람

정은이 작사, 남국인 작곡 / 주현미 노래

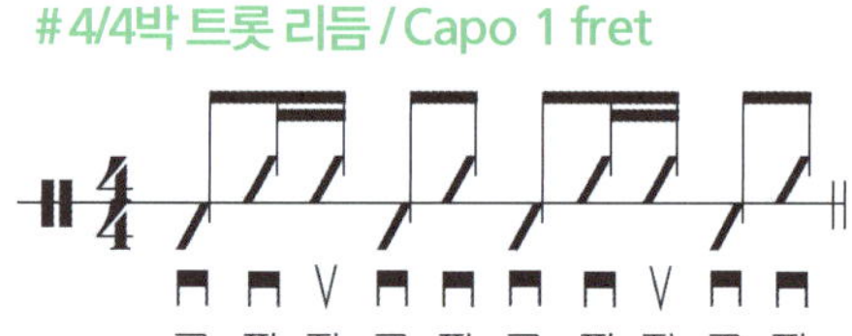

♩ = 94

연주 Tip
빠른 트롯 곡이기 때문에 코드 운지가 빨라야 하며, 4박자
안에 2박 트롯 리듬이 2번 들어가므로 앞에서 배운 4박 트
롯 리듬과는 다른 것에 주의합니다.

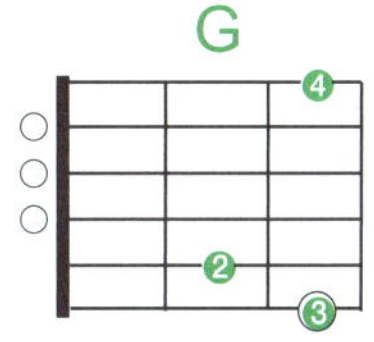
G

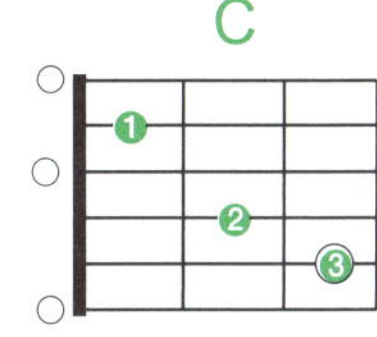
C

D7
엄지손가락

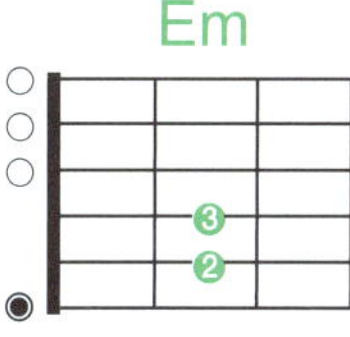
Em

D7   G   Em   D7
행 여 오 늘 도 다 시 만―날 까   그 날 밤 그 자 리 에 기 다 리 는 ― 데
오 늘 밤 도 ― 행 여 만―날 까   그 날 밤 그 자 리 에 마 음 설 레 ― 며

G   Em   Am
그 사 람 오 지 않 고 나 를 울 리 네 ―   시 간 은 자 정 넘 어 새 벽 으 로 가 는 데
그 사 람 기 다 려 도 오 지 를 않 네 ―   자 정 을 벌 써 지 나 새 벽 으 로 가 는 데

G   D7   G
아 아 그 날 밤 만 났 던 사 람―   나 를 잊 을 셨 나 ― 봐 ―
아 아 내 마 음 가 져 간 사 람―   신 사 동 ― 그 사 ― 람 ―

마포종점

정두수 작사, 박춘석 작곡 / 은방울자매 노래

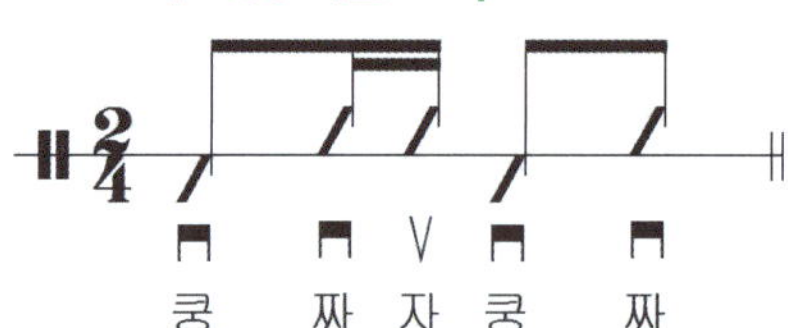

연주Tip
원곡은 조율음이 어긋나 있습니다.
C G7 Am
G7 C
강 — — 건 너 영 등 포 — 에
여 — — 의 도 비 행 장 — 엔
C G7
불 빛 만 아 련 한 — — 데
불 빛 만 쓸 쓸 한 — — 데
C
돌 아 보 지 않 는 사 람 기 다 —
돌 아 보 지 않 는 사 람 생 각 —
C G7
린 들 무 엇 — 하 나 첫
한 들 무 엇 — 한 나 굿
C Am
사 랑 떠 나 간 종 점 마 — 포 는
은 비 내 리 — 는 종 점 마 — 포 는
1. 2.
G7 C
서 글 — 퍼 — 라
서 글 — 퍼 — 라

악보 21. 마포종점

13. 트롯 리듬의 이해와 변천

우리나라 음악은 1920년대 후반 경성방송국이 라디오 방송을 시작하면서 발전하였다고 보면 됩니다. 1930년대 전후로 나타난 초기 트롯은 시대상을 반영하여 아주 느린 템포의 슬픔과 애환이 가득 찬 음악이었으며, 이 음악은 60년대 말까지 오랜 기간 우리나라의 유일한 대중가요였습니다. 그로 인해 트롯이란 말은 음악 장르와 리듬의 뜻을 같이 가지게 됩니다.

★ 50년대 이전의 대표적인 트롯 곡

1. 사의 찬미(1926, 윤심덕)
2. 황성의 적(1932, 이애리수)
3. 목포의 눈물(1935, 이난영)
4. 애수의 소야곡(1938, 남인수)
5. 나는 열일곱 살이에요(1938, 박단마)
6. 눈물 젖은 두만강(1938, 김정구)
7. 번지없는 주막(1938, 백년설), 나그네 설움(1940, 백년설)
8. 불효자는 웁니다(1940, 진방남)
9. 찔레꽃(1942) 낭랑 18세(1949, 백난아)
10. 귀국선(1945, 이인권)
11. 신라의 달밤(1947, 현인)

화성학적 지식과 이해 때문에 간단한 코드진행(쉽게 말해 1, 4, 5도 진행의 가족코드를 말하며 4-10까지의 레슨에서 코드 3개씩 묶여져 있는 것이 가족 코드 묶음입니다.)에 간단한 트롯 리듬(35page)을 바탕으로 만들어져 현 시대에서의 통기타 연주로 보면 아주 쉬운 연주로 표현이 가능하다고 할 수 있습니다.

★ 50~70년대까지의 대표적인 트롯 곡

1. 이별의 종착역(1960, 손시향) / 셔플
2. 갈대의 순정(1967, 박일남) / 트롯
3. 대전블루스(1959, 안정해) 조용필 등의 많은 가수가 리메이크 함 / 슬로우록
4. 기타부기(1959, 윤일로) / 셔플
5. 동백아가씨(1964, 이미자) / 트롯
6. 하숙생 / 슬로우 고고
   ◆ 1, 3, 4, 5, 6번은 트롯음악(장르)에 다른 리듬의 곡.

그러나 70년대쯤 매체의 발전(TV 방송과 라디오 방송)과 시대의 흐름에 맞물려 트롯은 획기적인 전환점을 맡게 되고, 이렇게 나타난 음악은 트롯 리듬에 약간의 쩔뚝거림을 넣은 '셔플(스윙)'과 전자악기를 이용한 빠른 속도의 트롯인 '디스코(뽕짝)'음악이 나타면서 통기타 연주의 많은 전환점이 생깁니다. 또한 이 시대에 '슬로우락'과 '컨트리' 등의 장르도 같이 나타나, 음악적으로 가장 큰 전환점은 60년대 말부터 70년대 초라고 할 수 있을 것입니다.

또한 트롯 리듬은 8비트 리듬의 칼립소, 고고리듬을 만나면서 트롯적인 칼립소와 트롯적인 고고리듬으로 발전합니다.

#낭만 4.
8비트 리듬과 스트로크

1. 8비트 리듬

리듬의 이해

리듬이란 일정한 규칙을 가진 소리의 배열을 말합니다.

8비트 리듬이란 한마디 안에서 일정한 간격으로 8개의 소리를 낼 수 있다는 가정하에 각 마디마다 일정한 규칙을 가진 소리를 내는 것을 통틀어 8비트 리듬이라고 합니다.

리듬 ○

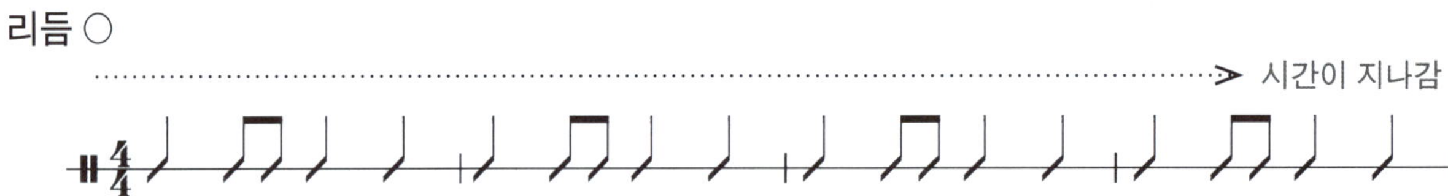

◆ 각 마디의 소리가 일정한 규칙이 있습니다.

리듬 X

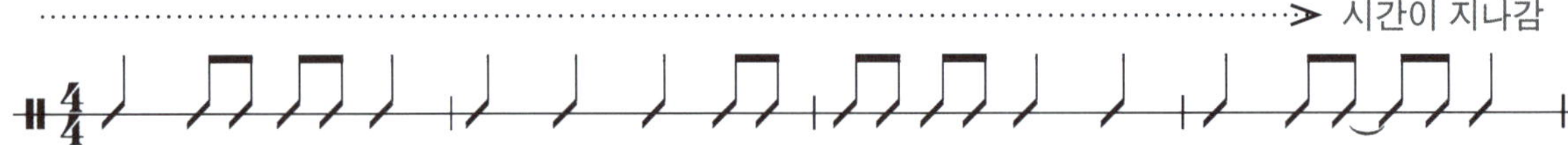

◆ 각 마디의 소리가 일정한 규칙이 없습니다.

8비트 리듬 배우기

통기타 연주에서 8비트 리듬을 배우고 연주하신다면, 리듬을 들을 수 있거나 스트로크 리듬 악보를 읽을 줄 안다면 연주의 많은 성취를 이룩할 수 있습니다. 그래서 리듬 읽기(비트 읽기)를 알아보겠습니다.

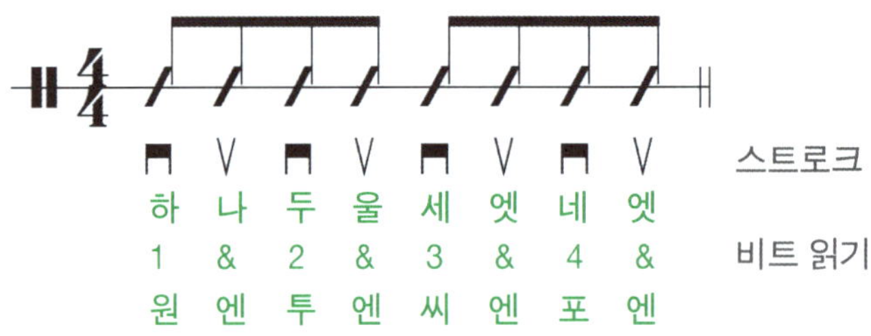

음악, 즉 리듬을 들을 때 '1, 2, 3, 4'의 박자를 숫자를 세고 박자 중간에 '나, 울, 엣, 엣' 비트를 읽어 음의 위치를 정하도록 합니다.

8비트는 음이 8개라서 숫자 1~8까지 세면 안 됩니다(절대). 위의 악보처럼 박자를 세면서 박자 사이를 추임세적인 단어로 세는 것이 맞습니다. 개인에 맞게 편한 추임새를 넣는 것도 좋은 방법입니다.

헛피킹

소리를 내지는 않지만 스트로크의 동작을 하는 것으로 좋은 리듬감, 안정적인 리듬을 내는 데 도움이 됩니다. 비트 읽기를 리듬으로 옮길 때에는 '헛피킹'이 필요합니다.

■ 리듬읽기 연습

예제) 비트 읽기로 빈칸을 채워보겠습니다.

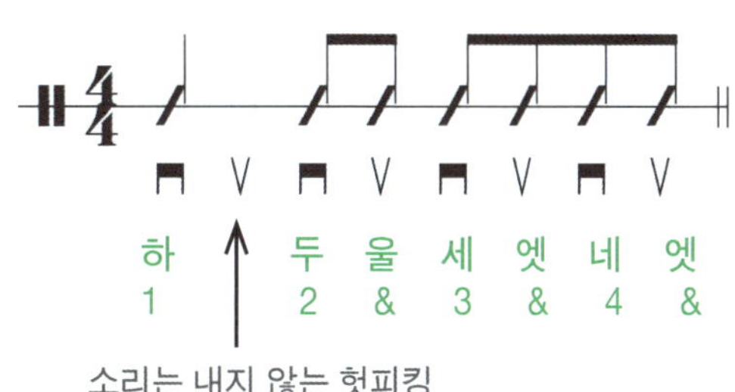

밑의 리듬 악보 밑에 비트를 적어봅니다.

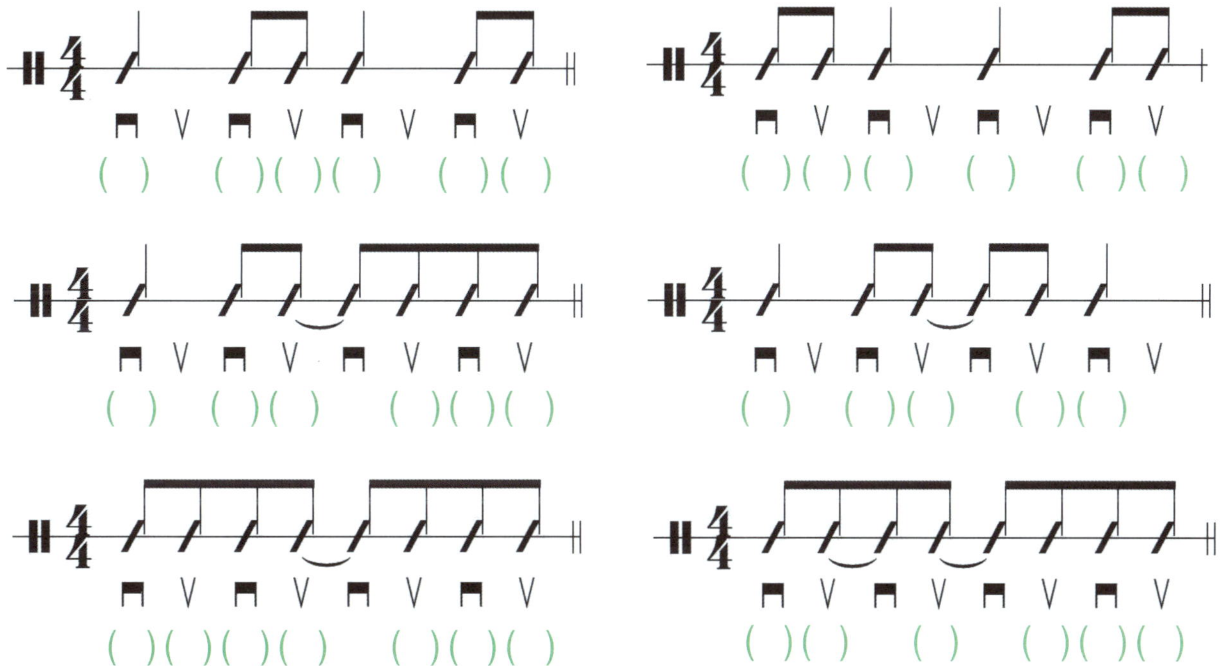

※ 정답은 유튜브 채널〈8비트 리듬〉에 있으므로 레슨영상을 참고하도록 합니다.

자, 그럼 위의 리듬 악보에 빈칸을 채워 적은 후에 비트를 소리내면서 스트로크를 해 봅니다.

위의 6개의 문제를 이해하고 맞춰다면 리듬 읽기는 끝났으며, 리듬을 읽고 연주하는 것이 어렵지만은 않지만 좋은 리듬감과 좋은 소리를 만들어내는 데는 오랜 시간이 걸립니다.

2. 코드 바꾸기

코드를 부드럽게 바꾸려면 코드가 바뀌기 전(=마디가 넘어가기 전) 업스트로크(V)에 왼손가락을 들어줍니다.

연습 1

① 먼저 A 코드를 잡고 다운스트로크(⊓)를 합니다.

② 왼 손가락을 떼면서 업스트로크(V)로 개방현 소리가 나도록 합니다.

③ 곧바로 왼손으로 D코드를 잡고 다운스트로크로 소리를 냅니다.

④ 다시 왼손을 떼면서 업스트로크를 하여 개방현 소리를 냅니다.

⑤ ① A 코드를 잡고 다운스트로크를 합니다. 이렇게 계속 반복 연습을 합니다.

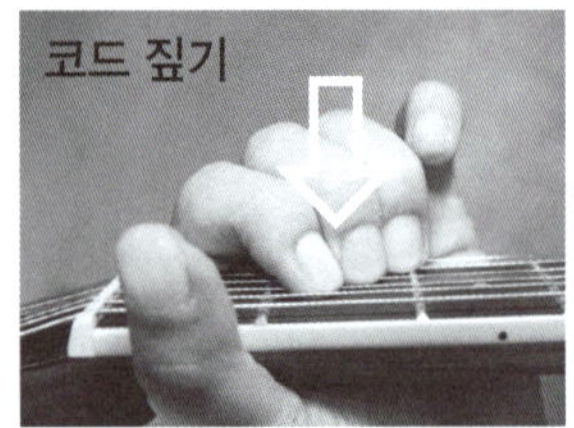

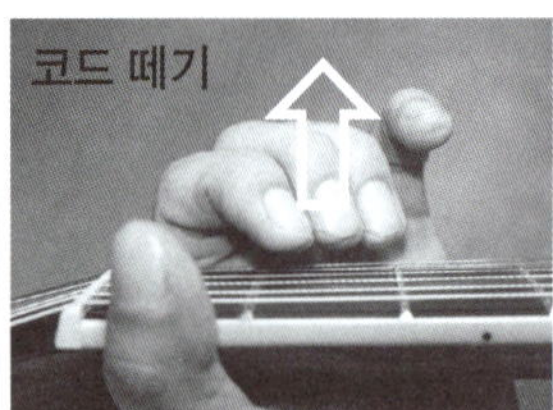

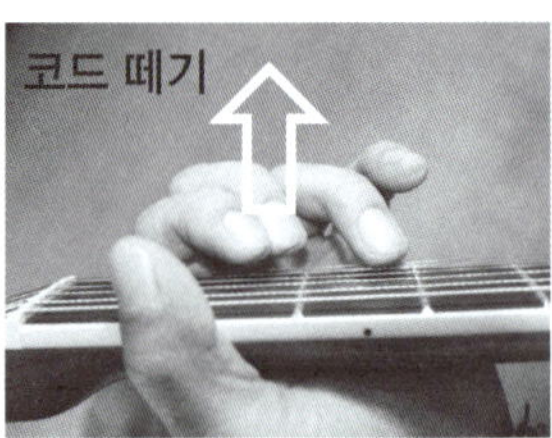

① A코드 소리내기
다운스크로크

② 개방현 소리내기
업스트로크

③ D코드 소리내기
다운스트로크

④ 개방현 소리내기
업스트로크

연습 2

연습①을 충분히 연습하였다면 이제는 마디를 넘어가는 연습을 해보겠습니다. 주의할 점은 왼손가락의 개방하는 동작과 스트로크가 맞아야 한다는 것이고, 또 박자와 비트를 읽어가면서 연습하는 것입니다.

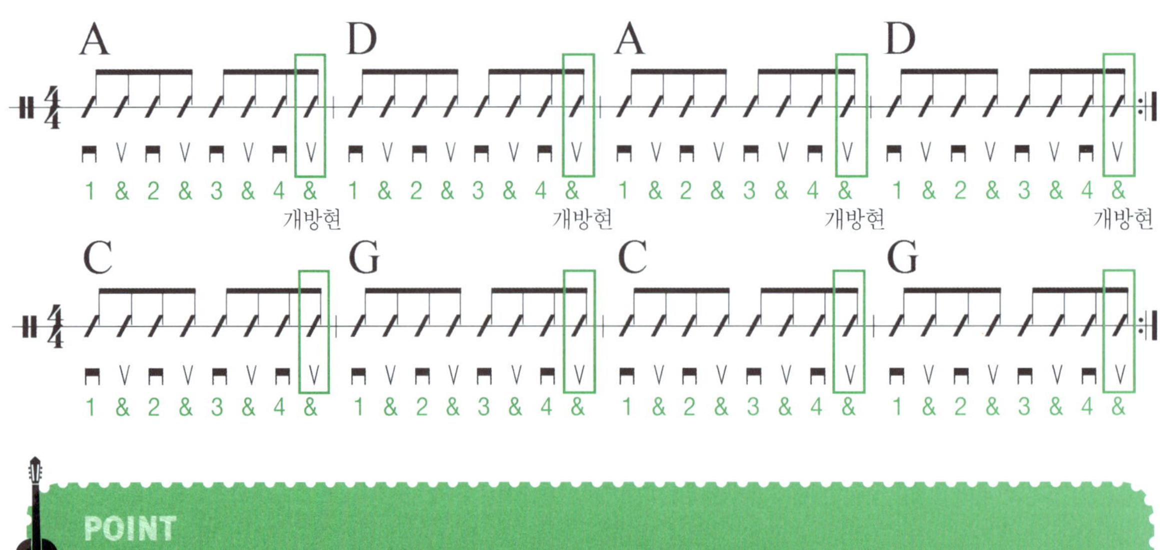

POINT

느린 속도로 비트를 읽어가며 정확한 코드 운지 연습을 합니다.

3. 칼립소^{Calypso} 리듬

칼립소 리듬이란

서인도 제도에서 시작된 춤의 리듬으로 멜로디와 악기 리듬 연주에 폭넓게 사용됩니다. 원래는 4분의 2박 리듬이었지만 미국으로 건너가면서 4분의 4박 리듬으로 발전했으며 오늘날 대중가요와 팝에서 가장 많이 쓰이는 리듬 중에 하나입니다.

칼립소 리듬

칼립소 리듬은 2&(2박 반)에 업 스트로크 다음 3(3박) 부분을 헛 피킹하여 붙임줄이 있는 리듬을 말합니다.

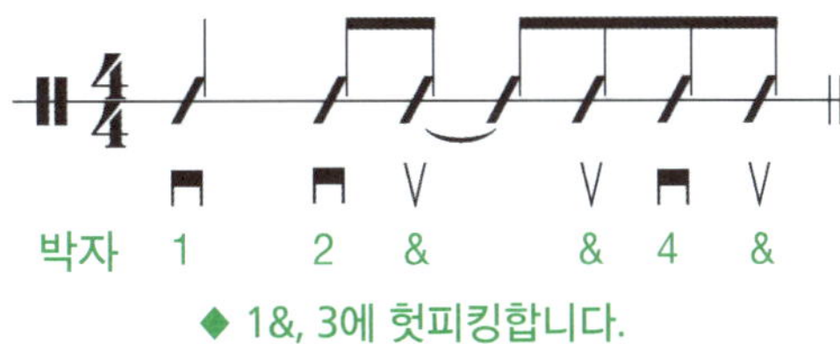

◆ 1&, 3에 헛피킹합니다.

※ 칼립소 리듬은 가요, 팝, CCM, Rock(록) 등의 모든 음악에 가장 많이 쓰이는 리듬입니다.

연습 1

2개의 코드로 연습합니다. 밑의 코드가 어렵다면 A, D, E 코드 중 본인이 제일 자신 있는 코드로 연습하시면 됩니다.

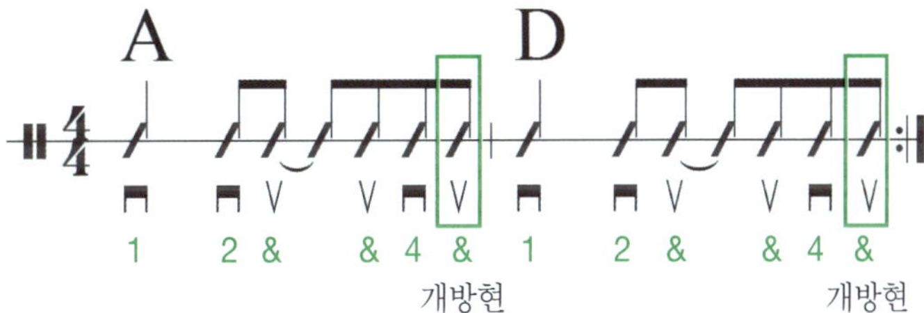

연습 2

4개의 코드 진행으로 충분히 연습하세요.

◆ 코드가 바뀌기 전 업 스트로크에 누르고 있는 코드를 오픈하여 코드를 바꿉니다.

꿈을 먹는 젊은이

김중순 작사, 김호남 작곡 / 남궁옥분 노래

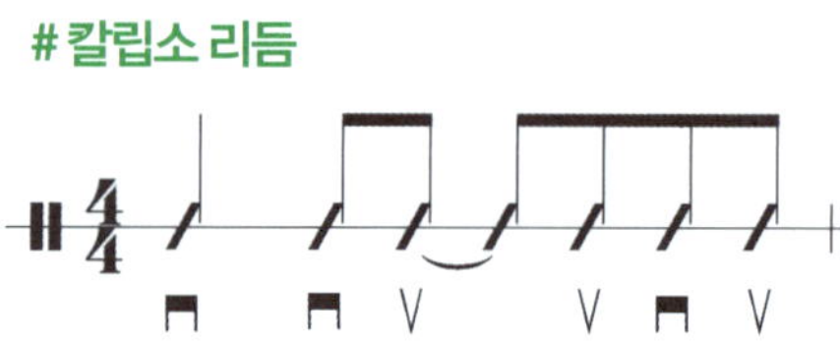

♩ = 102

연주Tip
원곡(G key)의 코드가 어려워 초급 난이도에 맞게 코드를 조정하였습니다.

E7   A
성 난 파ー도 처럼 이 자 리ー를 즐 겨 요
A   D
행 복 은ー언 제 나 마 음 속ー에 있 는 것
A   E7
괴 로 움ー은 모 두 저 강 물ー에 버 려 요 ー
A   D
사 랑 과ー욕 망 도 모 두 마ー셔 버 리 고
A E7 A
내 일 은ー위 해 서 젊 음 을ー불 태 워 요

악보 22. 꿈꿀 수 있는 젊음이

닐리리 맘보

탁소연 작사, 나화랑 작곡 / 김정애 노래

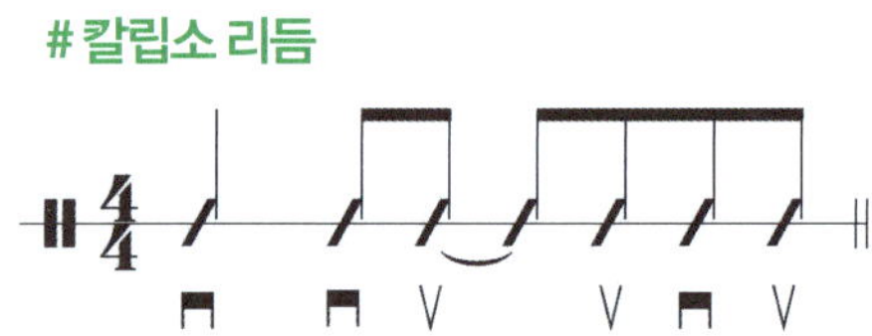

♩ = 116

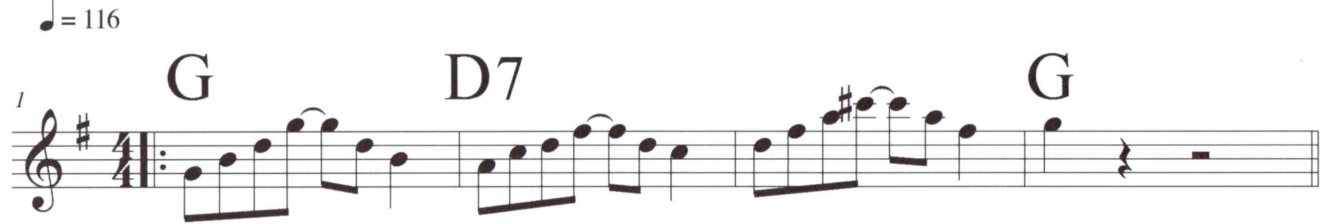

G   Am   D7   G
21
님 가 신 곳 을   알 — 아 야 —   알 아 야 하 지

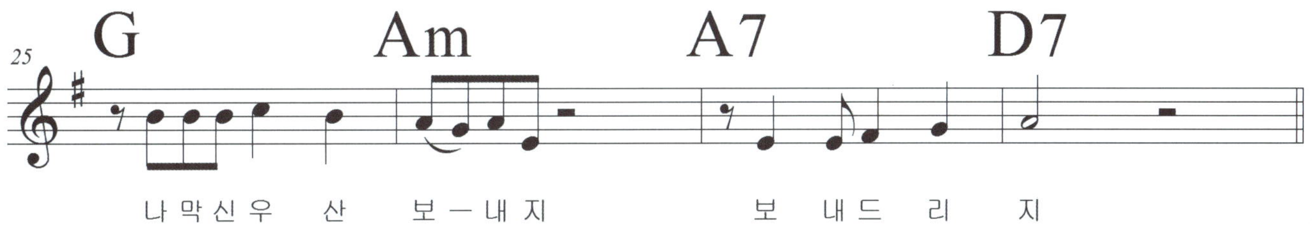
G   Am   A7   D7
25
나 막 신 우 산   보 — 내 지   보 내 드 리 지

G   D7   G
29
닐 리 리 야 닐 — 리 리 —   닐 리 리 맘 보

G   D7   G
33
닐 리 리 야 닐 — 리 리 —   닐 리 리 맘 보

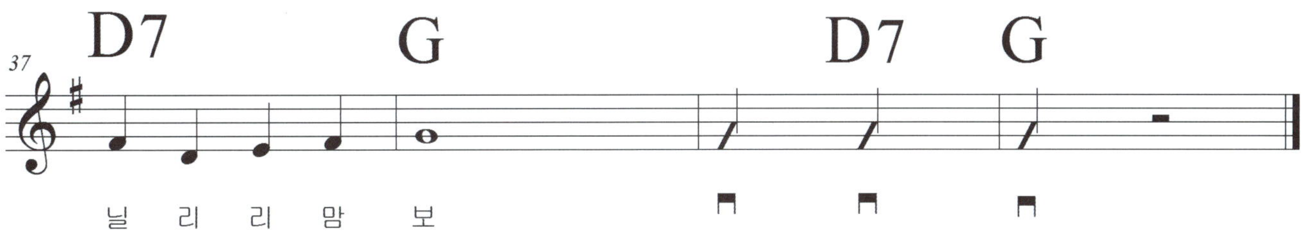
D7   G   D7   G
37
닐 리 리 맘 보

4. 고고^{GoGo} 리듬

고고^{GoGo}란?

'고고'라는 단어의 유래를 보면 1960년대 미국에서 유행한 '고고 댄스(고고춤)'가 70년대 우리나라에서 큰 유행으로 번지면서 '고고'라는 단어가 춤만 아니라 사회적, 음악적인 부분에서도 많은 영향을 받게 됩니다. 그 당시 춤을 출 수 있는 장소를 '고고장'이라고 했다면 '고고'라는 말이 사회 전반에 어떤 영향을 미쳤는지 알 수 있을 것이다.

음악적인 면에서 보면 그 당시에는 흥겹게 춤을 출 수 있는 음악이 많지 않을 시기여서 사회적인 격동기를 겪으면서 이전보다 격한 춤을 출 수 있는 리듬이 필요했으며, 그것을 반영하여 빠른 8비트의 댄스적이거나 록적인 음악이 나오게 됩니다.

고고 리듬

8비트 리듬에 2, 4박에 강세를 주어 흥겹게 만들어진 리듬의 형태이며 리듬감을 더 하기 위해 일반적으로 빠른 속도를 가지므로 코드를 바꾸는 운지 속도가 빨라야 합니다.

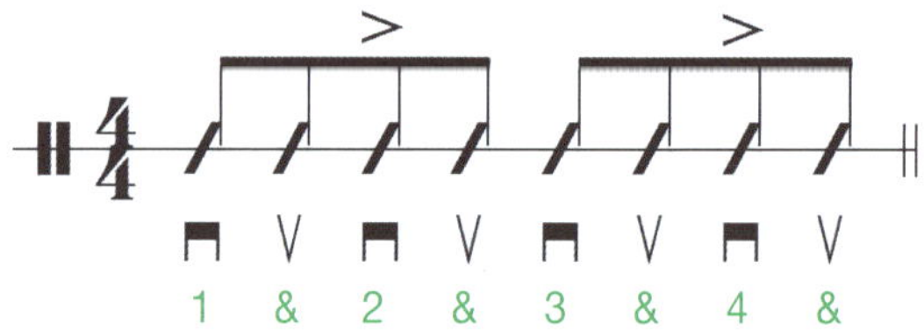

고고 리듬은 강과 약의 조합으로 만들어집니다. 그럼 여기서 강 스트로크와 약 스트로크에 대하여 배워 봅니다.

◆ 강 스트로크 (〉) = 악센트
여섯 줄 전체를 적당히 강하게 소리냅니다.

◆ 약 스트로크
두세 줄 정도만 약하게 소리냅니다.

강 스트로크에서 '강하게'란 적당한 세기를 말합니다. 너무 세게 스트로크를 하면 줄에서 '징징~'되는 버징(Buzzing=줄이 프렛을 걸려 떨리는 소리)이 나고 이 소리는 연주에 방해가 되므로 적당한 세기를 잘 조절합니다. 그리고 소리 내는 줄의 수만으로도 강과 약이 표현되므로 억지로 강하게 스트로크를 안 하여도 됩니다.

연습 1

두 개의 코드로 연습합니다.

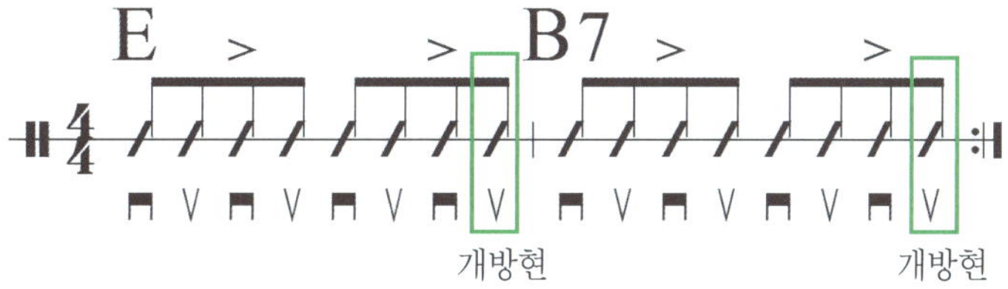

연습 2

밑에 제시된 코드 진행으로 충분히 연습합니다.

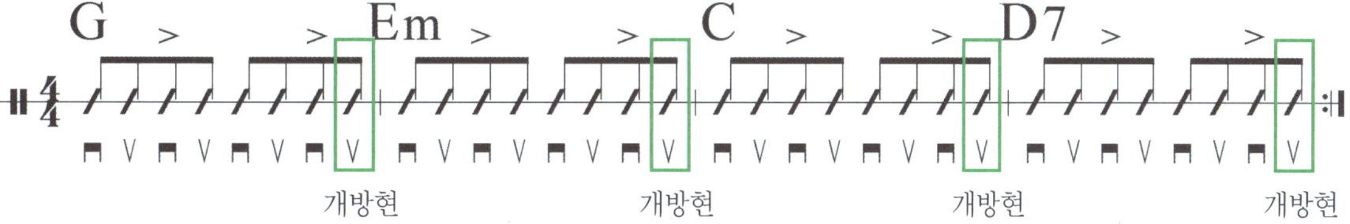

연습 3 **한마디에 코드가 두 개인 경우**

한마디에 코드가 두 개인 경우는 일반적으로 한 코드가 2박의 길이를 가집니다. 밑의 리듬악보처럼 첫 코드는 1박과 2박을 두 번째 코드는 3박과 4박에 연주합니다.

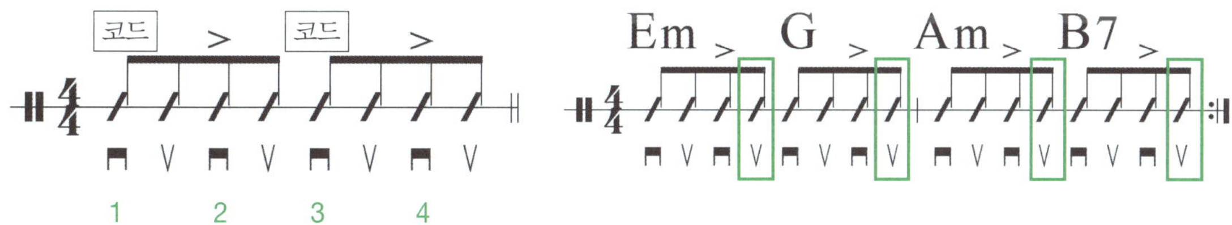

2&과 4&의 업스트로크에 왼손의 코드를 정확히 오픈하여 부드럽게 코드가 바뀌도록 충분히 합니다.

POINT

모든 코드 바꾸기가 공통적인데 코드가 바뀌기 전 업스트로크에 누르고 있는 코드를 떼어 개방현의 소리를 낸 후에 코드를 바꿉니다.

아파트

윤수일 작사, 작곡, 노래

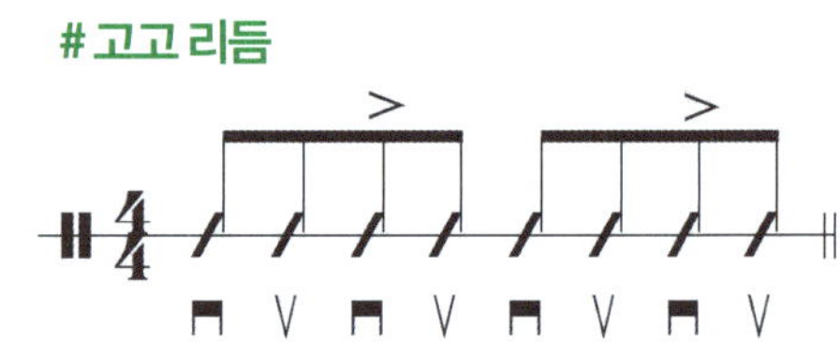

연주Tip
1. 원곡(G#key)의 코드가 어려워 초급 난이도에 맞게 코드를 조정하였습니다.
2. 본 교본에서는 원곡에 비해 속도를 낮추어 표기했습니다.

Dm
E7
흘 러 가 는 구 름 처 ─ 럼 ─

Dm
Am
머 물 지 못 해 떠 나 가 버 린 ─

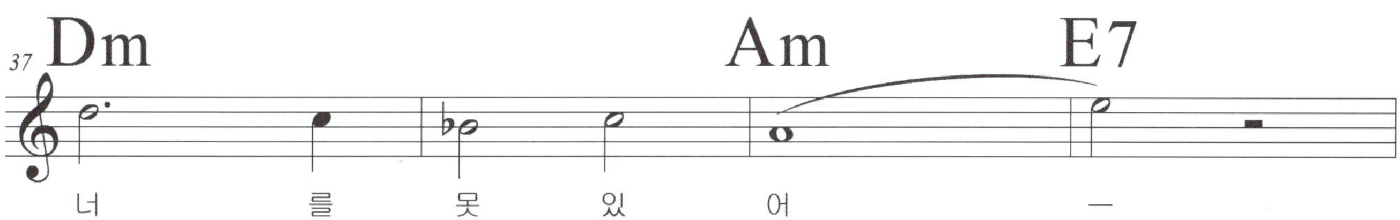
Dm
Am
E7
너 를 못 있 어 ─

Am
E7
오 늘 도 바 보 처 럼 ─ 미 련 때 문 에

Am
Dm
다 시 ─ 또 찾 아 왔 지 만 ─

C
G
아 무 도 없 는 ─ 아 무 도 없 는 ─

Am
E7
Am
쓸 쓸 ─ 한 너 의 아 파 트

악보 24. 아파트

님과 함께

고향 작사, 남국인 작곡 / 남진 노래

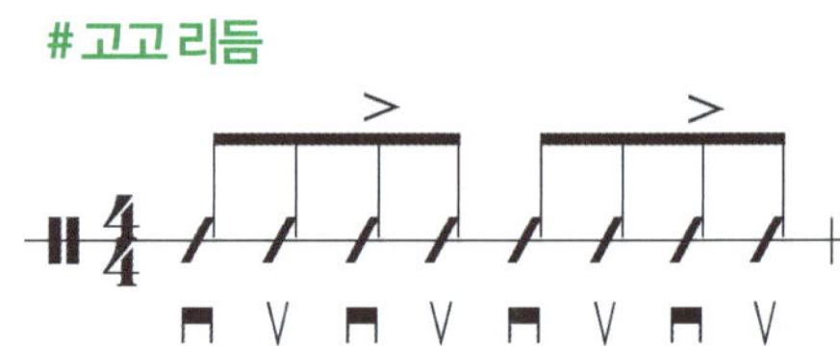

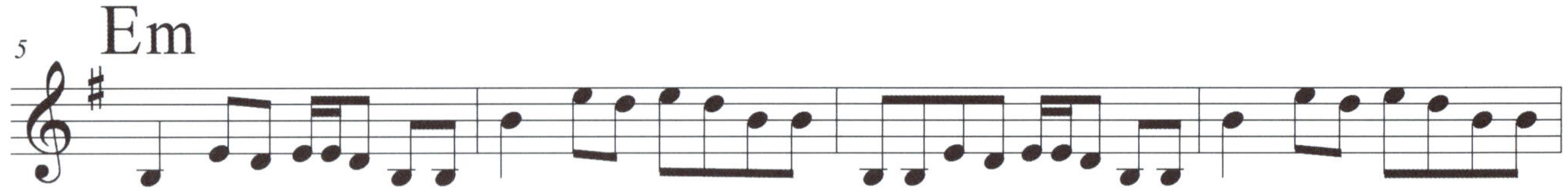

연주Tip

1. 원곡(Dm key)의 코드가 어려워 초급 난이도에 맞게 코드를 조정하였습니다.
2. 악보에서 연주 순서를 충분히 숙지한 후 시작합니다.
3. 트롯과 칼립소 리듬도 잘 어울리는 곡이므로 같이 연습해 봅니다.

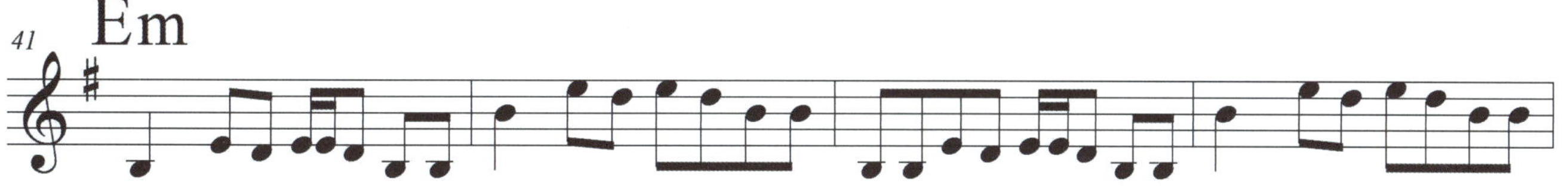

25 Em G B7
나 는 좋 아 나 는 좋 아 님 과 함 께 면 님 과 함 께 같 이 산 다 면
29 Em
저 푸 른 초 원 위 에 ㅡ 그 림 같 은 집 을 짓 고 ㅡ
33 Am Em D G Em
To Coda
사 랑 하 는 우 리 님 과 ㅡ 한 백ㅡ년 살 고 싶 어 ㅡ
37 Em G Am B7 Em G Am B7
41 Em
45 D G Em Em
D.S. al Coda

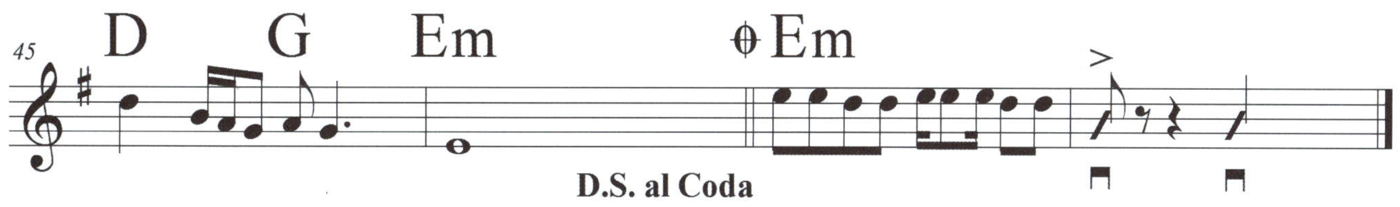

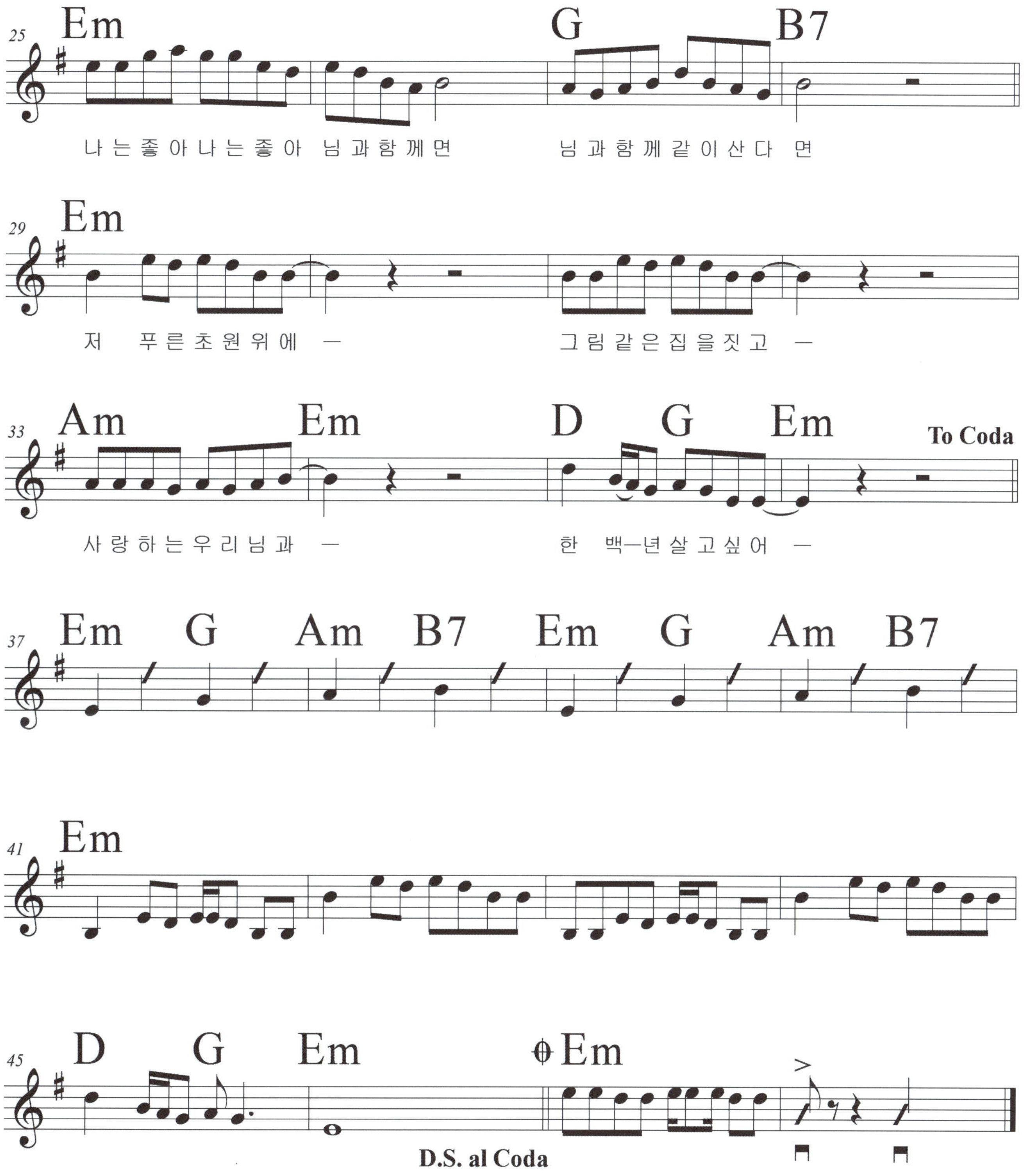

5. 스타카토

음표(리듬음표)에 (.)를 찍어 나타내면 음을 강하게 짧게 소리내는 기호로 주로 연주를 멈추거나 섹션 (21page참조)에 많이 사용합니다.

1. 다운스트로크 후에 업스트로크 하듯이 손바닥의 안쪽을 줄에 빨리 붙여줍니다. 그리고 피크로 줄을 건들지 않도록 주의합니다.

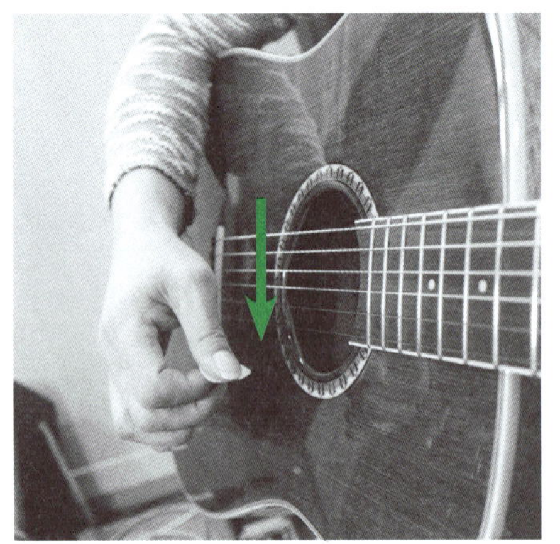

◆ 다운스트로크

◆ 업스트로크를 하듯이 손바닥 안쪽을 줄에 대어줍니다.

2. 업스트로크 후에 다운스트로크 하듯이 손바닥의 안쪽을 줄에 빨리 붙여줍니다. 그리고 피크로 줄을 건들지 않도록 주의합니다.

◆ 업스트로크

◆ 다운스트로크를 하듯이 손바닥 안쪽을 줄에 대어줍니다.

스타카토 연주의 여러 예를 들어보고 연습해 보겠습니다.

첫 박에 스타카토를 합니다.

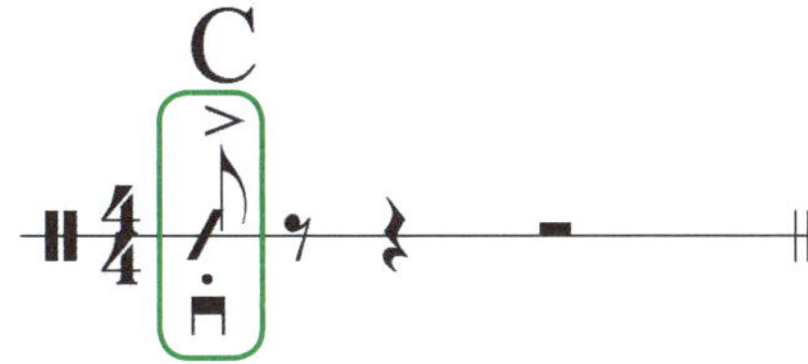

리듬스트로크 후 다음 마디 첫 박에 스타카토를 합니다.

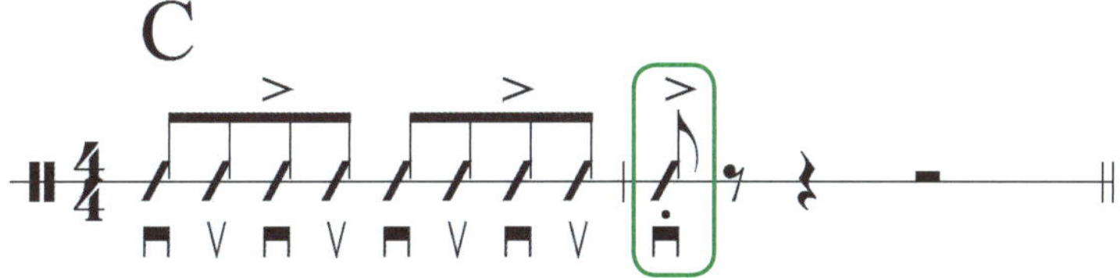

연속적으로 스타카토를 합니다.

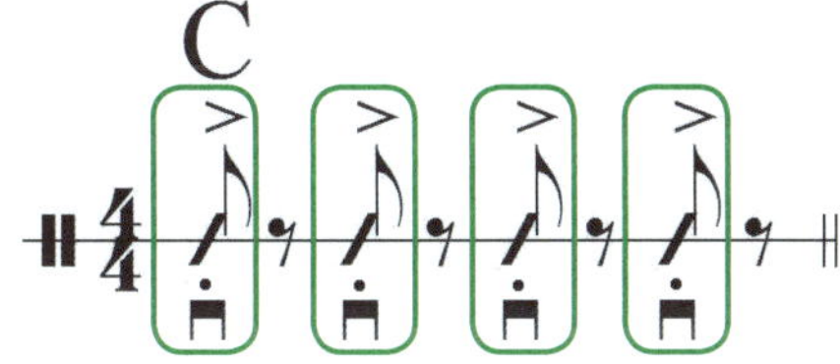

리듬 중간에 스타카토를 합니다.

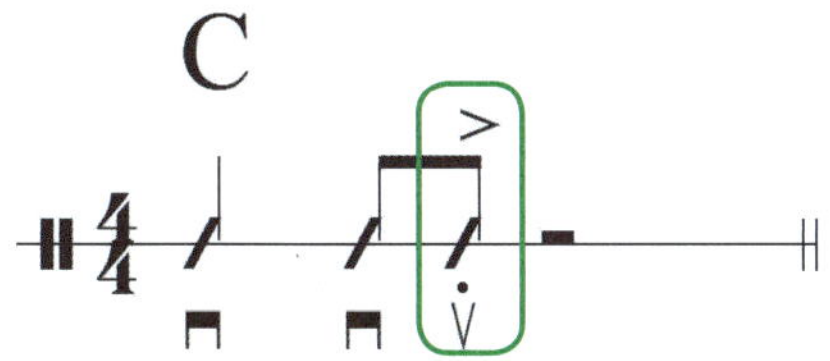

◆ 칼립소 리듬 중 2박 반(2&)에 스타카토를 합니다.

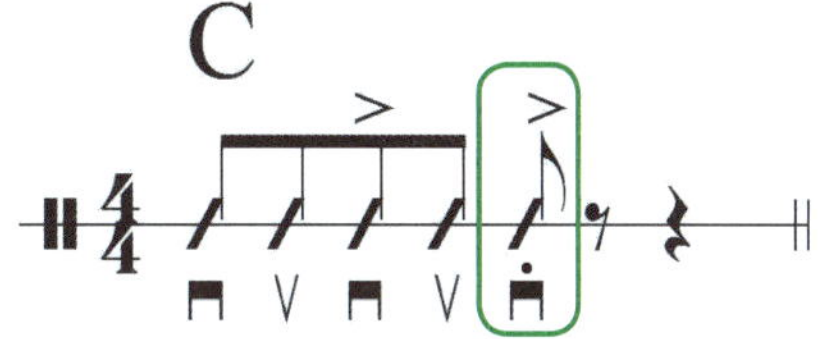

◆ 고고리듬 중 3박에 스타카토를 합니다.

나는 못난이

이요섭 작사, 작곡 / 딕훼밀리 노래

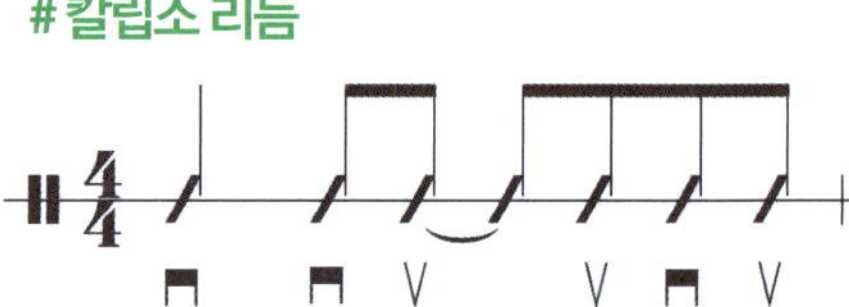

미소짓 는 그입술이―
누군가 가 요놈하며―
하도예 뻐 서
나설것 같 애
입맞추 고 싶지마는― 자신이 없 어
할까말 까 망설이는― 나는못 난 이
나는못 난 이
나는못 난 이 ―
랄 랄

여행을 떠나요

하지영 작사, 조용필 작곡 / 조용필 노래

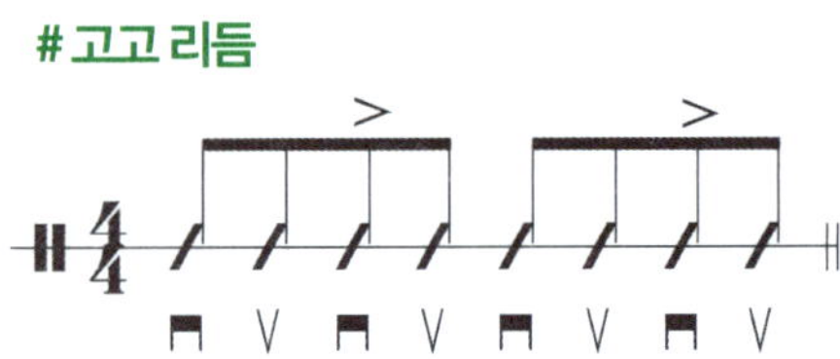

♩ = 132

연주Tip

순서가 복잡하므로 시작 전에 악보를 보고 순서를 숙지한
후에 연주를 시작합니다.

E A E
메아리 소리가들 려오는 계 — 곡속에 흐 르는물 찾아
E B7 E To Coda
— 그곳으 로 여행을떠나 요 —
1. E A E
메아리 소리가들 려오는 계 — 곡속에 흐 르는물 찾아
E B7 E
— 그곳으 로 여행을떠나 요 —
2. E A E B7 E
D.S. al Coda
N.C (No Chord)
여 행을떠 나요 — 즐 거운마음으로 —
E
모두함께떠 나요 — 오 메 아 리
A E
소 리가들 려오는 계 — 곡속에 흐 르는물 찾아 — 그곳으
B7 E
로 여 행을떠나 요 —

악보 27. 여행을 떠나요

6. 8비트 리듬과 스트로크 종합 연습곡

앞에서 배운 칼립소와 고고 리듬 그리고 악기 연주의 가장 기본적인 주법인 스타카토를 이용하여 교재의
연습곡을 연주합니다.

1. 8비트 스트로크

한마디 안에서 8개의 소리를 낼 수 있다는 가정하여 각 마디마다 일정한 규칙을 가진 소리를 내는
것을 통틀어 8비트 리듬이라고 합니다.

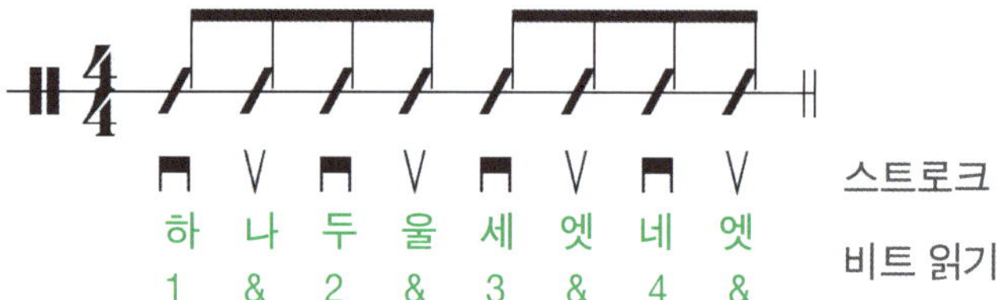

2. 코드 바꾸기

코드를 부드럽게 바꾸려면 코드가 바뀌기 전(=마디가 넘어가기 전) 업스트로크(Ⅴ)에 왼 손가락을 들어
줍니다.

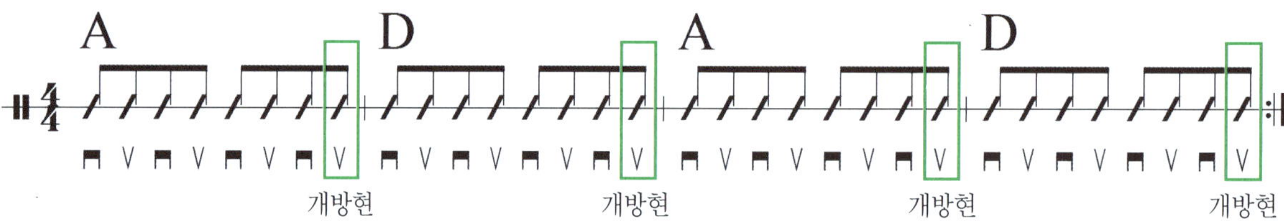

3. 칼립소 리듬

칼립소 리듬은 2&(2박 반)에 업 스트로크 다음 3(3박) 부분을 헛 피킹하는 붙임줄이 있는 리듬을 말합
니다.

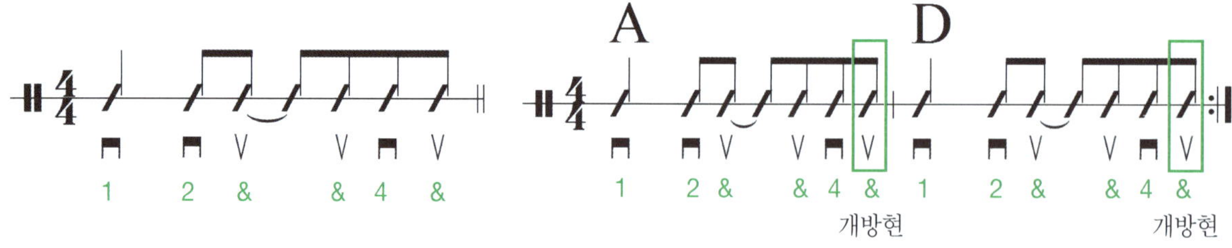

4. 고고리듬

8비트 리듬에 2, 4박에 강세를 주어 흥겹게 만들어진 리듬의 형태이며 리듬감을 더 하기 위해 빠른 속도를 가지므로 코드를 바꾸는 운지 속도가 빨라야 합니다.

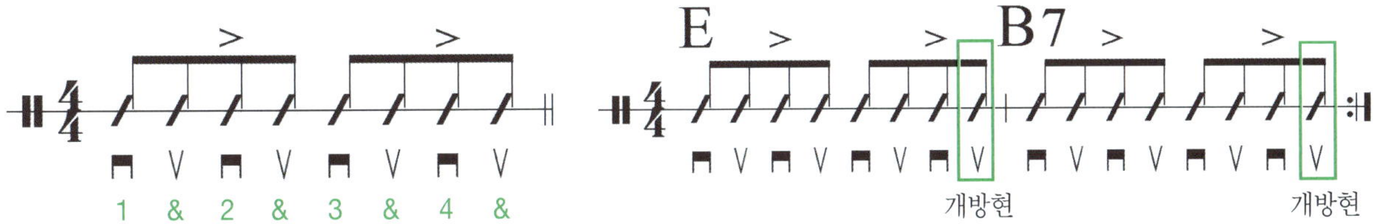

한마디에 코드가 두 개인 경우.

① 칼립소 리듬인 경우

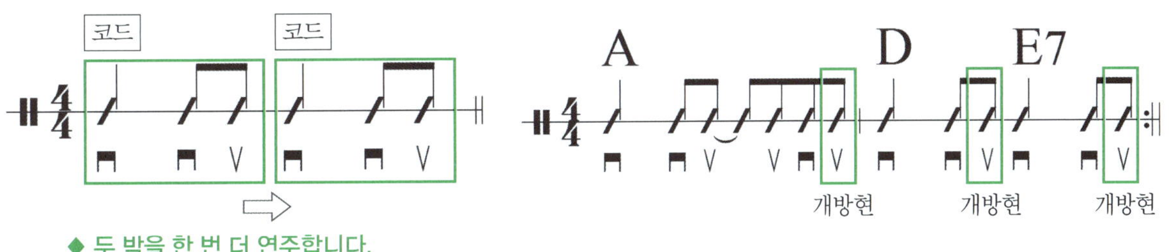

◆ 두 박을 한 번 더 연주합니다.

② 고고 리듬인 경우

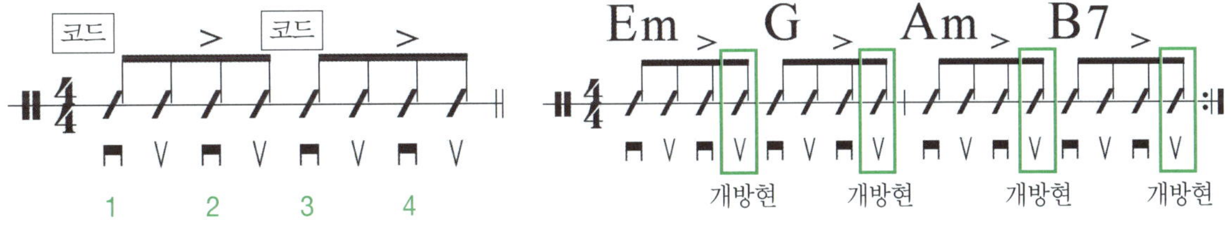

5. 스타카토

음표(리듬음표)에 (.)를 찍어 나타내면 음을 강하게 짧게 소리 내는 기호로 주로 연주를 멈추거나 섹션에 많이 사용합니다. 악센트를 포함하므로 (﹥)와 같이 사용하는 경우도 있습니다.

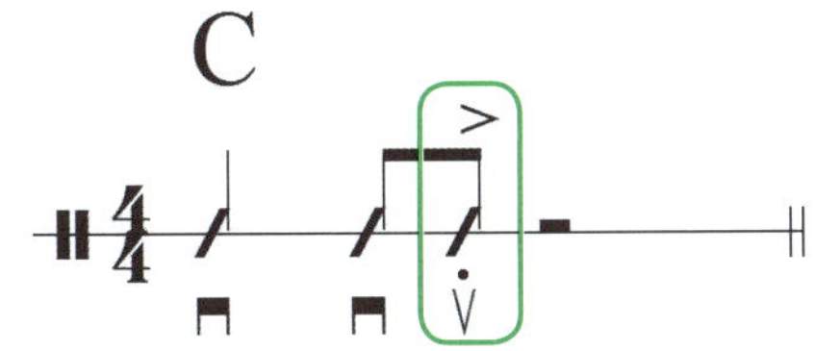

◆ 칼립소 리듬 중 2박 반(2&)에 스타카토를 합니다.

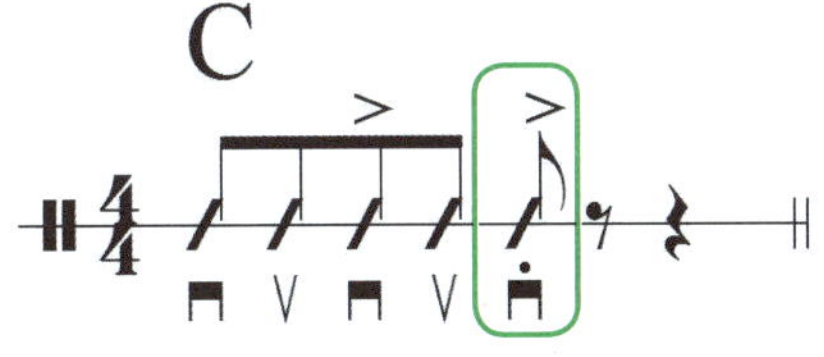

◆ 고고리듬 중 3박에 스타카토를 합니다.

한바탕 웃음으로

송시현 작사, 작곡 / 이선희 노래

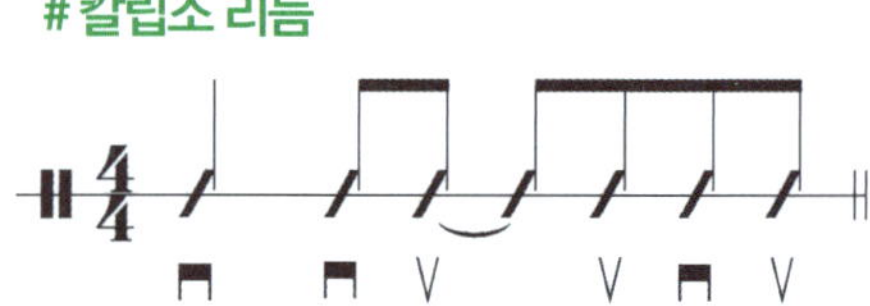

스타카토 주법이 많이 나오므로 원곡을 잘 듣고 연주해 봅니다.
특히 64마디의 연속된 스타카토 연주에 주의합니다.

사랑 찾아 인생 찾아

엄기엽 작사, 작곡 / 조항조 노래

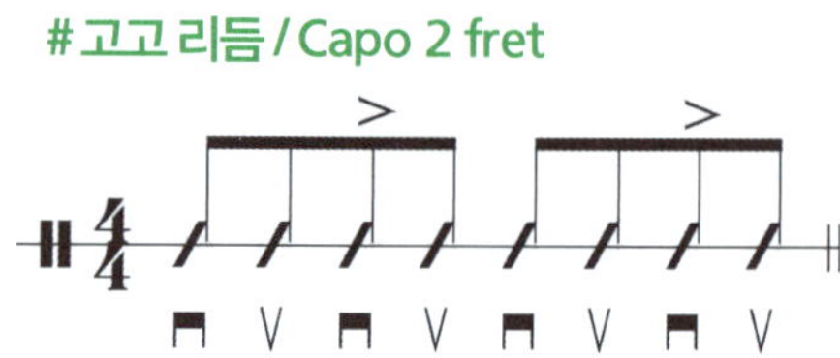

♩ = 112

연주Tip
1. 절 부분(17마디~)은 부드럽게 스트로크 하고 후렴 부분
(33마디~) 은 강하게 스트로크 하여 원곡의 느낌을 최대
한 살려봅니다.
2. 칼립소 리듬으로도 연주 가능하므로 고고 리듬과 병행하
여 연습해 봅니다.

C G D B7
29
하 나 그사랑하 나 찾으려 고 몸부림치 네 사랑
보 다 더멋진인 생 찾기위 해 몸부림치 네

Em G D Em
33
찾 아 인생을찾 아 하루종 일 숨이차게 뛰어다닌다 서울

C G D 1. Em
37
하 늘 하늘아래 서 내꿈 도 가까이온 다

Em G D Em 2. Em
41
사 랑을 다 사 랑

C G D Em
46
찾 아 인생을찾 아 지친가 슴 끌어안고 뛰어다닌다 서울

C G D Em
50
하 늘 하늘아래 서 내꿈 도 가까이온 다

Em G D Em
54

악보 29. 사랑 찾아 인생 찾아

목로 주점

이연실 작사, 작곡, 노래

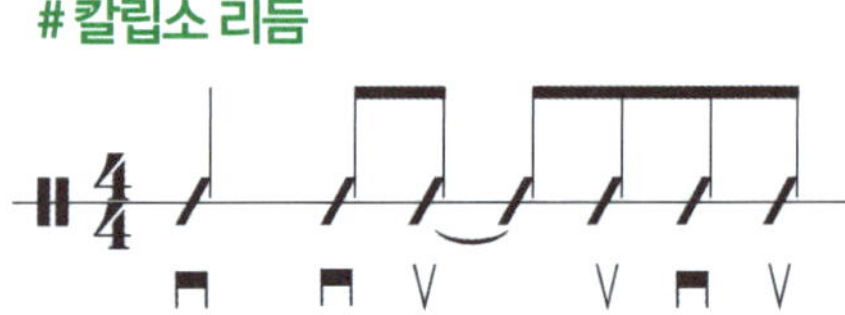

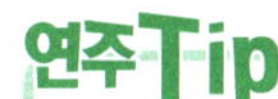

연주Tip

코드는 이연실 ver.으로, 멜로디는 김연숙 ver.의 음악으로 악보가 만들어졌으므로 원곡을 들을 경우에 멜로디가 다를 수 있습니다.

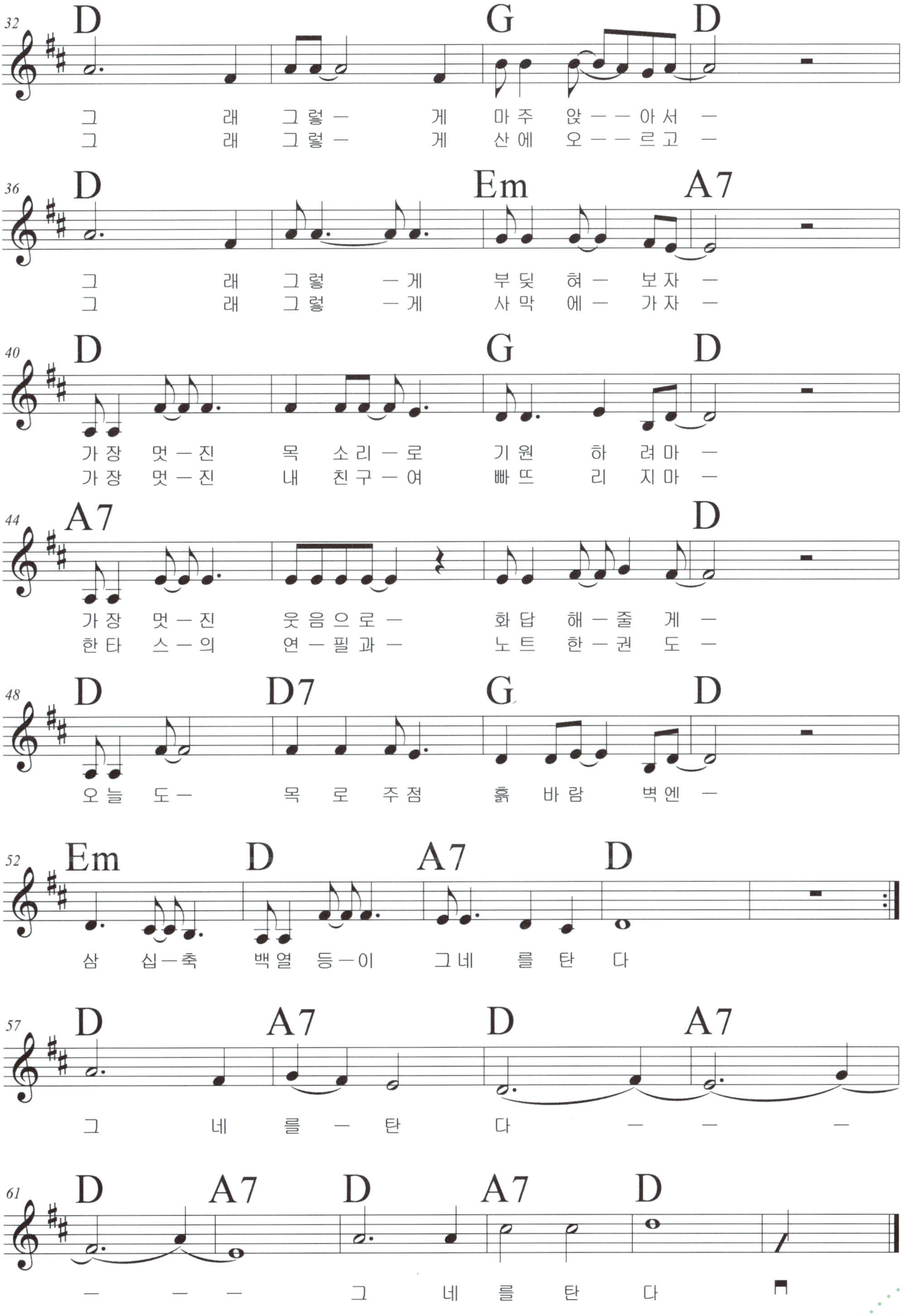
32
D G D
그 래 그 렇 — 게 마 주 앉 — — 아 서 —
그 래 그 렇 — 게 산 에 오 — — 르 고 —
36
D Em A7
그 래 그 렇 — 게 부 딪 혀 — 보 자 —
그 래 그 렇 — 게 사 막 에 — 가 자 —
40
D G D
가 장 멋 — 진 목 소 리 — 로 기 원 하 려 마 —
가 장 멋 — 진 내 친 구 — 여 빠 뜨 리 지 마 —
44
A7 D
가 장 멋 — 진 웃 음 으 로 — 화 답 해 — 줄 게 —
한 타 스 — 의 연 — 필 과 — 노 트 한 — 권 도 —
48
D D7 G D
오 늘 도 — 목 로 주 점 흙 바 람 벽 엔 —
52
Em D A7 D
삼 십 — 축 백 열 등 — 이 그 네 를 탄 다
57
D A7 D A7
그 네 를 — 탄 다 — — —
61
D A7 D A7 D
— — — 그 네 를 탄 다

악보 30. 목로 주점

거짓말

김진룡 작사, 작곡 / 조항조 노래

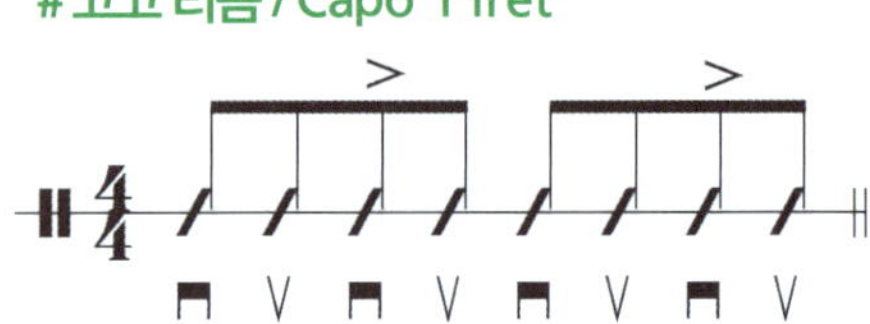

고고 리듬 / Capo 1 fret

♩= 114
Em Am B7 Em B7
우 — — — — — — — — —
Em Am Em C B7
사 랑 했 다 는 그 말 도 거 짓 말 돌 아 온 다 던 그 말 도 거 짓 말
이 젠 더 이 상 속 아 선 안 되 지 이 젠 더 이 상 믿 어 선 안 되 지
세 상 의 모 든 거 짓 말 — 다 해 놓 고
하 지 만 그 게 말 처 럼 — 쉽 지 않 아
Em Am Em B7 Em
행 여 나 를 찾 아 와 있 을 너 의 그 마 음 도 다 칠 까
다 시 한 번 만 더 나 너 를 다 시 한 번 만 더 너 에 게
너 의 자 리 를 난 또 — 비 워 둔 — 다 —
나 를 사 랑 할 기 회 — 주 어 본 — 다 —
B7 Em Am B7
어 떤 — 사 랑 으 로 나 의 용 서 에 — 답 하 려 지 또
잠 시 만 — 사 랑 하 다 떠 날 건 지 마 치

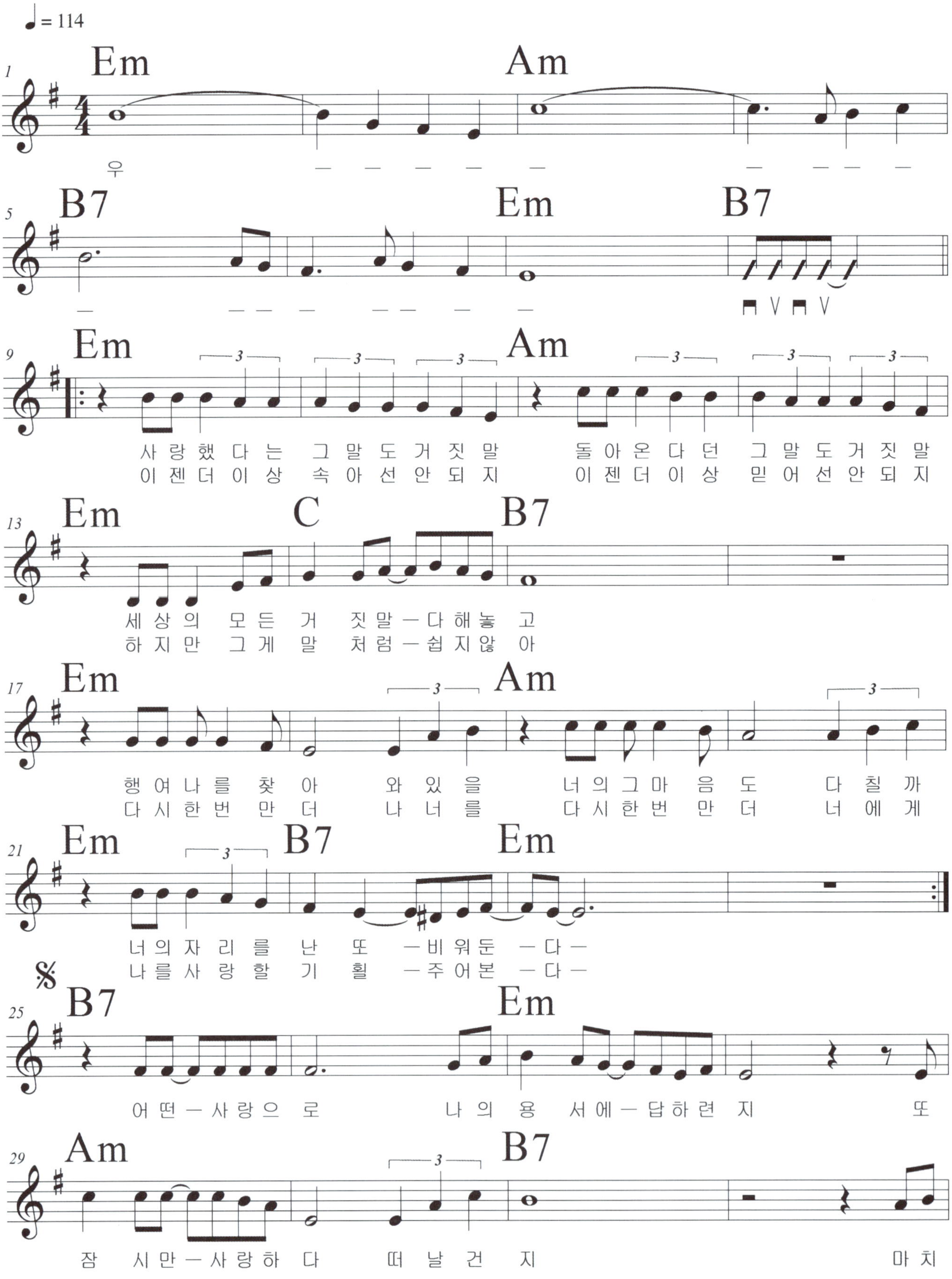

연주 Tip
노래가 2박 셋잇단음으로 이루어져 고고 리듬을 연주하면서 노래
하면 힘들 수 있으므로 충분한 리듬 연습 후에 노래합니다.

Am G B7
처 음 날 — 사 랑 하 듯 가 슴 뜨 겁 게 와 있 지 만 난
Am C B7
왠 지 — 그 사 랑 이 — 두 려 워 —
Em Am
오 직 나 만 을 위 한 그 약 속 과 내 곁 — 에 서 날 — 지 켜 준 다 는 말
Em B7 Em To Coda
이 번 만 큼 은 — 제 발 변 치 않 — 길 —
Em Am
B7 Em B7
D.S. al Coda
Em Am
오 직 — 나 만 을 위 한 그 약 속 과 내 곁 — 에 서 날 — 지 켜 준 다 는 말
Em B7 Em
이 번 만 큼 은 — 제 발 변 치 않 — 길 —
C B7 Em

미운 사람

윤형주 작사, 작곡, 노래

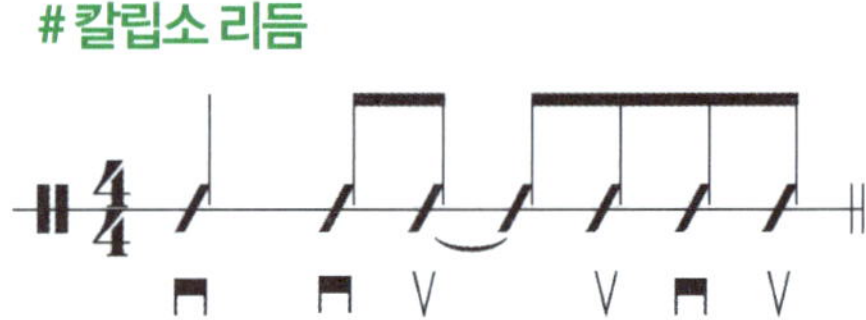

♩ = 126

■ 칼립소 리듬에서 한마디에 코드가 두 개인 경우

앞에서 배운 고고 리듬과 마찬가지로 한마디 안에 코드가 두 개인 경우는 일반적으로 한 코드가 2박의 길이를 가집니다. 그러나 고고 리듬과는 다르게 스트로크가 없는 박자에 코드가 바뀌므로 칼립소 리듬의 앞 두 박자의 스트로크를 두 번 연주합니다.

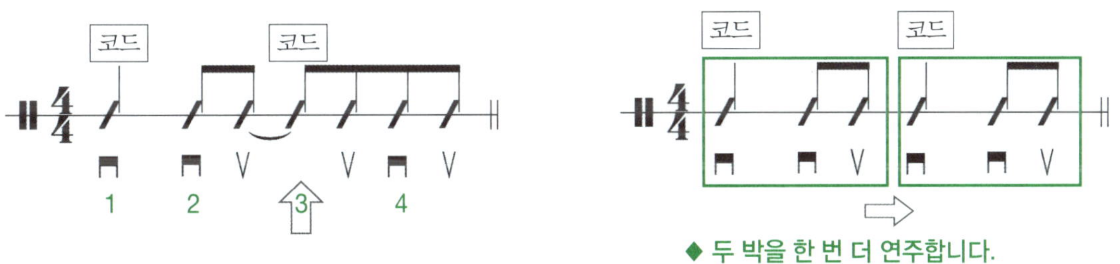

코드를 바꾸려면 코드가 바뀌기 전 마지막 업스트로크를 떼어 줍니다.

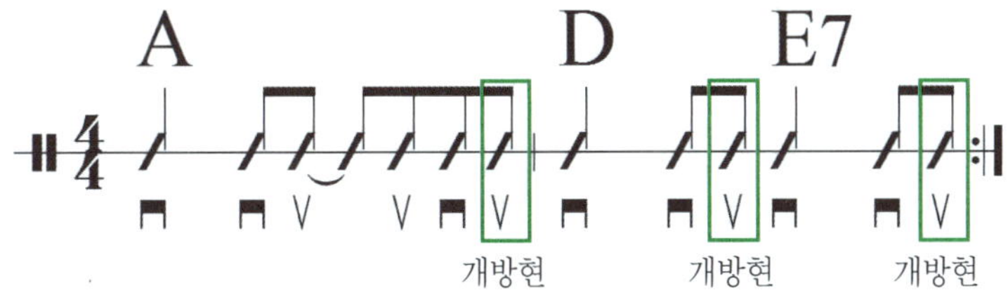

마디가 넘어가기 전 업스트로크와 둘째 마디의 2&과 4&에 왼손의 코드를 정확히 오픈하고 코드가 부드럽게 바뀌도록 합니다.

내 나이가 어때서

박무부 작사, 정기수 작곡 / 오승근 노래

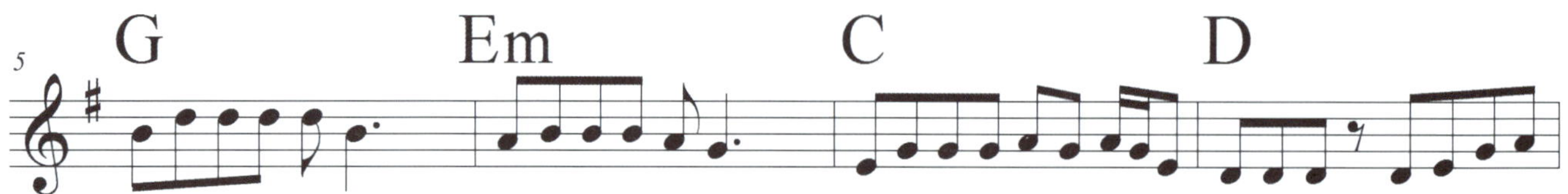

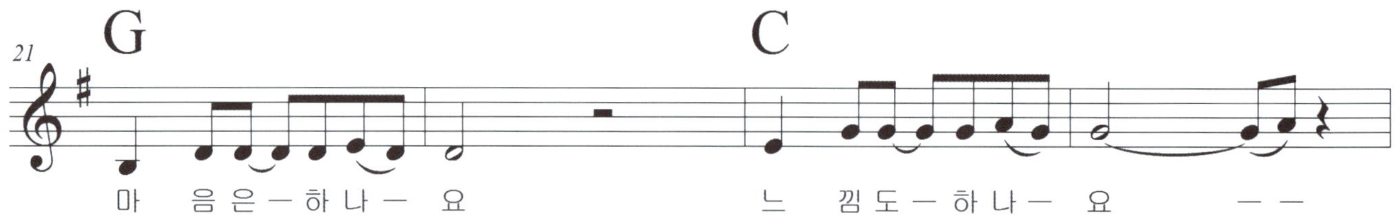

연주Tip
섹션이 많은 곡이므로 원곡을 충분히 들은 후에 연습합니다.

G   Em   Am   D
눈 물 이 — 나 네 — — — 요 —   내 나 이 가 어 때 서

G   D   G
사 랑 — 하 기   딱   좋 은 — 나 인   — 데 —

D   G
어 느 날   우 — — 연 히 —   거 울 속 에 비 춰 — — 진 —

Em   C   D
내 모 — 습 을 —   바 라   보 — 면 — — 서 —

G   Em   D
세 월 아 비   켜 — 라 — — — — —   내 나 이 가 어 — 때 서

Am   D   G
사 랑 — 하 기 —   딱   좋 은 — 나 인   — 데 —

D.C. al Fine

Am   D   G
사 랑 — 하 기 —   딱   좋 은 — 나 인   — 데 —

G

Fine

나는 너를

신중현 작사, 작곡 / 장현 노래

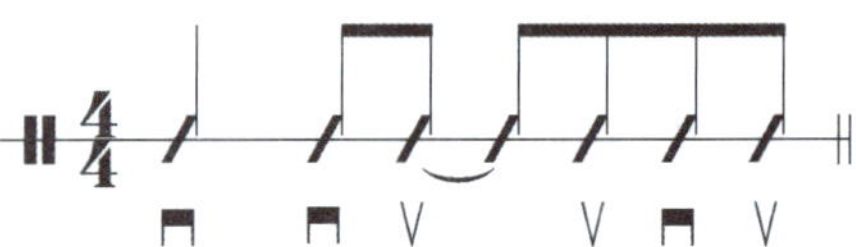

♩ = 134

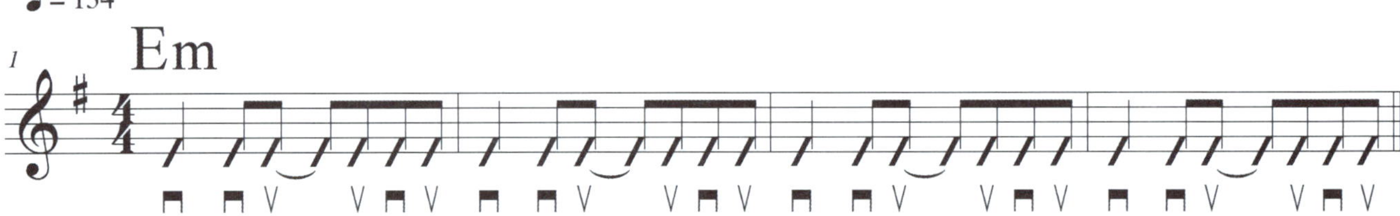

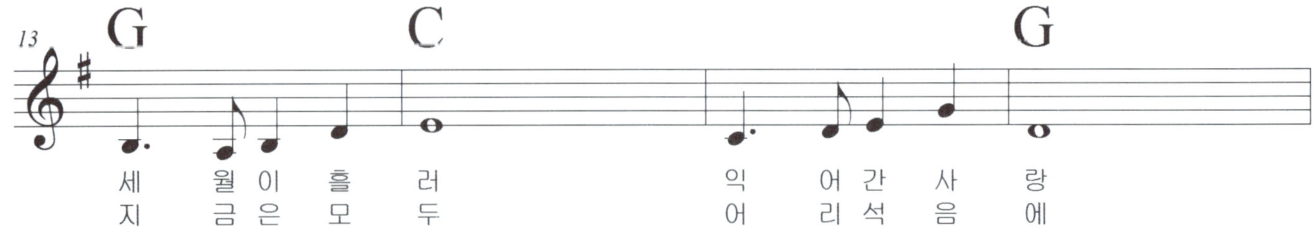

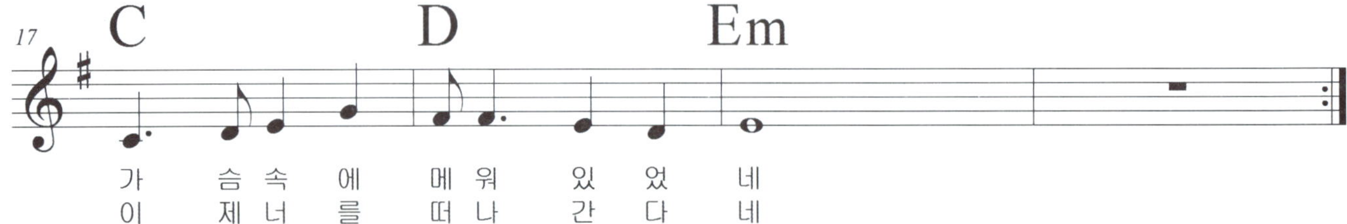

밤 하늘 에 찾 아 오 는 별 들 의 사 랑 이 야
기 들 려 줄 거 야
세 월 — 이 흘 러 서 가 면
내 — 사 랑 찾 아 오 겠 지
모 두 다 잊 고 떠 나 가 야 — 지
보 금 자 리 찾 아 가 야 지
보 금 자 리 찾 아 가 야 지

7. 칼립소 리듬과 고고 리듬의 차이

리듬의 표현방법

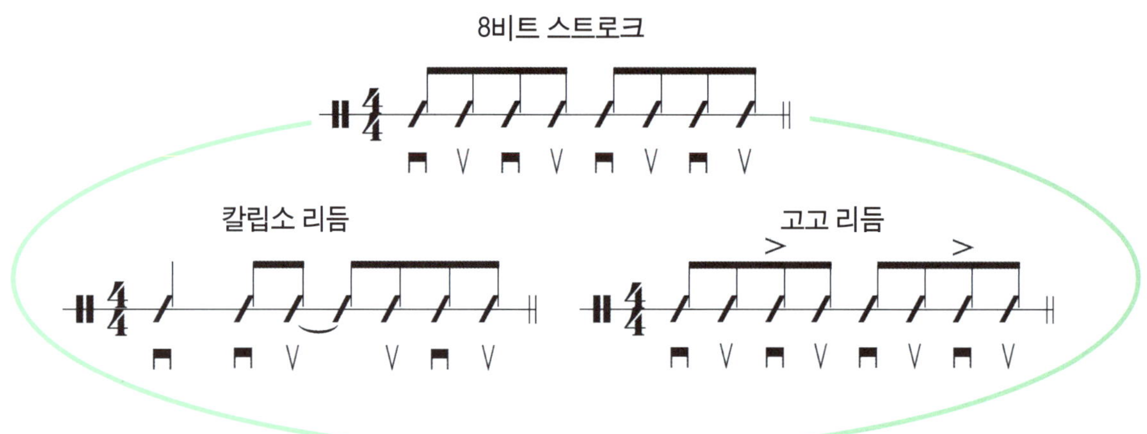

칼립소 리듬은 8비트 스트로크, 다시 말해 4개의 다운스트로크와 4개의 업스트로크에서 소리를 내 만들어지는 리듬이고, 고고 리듬은 8개의 스트로크 중에 강스트로크와 약스트로크로 만들어지는 리듬입니다.

어느 정도 실력이 있는 연주자는 칼립소에도 악센트를 넣어서 연주하고, 고고 리듬에서도 헛피킹을 하여 리듬을 표현하지만 초보자는 일단 위의 내용처럼 정확한 리듬을 연습하고 연주하면 좋습니다.

리듬의 차이

칼립소 리듬과 고고 리듬은 같은 곡에서 연주해도 됩니다. 즉, 칼립소 리듬의 곡에 고고 리듬을 연주해도 되고, 고고 리듬의 곡에 칼립소 리듬을 연주해도 틀린 것이 아닙니다. 같은 8비트 리듬의 범위 안에 있으므로 혼용해서 사용해도 됩니다.

통기타 연주는 소리내는 자신의 연주력에 따라 많은 변화가 있고, 이런 능력을 갖기 위해서는 몇 년의 연습이 필요하므로 배운 지 얼마 안된 분은 어렵다고 생각하지 말고 느긋하게 마음의 여유를 두고 오래 배우고 연습, 연주하면 자연히 몸에 익혀집니다.

두 리듬의 연습방법

먼저 줄 전체를 뮤트를 한 상태에서 연습 곡을 틀어놓고 칼립소 리듬과 고고 리듬을 2마디씩, 혹은 4마디씩 번갈아 연습하면 됩니다.

그 외 자신이 좋아하는 음악에 맞춰 연습해 보는 것도 좋은 연습 방법 중에 하나입니다.

#낭만 5.
초보 벗어나기

1. F코드

F코드는 검지로 같은 프렛의 6줄을 다 누르는 코드로 '하이 코드' 또는 '바 코드', '바렛 코드'라고 합니다. 통기타를 배운지 얼마 안 되신 분들은 바로 소리내기 힘들기 때문에 지속적인 연습이 필요합니다.

코드 모양

① 정식

1프랫을 검지로 여섯 줄을 누르고 2, 3, 4번 손가락은 E 코드의 모양으로 지판의 줄을 누릅니다.

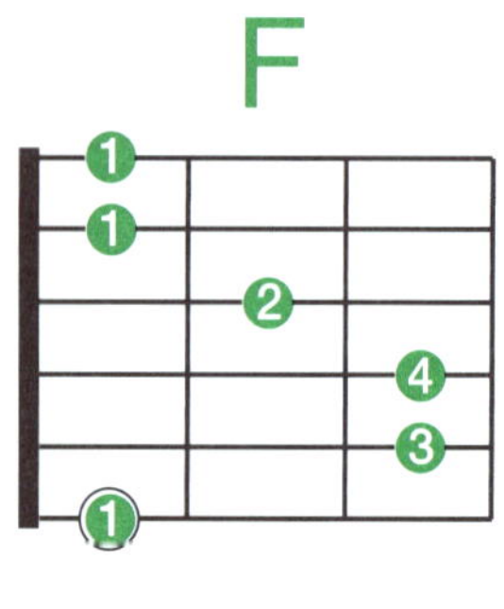

◆ 코드표

◆ 손가락 모양

② 약식

정식 코드에 비해 초급 연주자도 쉽게 운지 할 수 있게 변형시켰습니다. 2, 3, 4번 손가락은 같으나 1프랫 전체를 누르고 있는 검지를 밑에 2줄만 누르고 엄지를 넥 위로 넘겨 6번 줄을 뮤트합니다.

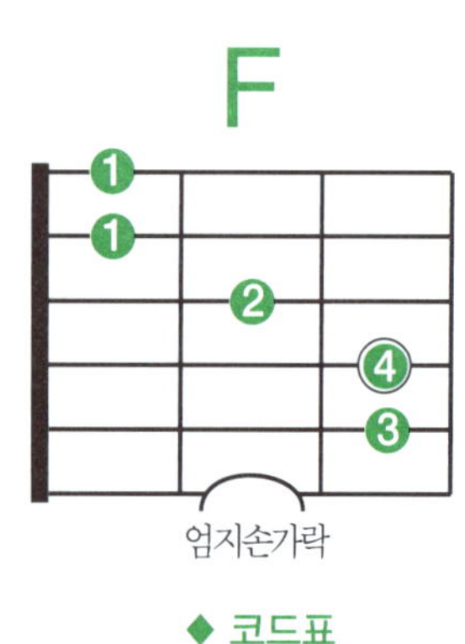

◆ 코드표

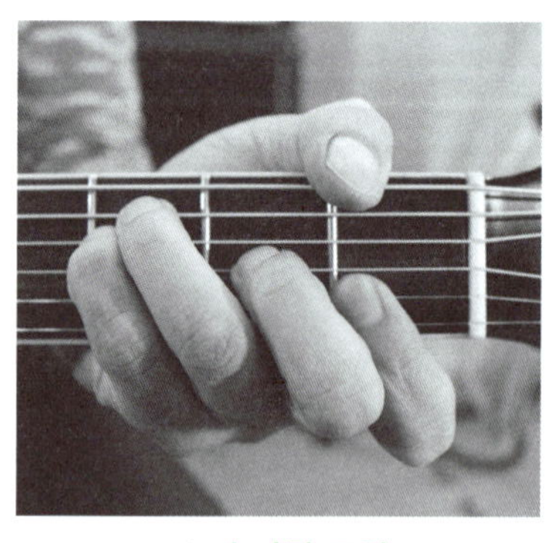

◆ 손가락 모양

※ 넥 위로 넘긴 엄지가 짧아서 6번 줄이 쉼표(뮤트)가 안 된다면 3번 손가락(5번 줄 3프랫)을 살짝 밀어 올려서 뮤트를 하는 방법도 있습니다.

가장 일반적인 연습으로 코드를 눌렀다 떼어다를 반복합니다.

연습 2 정식

F정식 코드는 검지가 줄 전체를 누르는 힘이 세어야만 좋은 소리가 납니다. 그러므로 검지만의 힘을 키워주는 것이 중요합니다.

먼저 오른쪽 사진처럼 검지만으로 6줄을 누른 후 소리를 내어봅니다. 처음에는 2~3줄만 소리가 나지만 1~2주 정도 연습하면 6줄 전체가 다 소리가 날 것입니다.

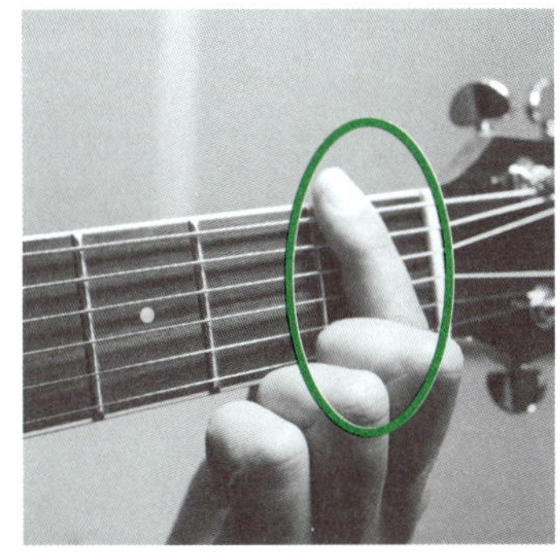

연습 3 정식

E 코드를 2, 3, 4번 손가락으로 누른 후 소리를 내어봅니다. 그리고 왼손 전체를 한 프렛 이동하여 F 코드를 누르고 소리냅니다.

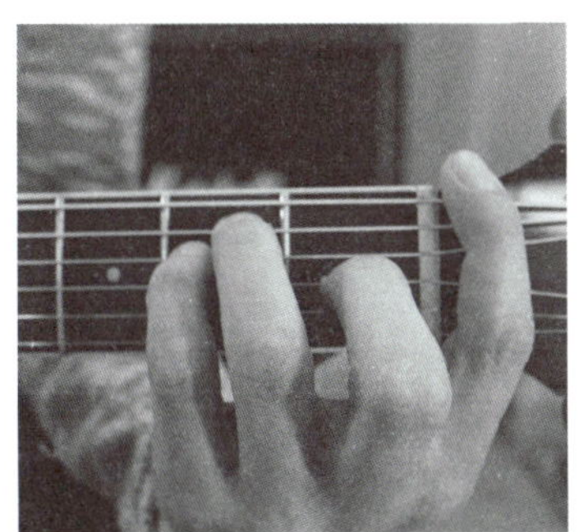

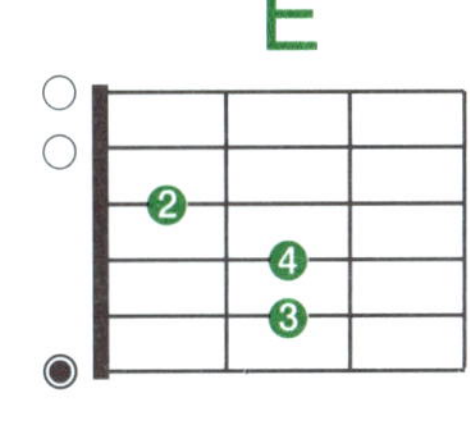

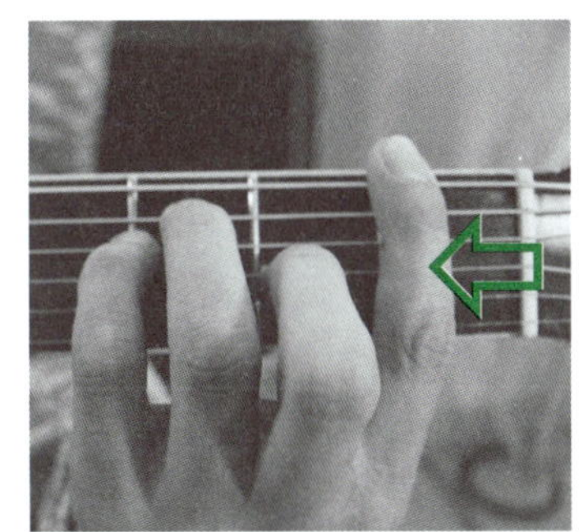

◆ 개방현위(너트)에 검지를 올립니다.

◆ 모양을 유지하여 한 프렛 이동합니다.

연습 4 약식

Dm7 코드를 운지한 후에 3, 4번 손가락을 눌렀다 떼어다를 반복하는 연습을 합니다. 이때 피킹을 천천히 하여 각 줄의 소리가 정확하게 나는지 확인합니다.

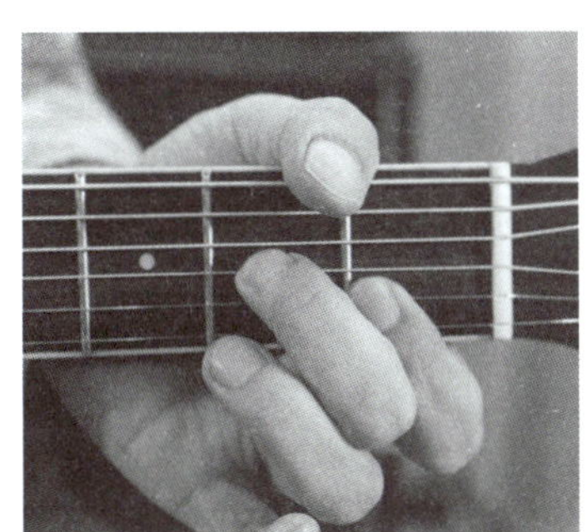

모닥불

박건호 작사, 박인희 작곡 / 박인희 노래

#왈츠 리듬

3/4
쿵 짜 짜

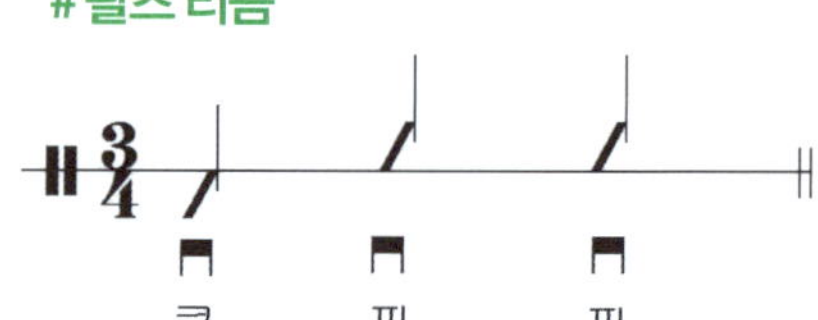

♩= 96
C Am C Am
G7 C
C G7 C
모 닥 불 피 워 ― 놓 고
인 생 은 연 기 ― 속 에
[3절은 간주]
F G7
마 주 앉 아 서
재 를 남 기 고
C Am
우 리 들 의 이 야 기 는
말 ― 없 이 사 라 지 는
1. Dm G7
끝 이 없 ― 어 라
2, 3. G7 C
모 닥 불 같 은 것

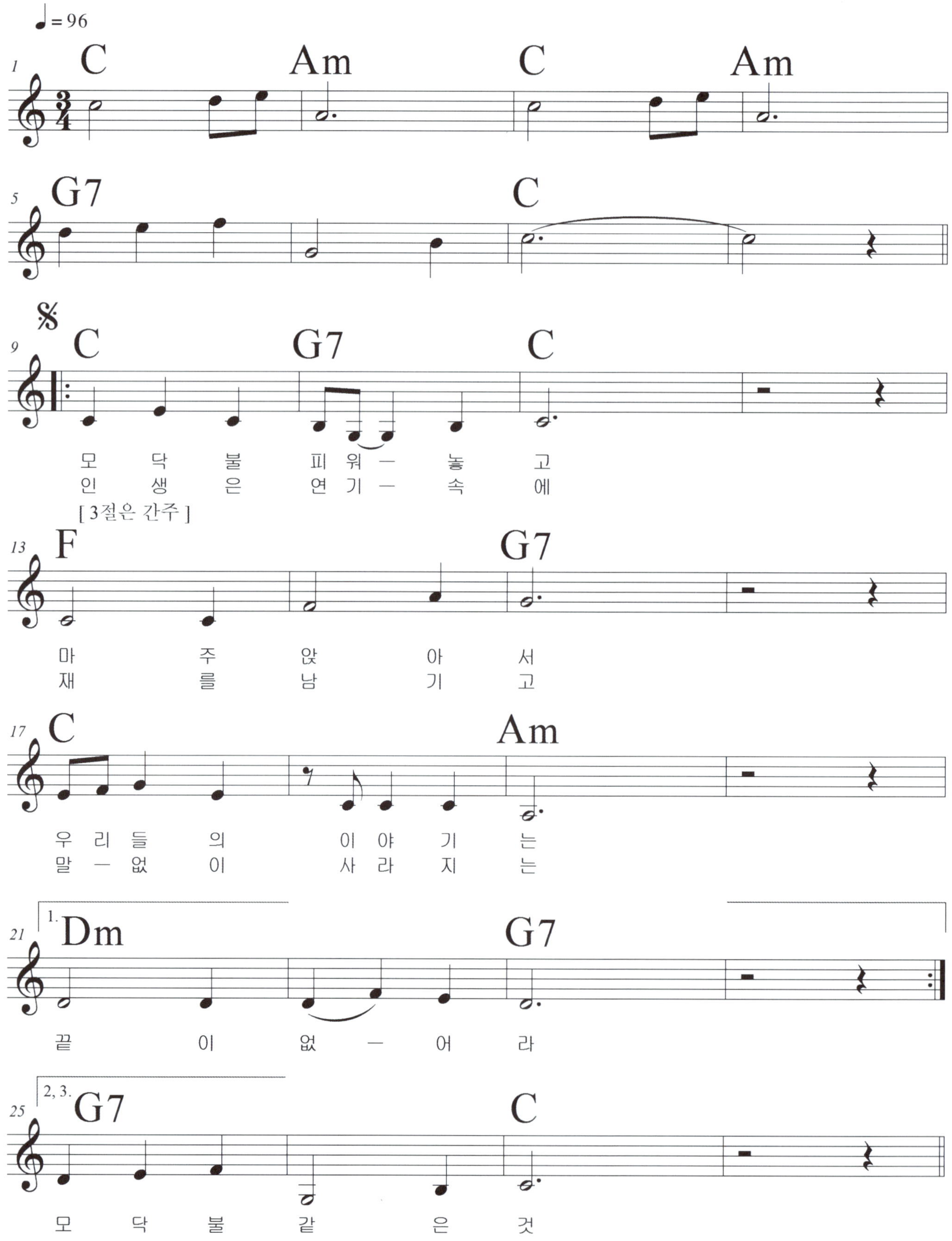

■ C 가족코드

C코드와 가장 잘 맞는 화음의 덩어리는 F코드와 G7코드입니다.

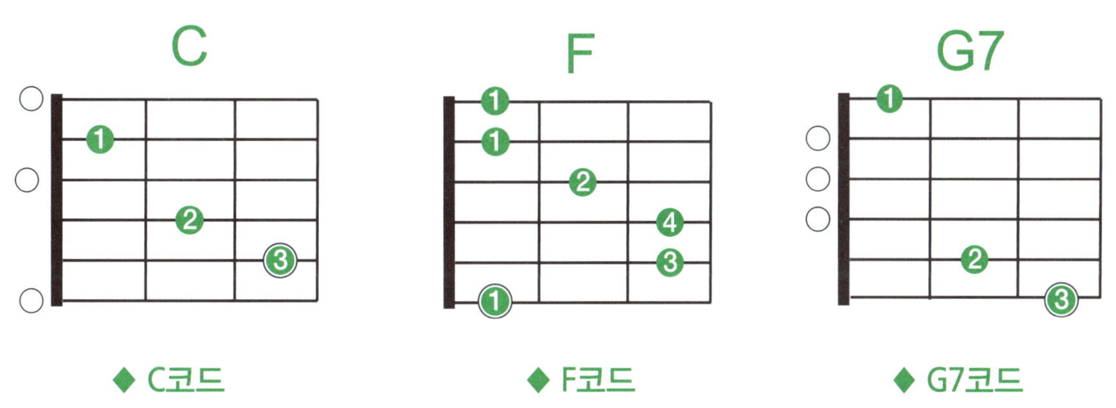

찔레꽃

김영일 작사, 김교성 작곡 / 백난아 노래

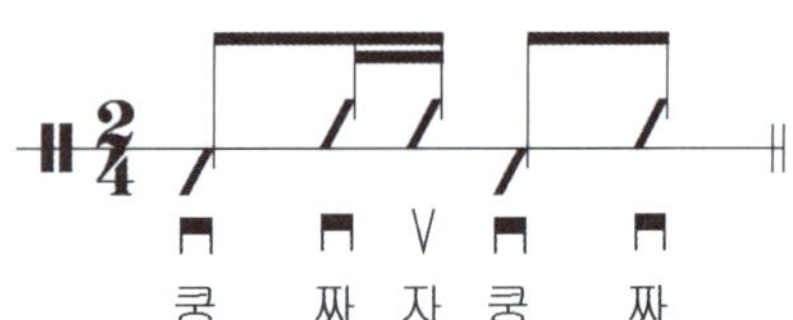

#트롯 리듬
쿵 짜자쿵 짜

F G C

C Am C
찔 레 꽃 붉 게 — 피 — — 는
달 뜨 는 저 녁 — 이 — — 면

Am C G7
남 쪽 나 라 — 내 고 — — — 향
노 래 한 던 — 동 창 — — — 생

C F
언 덕 위 에 초 가 삼 — — 간
철 리 객 점 북 두 성 — — 이

C G7 C
그 림 — — 습 니 — — — 다
서 럽 — — 습 니 — — — 다

연주Tip
1. 18, 34마디에 코드가 각각 한 박자씩이므로 코드 바꾸기에 주의하여 연주합니다.
2. 리메이크가 많이 된 곡이므로 알고 있던 찔레꽃의 가사나 멜로디가 다를 수도 있습니다. 원곡은 조율음이 어긋나 있습니다.

C   G7   C
자 주 고 름 입에물————고
작 년 봄 에 모여앉————아

C   G7
눈 물 — — 흘 리————며
매 일 — — 같 ————이

C   Am   C
이 별—가를불러주 ——던
하 염—없이바—라보 ——던

C   G7   1. C
못 믿 을—사 람———아
즐 거 운—시 절———

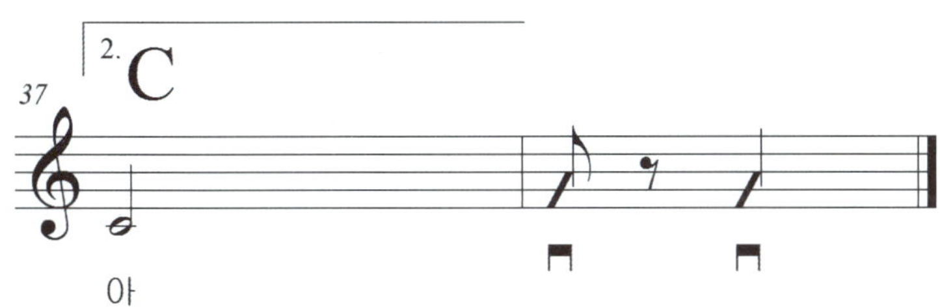

2. C
아

고래사냥

최인호 작사, 송창식 작곡 / 송창식 노래

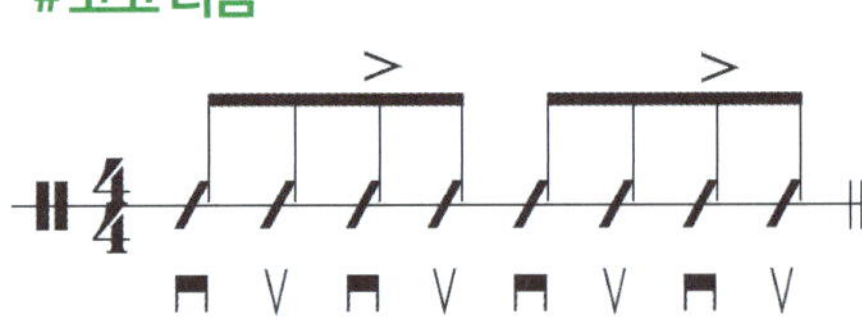

♩ = 116

우리 들 사 랑 이 깨 진 다 — 해 도 모 든 것 이 한 꺼 번 에 — 잃 는 다 — 해 —
도 — 우 리 들 가 슴 속 에 는 뚜 렷 이 있 다
한 마 디 예 — 쁜 고 래 하 — 나 가 — — —
자 떠 — 나 자 — 동 해 바 — 다 로 — — —
신 화 처 — — 럼 숨 을 쉬 는 — 고 래 잡 — 으 러 — — — 오 — —
— 오 — — — — — 숨 을 쉬 는
고 래 잡 — 으 러 — — — — — —

악보 37. 고래사냥

꿈

조용필 작사, 작곡, 노래

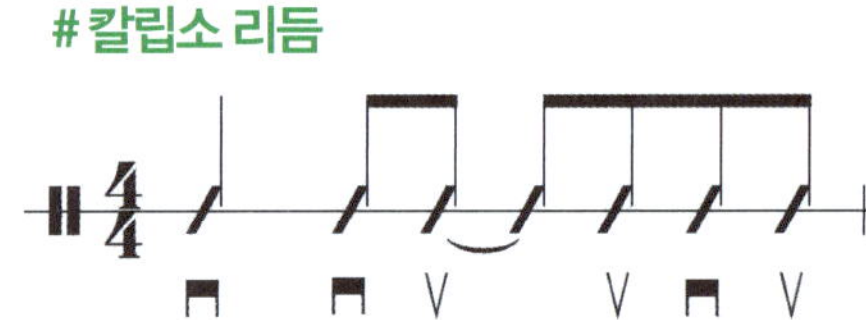

#칼립소 리듬

화 려한 도시를 그 리 며 찾 아 왔 네
여 기 저 기 헤 메 다 초 라 한 문 턱 에 서
사 람 들 은 저 마 다 고 향 을 찾 아 가 네
빌 딩 속 을 헤 메 다 초 라 한 골 목 에 서

그 곳 은 춥 고 도 험 한 곳
나 는 지 금 홀 로 남 아 서

뜨 거 운 눈 물 을 먹 는 다

머 나 먼 길 을 찾 아 여 기 에 꿈 을 찾 아 여 기 에
저 기 저 별 은 나 의 마 음 알 까 나 의 꿈 을 알 까

괴 롭 고 도 험 한 이 길 을 왔 는 데
괴 로 울 때 슬 픈 노 래 를 부 른 다

연주 Tip
1. 교재의 난이도에 맞추어 코드와 섹션을 생략한 부분이 있습니다.
2. 악보를 두 페이지에 맞추기 위해 간주를 생략하였습니다.

C G7 F C
이 세 상 어 디 가 숲 인 지 어 디 가 끝 인 지
슬 퍼 질 땐 차 라 리 나 홀 로 눈 을 감 고 싶 어

F G7 C
그 누 구 도 말 을 않 네
고 향 의 향 기 들 으 면 서
D.S. al Fine

C G7 F C
저 기 저 별 은 나 의 마 음 알 까 나 의 꿈 을 알 까

F G7 C G7
괴 로 울 땐 슬 픈 노 래 를 부 른 다

C G7 F C
이 세 상 어 디 가 숲 인 지 어 디 가 끝 인 지

F G7 C
그 누 구 도 말 을 않 네

C G7 F C
슬 퍼 질 땐 차 라 리 나 홀 로 눈 을 감 고 싶 어

F G7 C
고 향 의 향 기 들 으 면 서

2. 슬로우 고고 Slow GoGo 리듬

슬로우 고고는 '슬로우 16비트(=발라드)'라는 리듬 안에 포함된 리듬으로 조용한 느낌의 감성적인 곡에 어울리는 리듬입니다. 우라나라는 60년대 후반 트롯 장르의 음악이 약해지면서 고고 리듬과 칼립소 리듬같이 빠른 속도의 곡들이 유행함과 동시에 조용한 발라드 느낌의 슬로우 고고 곡이나 슬로우 록 리듬의 음악도 같이 유행하게 됩니다.

슬로우 고고 리듬

슬로우 고고 리듬은 쉽게 말해서 고고 리듬을 느리게(=Slow, 슬로우) 연주하는 것입니다.

느려진 고고 리듬은 다운과 업 스트로크로 계속 연주하기에는 음악의 느낌을 잘 표현하기 힘들 것입니다. 그러면 업 스트로크를 없애고 다운 스트로크만으로 연주를 합니다.

〈대표적인 슬로우 고고 리듬〉

2&과 4&의 다운 스트로크 후 업 스트로크를 약하게 넣어 주면 됩니다.

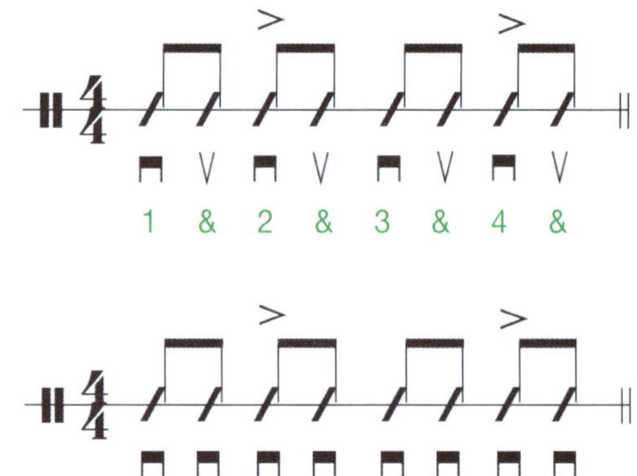

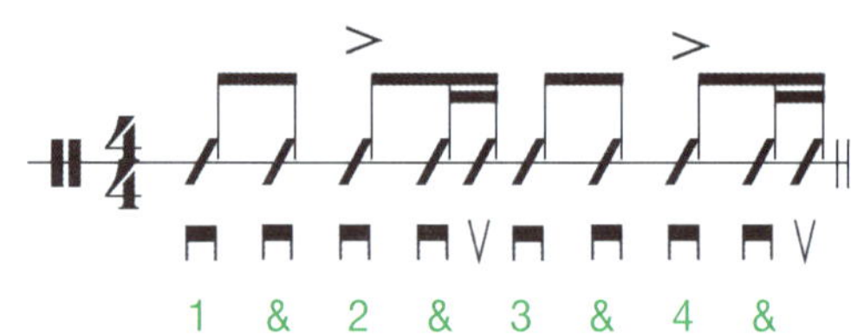

손목의 회전을 이용한 스트로크

◆ 팔은 고정한 손목 스트로크

◆ 타원을 그리는 스트로크

슬로우 고고 스트로크는 주로 발라드 곡에서 연주됩니다. 그래서 8비트 리듬에 비하여 조용한 소리를 내야 하므로 손목을 이용하여 부드럽게 연주하는 것이 좋습니다. (손목 힘풀기)

고고 리듬과 마찬가지로 2, 4박의 강 스트로크는 팔 전체를 이용하여 6줄 전체를 다 소리내고 약 스트로크
는 손목을 이용하여 아주 부드럽게 소리냅니다.

연습 1

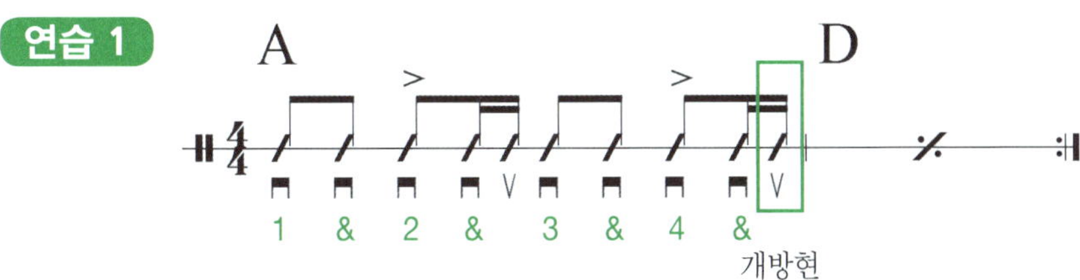

연습 2

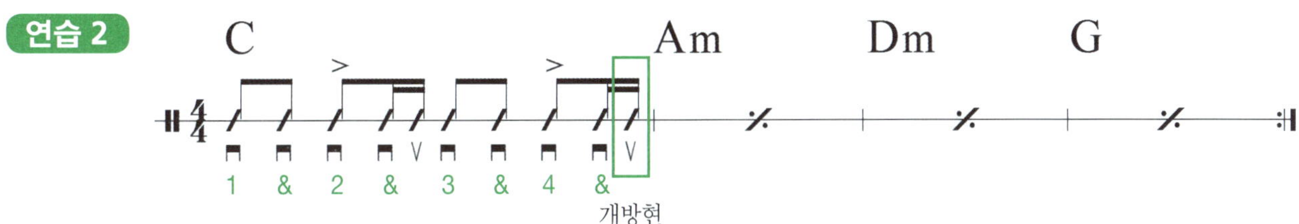

연습 3

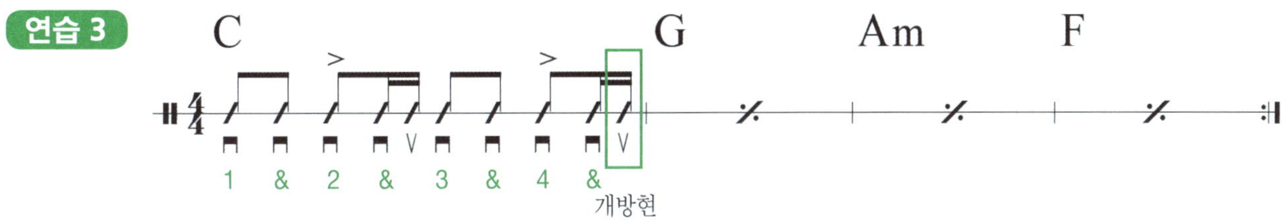

연습 4

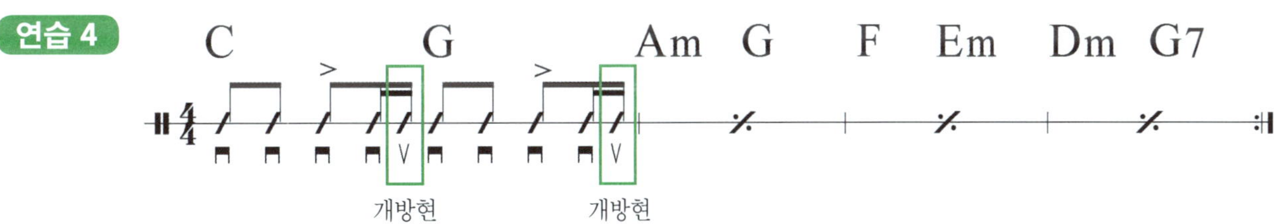

⚙ **주의**

슬로우 고고 스트로크는 가끔 빠른 속도의 흥겨운 곡에서도 사용됩니다. (158page 참고)

바램

김종환 작사, 작곡 / 노사연 노래

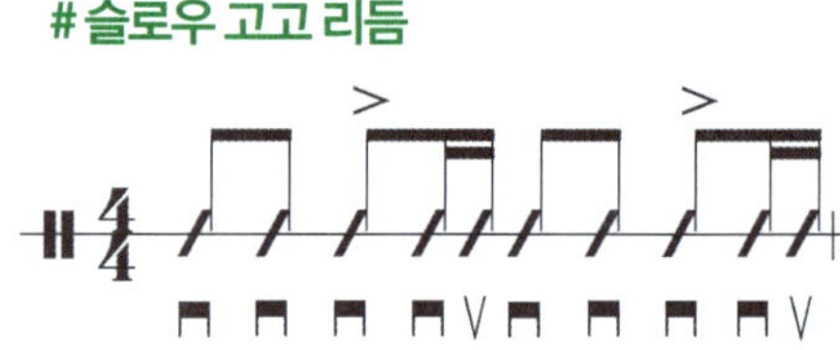

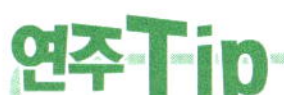

연주Tip

원곡과 마무리(엔딩)이 다릅니다.

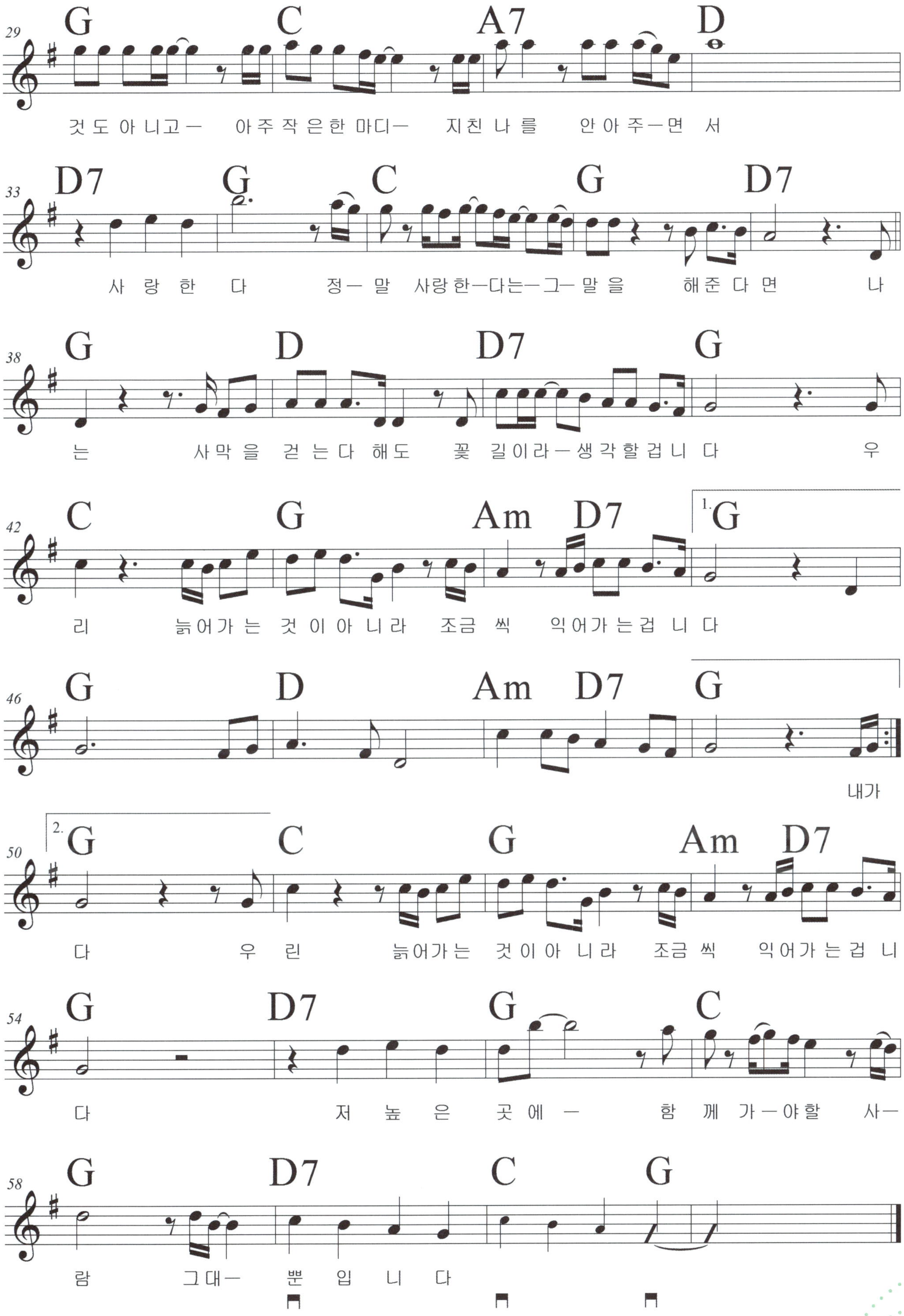
29
G C A7 D
것 도 아 니 고 ㅡ 아 주 작 은 한 마 디 ㅡ 지 친 나 를 안 아 주 ㅡ 면 서
33
D7 G C G D7
사 랑 한 다 정 ㅡ 말 사랑 한 ㅡ 다 는 ㅡ 그 ㅡ 말 을 해 준 다 면 나
38
G D D7 G
는 사 막 을 걷 는 다 해 도 꽃 길 이 라 ㅡ 생 각 할 겁 니 다 우
42
C G Am D7 1. G
리 늙 어 가 는 것 이 아 니 라 조금 씩 익 어 가 는 겁 니 다
46
G D Am D7 G
내가
50
2. G C G Am D7
다 우 린 늙 어 가 는 것 이 아 니 라 조금 씩 익 어 가 는 겁 니
54
G D7 G C
다 저 높 은 곳 에 ㅡ 함 께 가 ㅡ 야 할 사 ㅡ
58
G D7 C G
람 그 대 ㅡ 뿐 입 니 다

악보 39. 바람

우리는

송창식 작사, 작곡, 노래

#슬로우 고고 리듬 / Capo 1 fret

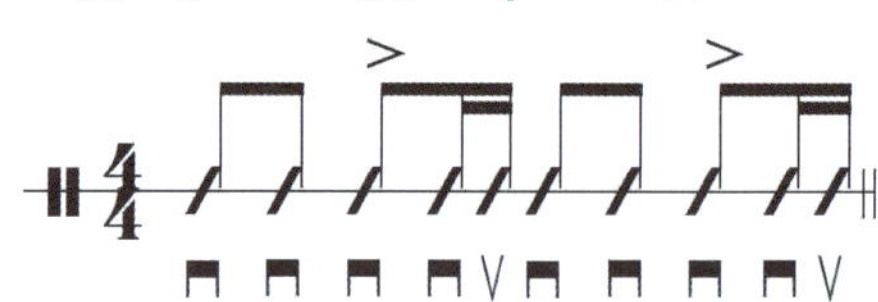

♩= 86
G
D7

G
C D7 G
우

G
D7
리 는 —   빛이없 는 어둠 속에서도 찾을 수있 는 —   우 리 는 —
리 는 —   바람부 는 벌 — 판에서도 외롭 지않 은 —   우 리 는 —

D7
G
아 주작 은 몸짓하나라도 느낄 수있 는 —   우 리 는 — — — — —   우
마 주잡 은 손끝하나로너 —무 충분 한 —   우 리 는 — — — — —   우

G
D7
리 는 —   소리없 는침 묵 으로도 말할 수있는 —   우 리 는 —
리 는   기 —나 긴겨 울 밤에도 춥 —지않 은 —   우 리 는 —

D7
G   C   D7
마 주치 는 눈 빛 하나로 모두알수있 는 —   우 리 는 — —   —우 리   는 연 —
타 오르 는 가 슴 하나로 너 —무충분 한 —   우 리 는 — —   —우 리   는 연 —

연주Tip
한 코드가 3마디 이상 진행되는 경우가 많으므로 마디 수를 잘
세면서 연주합니다.

G
인
인
기 나 긴한—세월—을기다리어 — 우리는
수 없 이많—은날—들을우리는 — 함—께

D7
만 — 났 다 —
지 — 냈 다 —
천 둥 치는운명처 — 럼 우리는
생 명 처럼소중한빛 을 함—께

G
E7
만 — 났 다 —
지 — 녔 다 —
오 — 바 로이순간 — 우 리 는

Am
D7
만 났 — 다 — 이 렇게 — 이 렇게이 — 렇 —

D7   C   D7   G   1.
게 우 리 는 연 — 인 우

2. G   D7
이 렇 게 — 이 렇 게

D7   G
— 이 렇 게

너를 사랑하고도

김진롱 작사, 작곡 / 전유나 노래

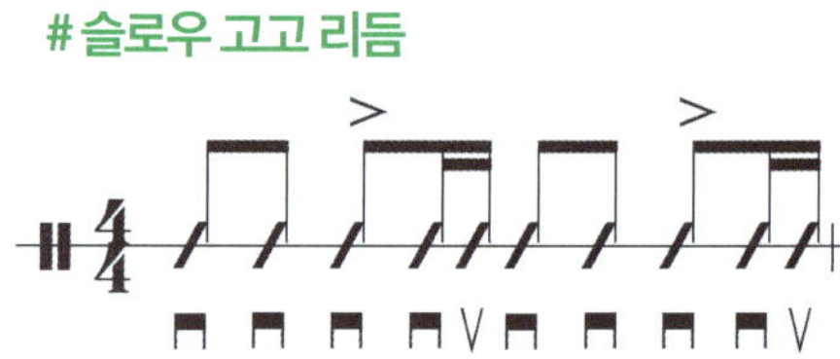

♩=68

연주Tip
원곡(G#m key)의 코드가 어려워 초급 난이도에 맞게 코드를 조정하였습니다.

Dm   C   E7   Am   E7
어 지는— 그대 와나—의 슬픈사— 랑은— 초라 한 모습— 감추며 돌 — 아 서는 데— 이젠
Am   Dm   E7   Am   E7
더 이— 상 슬 픔—은 없 어— 나의 마 음—은 이 제—난 알 아 — — 사랑
Am   Dm   E7   To Coda   Am
했 다 — 는 그 말 — 난 싫 어— 마 지 막 까지—웃음—을 — 보여 —줘 — —
Dm   Am   E7   Am
저
D.S. al Coda
Am   E7   Am   Dm   E7
—줘 — 이젠 거 이— 상 슬 픔—은 없 어— 너의 마 음—을 이 젠—난
Am   E7   Am   Dm   E7
알 아 — 사랑 했 다 — 는 그 말 — 난 싫 어— 마 지 막 까지—웃음—을 — 보여
Dm   Am   E7   Am
줘

사랑을 위하여

김종환 작사, 작곡, 노래

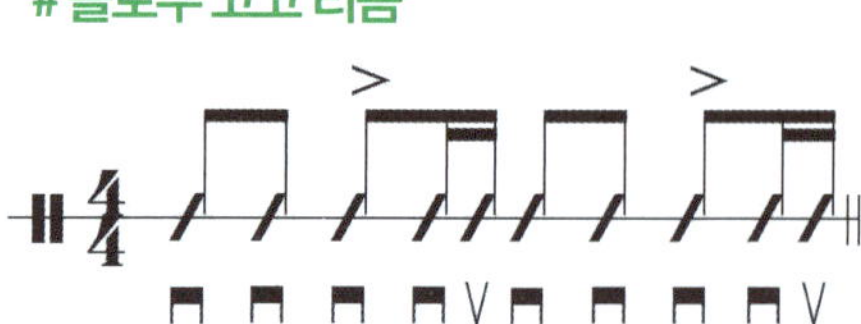

연주Tip
원곡의 41, 42, 43마디는 C7, Fm, Dm이지만 교재의 난이도
에 맞춰 코드를 조정하였습니다.

이 우리를— 힘 들게 — 하여도— 우리 들 은변하지않아 너를
사랑하기에 저—하 늘끝에 마지막 남은 진실하나로 — 오래
두 어도 진정 변하지않 는 사랑으 로남게해 주오
내 가
아 플 때 보다— 니 가 아파할때가— 내가슴 —을 철들게했 고 너의
사 랑앞에 나 는 옷을벗었다— 거짓의 옷을벗어 버렸 다 너를
오 사랑으 로남게해주 오
rit. a tempo

악보42. 사랑을 위하여

3. Bm 코드

Bm 코드는 F 코드와 마찬가지로 하이 코드입니다.

코드 모양

정식

2프렛을 검지로 여섯 줄을 누르고 2, 3, 4번 손가락은 Am 코드의 모양으로 지판의 줄을 누릅니다.

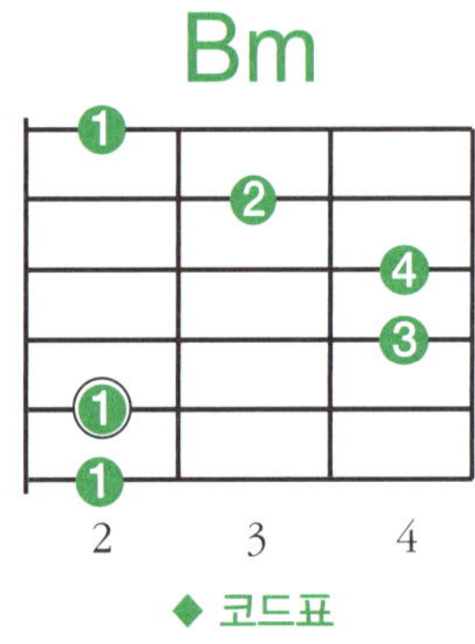

◆ 코드표

◆ 손가락 모양

약식

F약식 코드와 마찬가지로 2, 3, 4번 손가락은 같으나 2프렛 전체를 누르고 있는 검지를 밑에 1줄만 누르고 엄지를 넥 위로 넘겨 6번 줄을 뮤트합니다.

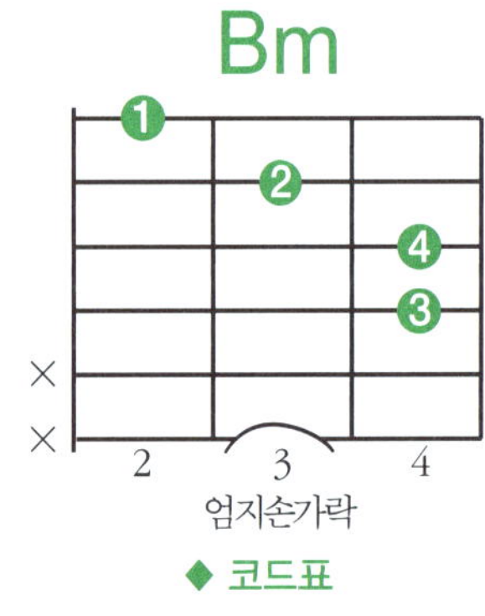

◆ 코드표

◆ 손가락 모양

⚙ 주의

Bm 약식 코드를 정확히 소리 내려면 5, 6번 줄을 동시해 뮤트를 해야 합니다. 그러나 현실적으로 같이 뮤트하는 운지를 연습하는 것이 어려우므로 먼저 6번 줄만 엄지에 대어 연습하고 Bm 약식 코드가 익숙해지면 3번 손가락으로 4번 줄을 누를 때 살짝 올려 5번 줄을 뮤트합니다.

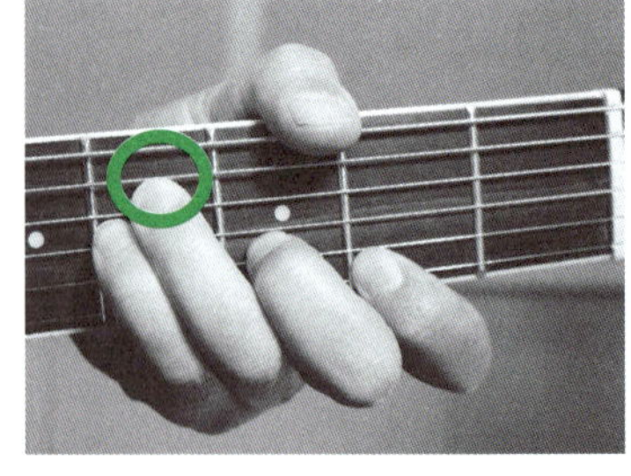

가장 일반적인 연습으로 코드를 눌렀다 떼어다를 반복합니다.

연습 2 정식

⇨ F코드 연습 ②와 동일

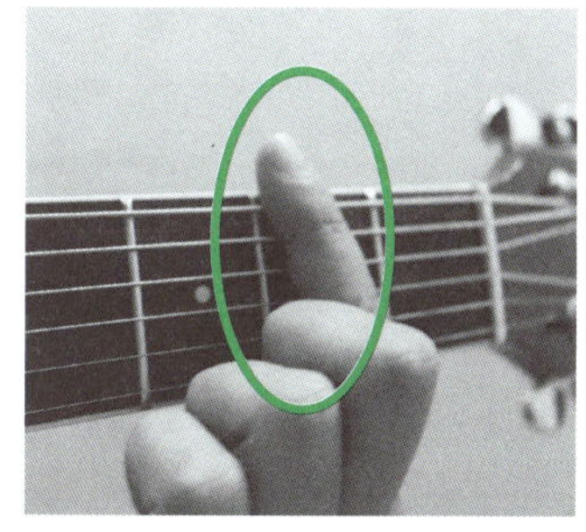

Bm정식 코드는 검지가 줄 전체를 누르는 힘이 세어야만 좋은 소리가
납니다. 그러므로 검지만의 힘을 키워주는 것이 중요합니다.
먼저 오른쪽 사진처럼 검지만으로 6줄을 누른 후 소리를 내어봅니다.
처음에는 2~3줄만 소리가 나지만 1~2주 정도 연습하면 6줄 전체가 다
소리가 날 것입니다.

연습 3 정식

Am코드를 2, 3, 4번 손가락으로 누른 후 소리를 내어봅니다. 그리고 왼손 전체를 두 프렛 이동하여 Bm
코드를 누르고 소리냅니다.

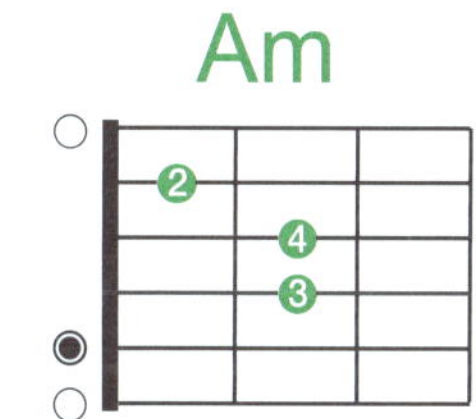

◆ 개방현위(너트)에 검지를 올립니다.　　　　　　　　◆ 모양을 유지하여 두 프렛 이동합니다.

연습 4 정식, 약식

F 코드와 Bm 코드는 누르는 프렛이나 줄은 다르지만 손가락의 모양은 같습니다. 손 폼을 잘 유지하면
서 바꾸는 연습을 합니다.

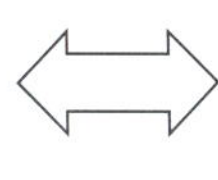
반복 연습

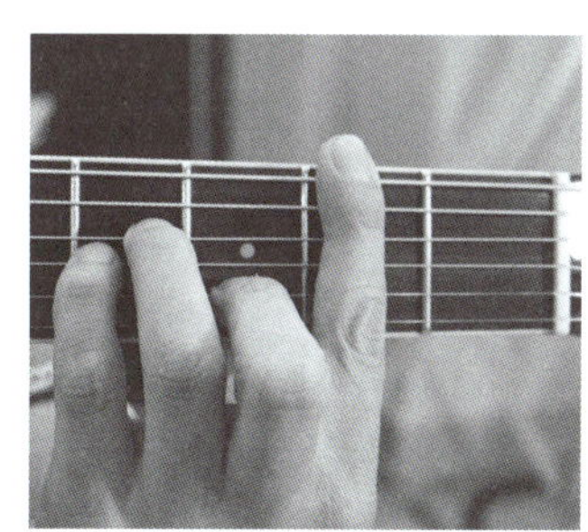

◆ F코드　　　　　　　　　　　　　　　　　　　◆ Bm코드

그대 없이는 못살아

길옥윤 작사, 작곡 / 패티김 노래

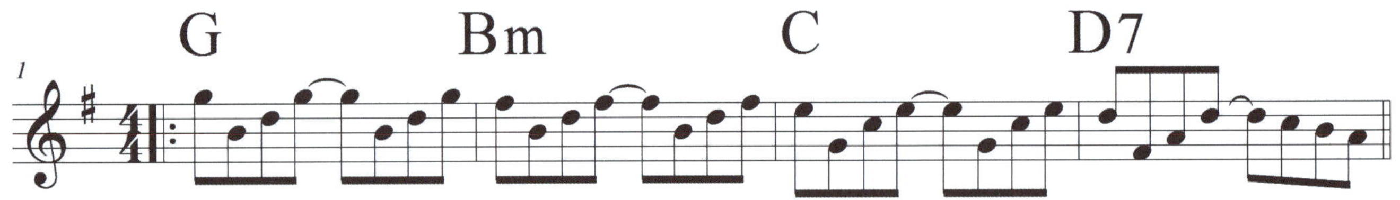

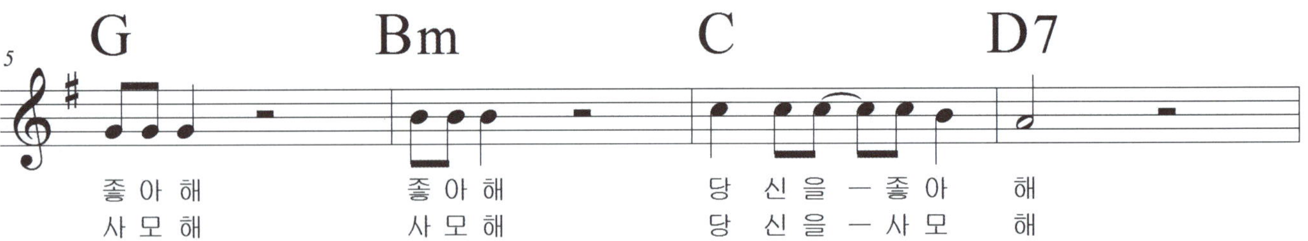

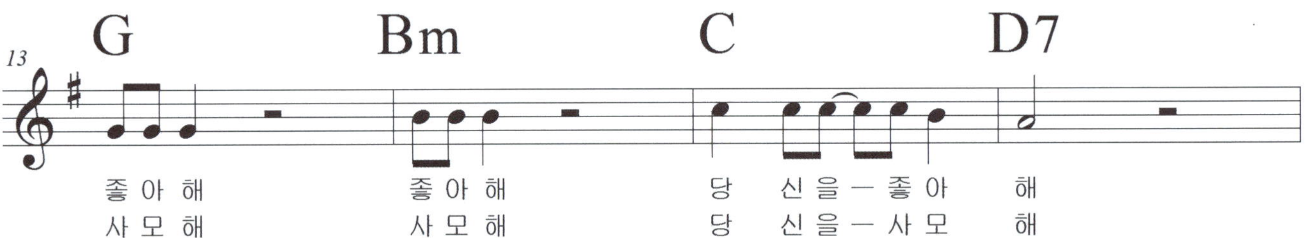

연주Tip
원곡(Gb key)의 코드가 어려워 초급 난이도에 맞게 코드를
조정하였습니다.

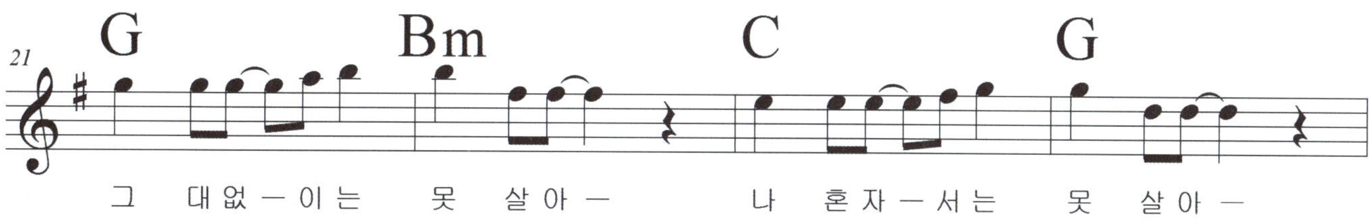

G   Bm   C   G
그 대없 — 이는 못 살아 —   나 혼 자 — 서는 못 살아 —

Am   G   C   D7   G
헤 어 져 — 서는 못 살아 —   떠 나 가 면 못 살 — 아

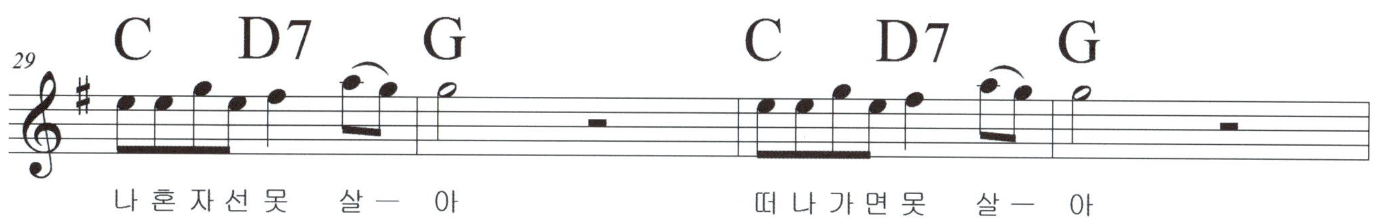

C   D7   G   C   D7   G
나 혼 자 선 못 살 — 아   떠 나 가 면 못 살 — 아

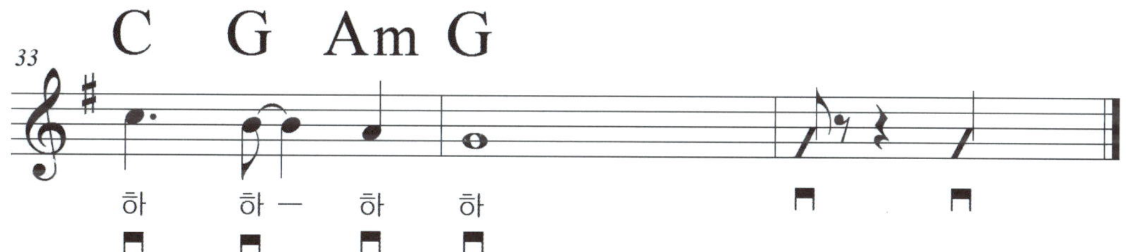

C G Am G
하 하 — 하 하

동행
최성수 작사, 작곡, 노래

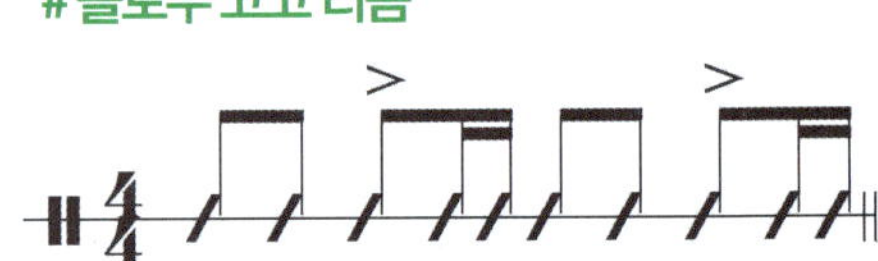

#슬로우 고고 리듬

♩=77
D A7 D A7
Bm D A7 D
D G A7
아 직 도 내게 슬 픔 이   우 두 커   니 남아 있어 요   그 날
G Bm D A7
을   생 각 하자 니   어 느 새   흐 려진 안 개
D G A7
빈 밤을 오가는 날 은   어 디 로   가야 만 하 나   어 둠
G Bm D A7 D
에   갈 곳 모르 고   외 로 워   해 메 는   ─미로─
G D A E7 A D
누   가 나와 같─이 함 께─   울 어 줄 사 람있 나 요

G D A E7 A7
누 가 나 와 같 이 함 께 따 뜻 한 동 행 이 될 까
D G A7
사 랑 하 고 싶 어 요 빈 가 슴 채 울 때 까 지
D A7 G A7 D To Coda
사 랑 하 고 싶 어 요 사 랑 있 는 날 까 지
D A7 D A7
Bm D A7 D
D.S. al Coda
Bm D A7 D
rit.

4. 셔플Shuffle 리듬

미국 남부의 흑인들 사이에서 만들어진 독특한 댄스 리듬을 셔플이라고 합니다. 1920년대에 재즈 리듬 중의 하나로 유행하였으며, 우리나라는 60년대 후반에 트롯 느낌의 곡에 셔플 리듬을 가미한 곡들이 나오기 시작하면서 대중적인 리듬의 형태로 발전되었습니다.

셔플 리듬

'끌려 간다'는 뜻의 셔플은 다운 스트로크에 업 스트로크가 끌려가듯이 연주되어 마치 개구리나 토끼가 뛰는 '폴-짝 폴-짝', '깡-충 깡-충' 느낌을 가지는 리듬입니다.

리듬의 표기는 악보 상단에 (♫ = ♪ ♪)로 표기하는 경우가 제일 많으며, 악보에서는 (♪ ♪)로 음표를 그려 나타냅니다. 또 글로서 셔플shuffle 또는 스윙swing으로 적어두는 경우도 종종 있습니다.

① 고고 느낌의 셔플

앞에서 배운 고고 리듬에서 업 스트로크를 뒤로 살짝 밀어 토끼가 '깡-충 깡-충' 뛰듯이 연주하는 흥겨운 느낌의 리듬입니다. 특히 고고 리듬과 같이 2, 4박에 악센트를 줍니다.

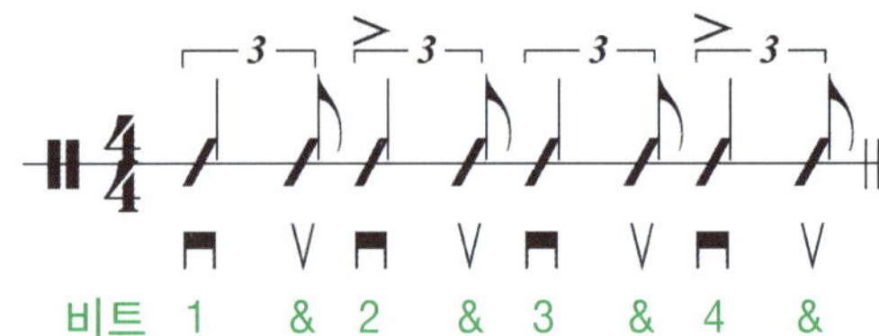

② 칼립소 느낌의 셔플

앞에서 배운 칼립소 리듬에 업 스트로크를 뒤로 살짝 밀어 연주합니다.

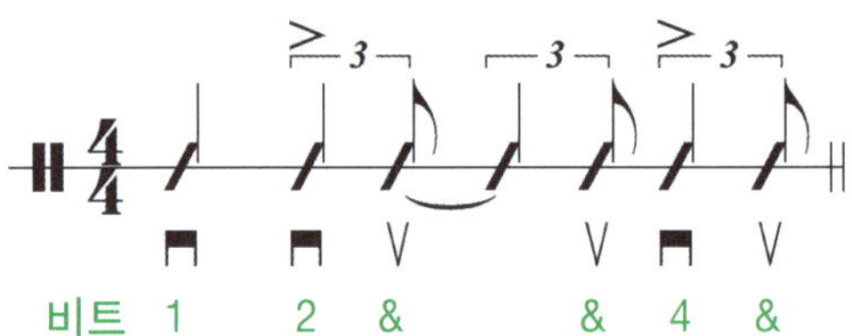

밑의 리듬은 고고 셔플 리듬이지만 칼립소 셔플 리듬으로도 연습하며 정확한 개방현을 연습합니다.

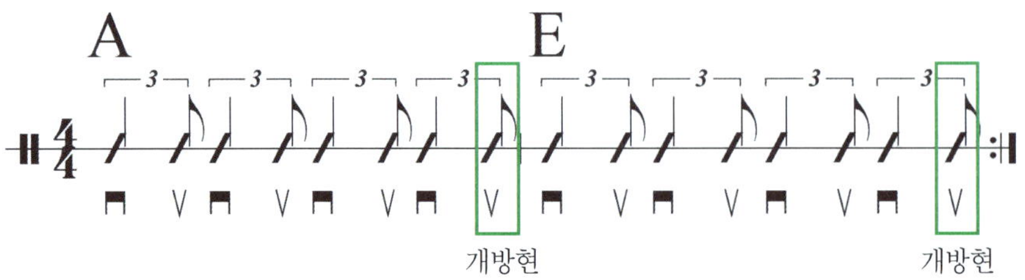

댄서의 순정

김영일 작사, 김부해 작곡 / 박신자 노래

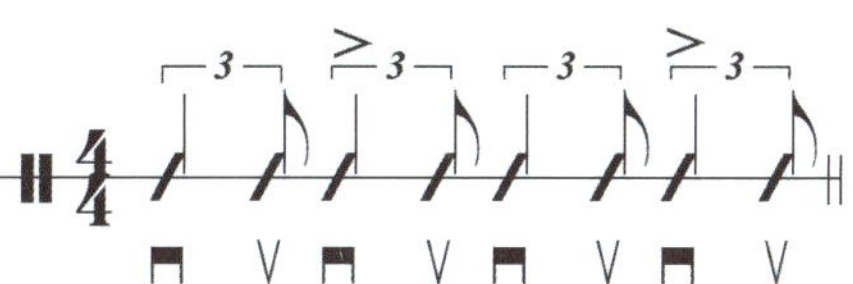

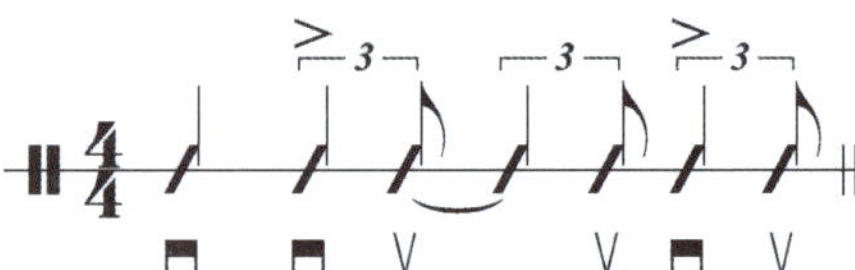

연주Tip
24, 32, 55마디의 D코드는 3박 반의 업스트로크에서 소리냅니다.

C   D   G   B7
를   생각해 보면   나는 정말
B7   Em   B7
행 복 한 — — 사 — — 람 — — — —
Em   Am   Em
이 세 상에   그 누가 —   부 러 울 까요 —
G   B7   Em   1.
나 는 — 지 금   행 복 — 하 니   — 까 —   띠 리 리 라 — 아
Em   C
B7   Em   55   D
어 두
2.   Em   Am
이 세 상에   그 누가 —   부 러 울 까요 —
G   B7   Em
나 는 — 지 금   행 복 — 하 니   — 까 —
Em   C
B7   Em

골라 골라

김프로 작사, 작곡 / 미기 노래

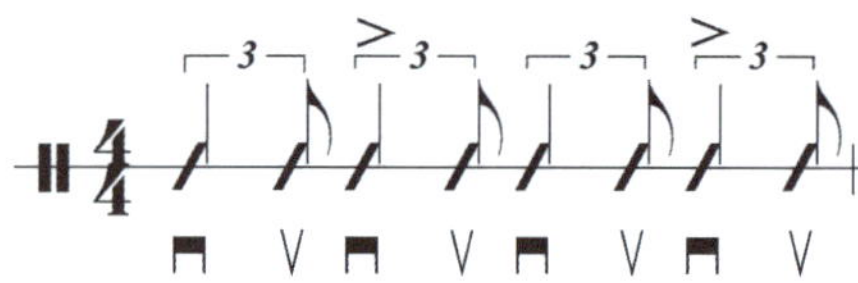

이래뵈도 왕년에 가 수 였다 목 청은시 원하 다 —차
이래뵈도 왕년에 락 커 였다 목 청은짱짱하 다 —차
떨 이 —
잔자 잔잔 자잔자 자 골라 골라 잔자
잔잔 자잔잔 자 골라 만원 오늘 기분 이다 밤새 놀아 보자 잔자
잔잔 자잔 잔 자 골라 골라
골라 만원 잔자
잔잔 자잔 잔 자 자
잔자 잔잔 자잔잔 자
2X. 아 저 씨
골라 골라 잔자 잔잔—자잔잔 자 골라 만원 오늘 기분—이다 밤새
아줌마도 — 오늘기분이 다
놀아—보자 잔자 잔잔 자잔 잔 자 잔자 잔잔 자잔 잔 자
밤 새 놀아 보자

5. 빠른 슬로우 고고

'슬로우 고고 리듬'의 이름에서 보듯이 슬로우=느린 음악, 즉 느린 발라드 곡에 사용되는 리듬이
지만 속도(템포)를 조금 빠르게 하여 흥겨운 곡에서도 사용됩니다. 빠른 슬로우 고고 리듬은 고고
리듬과 비슷해지는 경우가 있는데 일반적으로 구분을 지어보면 빠르기로서 구분하면 좋습니다.

리 듬	속 도	특 징	리듬표
슬로우 고고	♩ = 60~80	발라드, 서정적이며 감미로운 선율과 가사가 있는 조용한 음악	
슬로우 8비트	♩ = 60~80	발라드, 서정적이고 감미로운 선율과 가사위의 조용한 음악	
빠른 슬로우 고고	♩ = 80~110	빠르지는 않지만 리듬감이 있는 흥겨운 음악	
고고	♩ = 110~이상	락적인 느낌이나 댄스적인 느낌의 빠른 음악	

잡초

나훈아 작사, 작곡, 노래

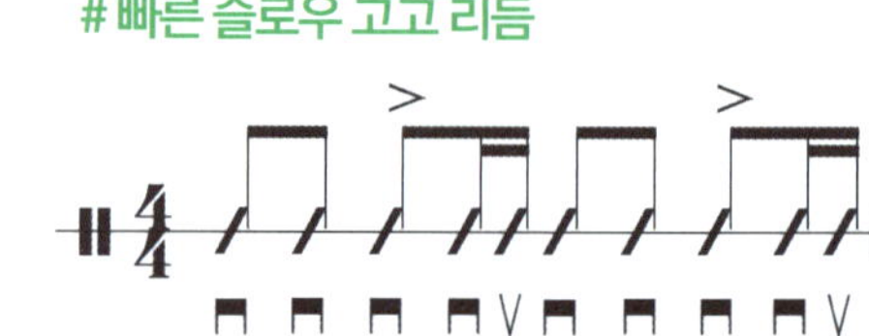

♩ = 86

아 무 도 찾 지 않은 바람부는언덕에 — 이름 — 모 를 잡 초야 —
한 송 이 꽃 이 라 면 향기라도있을텐데 — 이것저것아무것도없는잡초라네 —
발 이 라 도 있 을 면 은 님 찾 아같 텐 데 — 손 이 라 도 있 으 면 은 님 부를 — 텐 데 —
이것 저것 아무것도 가진 게없 어 — 아무것 도가진 게 — — 없 네
아 무 도 찾 지 않은 바람부는언덕에 — 이름 — 모 를 잡 초야 —
한 송 이 꽃 이 라 면 향 기라 도있을텐데 — 이것저것아무것도없는잡초라네 —
이것 저것 아무것도없 는잡초라네 —

남자는 배 여자는 항구

심수봉 작사, 작곡, 노래

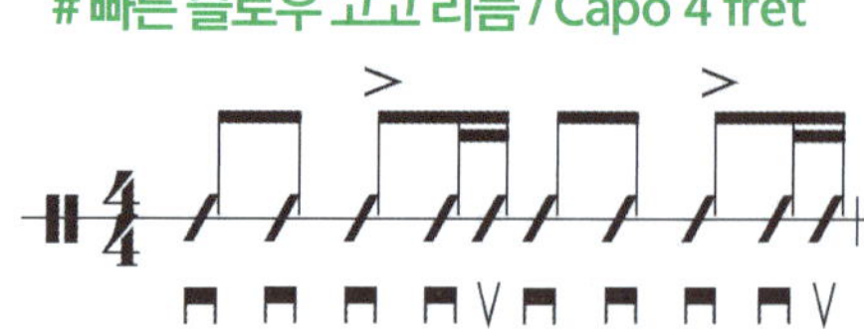

Dm
E7
고 동 소 리 도 울 리 지 마 세—요 —
랑 했 었 던 말 은 하 지 도 마 세—요 —
A7
Dm
G
E7
하 루 하 루 바 다 만 바 라 보 다— 눈 물 지 으 며 힘없 이돌아오 네
못 견 디 게 네—가 좋—다 고— 달 콤 하 던 말 그대 로믿—었 나
Am
Dm
E7
남 자 는 남 자 는 다 모두다 그렇 게다 아 아 아 아
남 자 는 남 자 는 다 모두다 그렇 게다 아 아 아 아
Am
G Dm
1. E7 Am
2. E7 Am
이 별 의눈 물 보이고 돌 아 서 면 잊 어 버리는 남 자 는 다그래— 남 자 는 다그래—
쓸 쓸 한표 정 짓—고 돌 아 서 서 웃 어 버리는
A7
Dm
E7
Am

6. 아르페지오 ^{Arpeggio}

'아르페지오'란 우리말로 '분산화음'이란 뜻으로 6개의 기타 줄을 스트로크처럼 한꺼번에 소리내는 것이 아니라 오른손 손가락을 이용하여 순차적으로 소리내는 주법을 얘기합니다.

주로 서정적이고 감미로운 발라드 음악의 반주로 사용되므로 정확한 음의 연주(=정확한 왼손 코드 운지)가 중요한 연주법입니다.

오른손 손가락의 명칭

통기타 명칭	클래식 기타 명칭
T (Thumb, 떰) : 엄지손가락	**P** (pulgar, 피갈)
i (index, 인덱스) : 검지손가락	**i** (indice, 인두시)
m (middle, 미들) : 중지손가락	**m** (midio, 미디오)
r (ring, 링) : 약지손가락	**a** (anular, 아눌라)
※명칭에 영어를 사용	※명칭에 스페인어를 사용

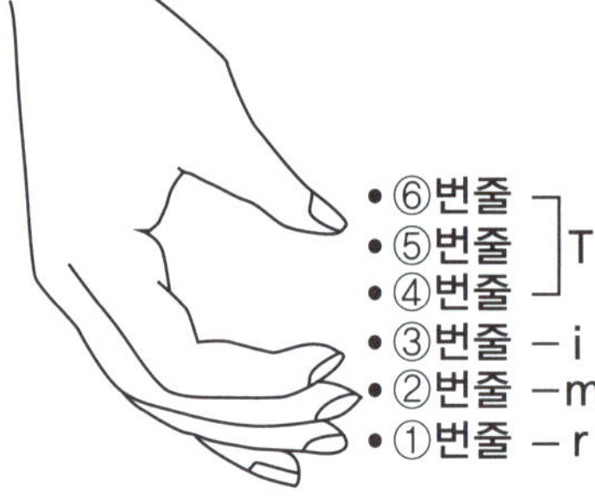

줄의 배분

위의 4, 5, 6번 줄은 T가 담당하며

아래 1, 2, 3번 줄은 i, m, r 이 담당하여 소리냅니다.

오른손 피킹시 주의할 점

1. 엄지손가락이 꺾이지 않도록 하여야 합니다. 아르페지오는 선명하고 정확한 소리가 우선이지 큰 소리를 내는 것이 아니므로 엄지손가락에 힘을 빼고 부드러운 소리를 냅니다.

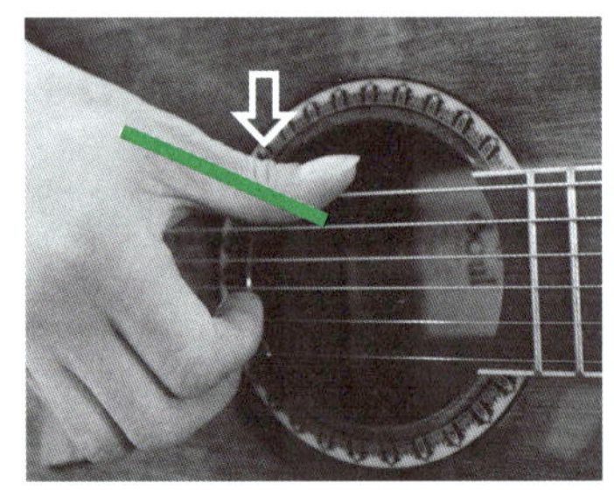

◆ 바른 자세

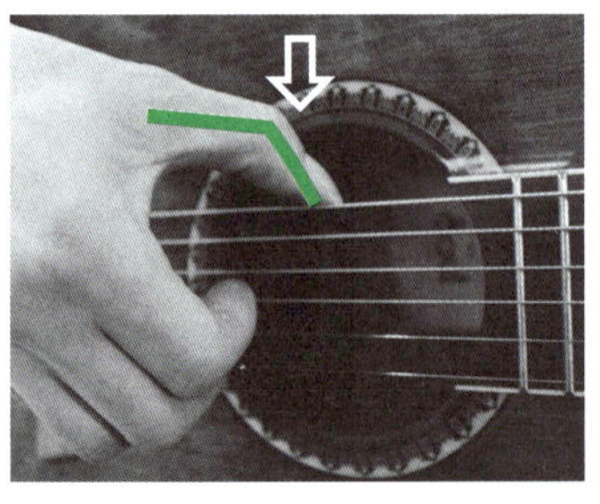

◆ 잘못된 자세

2. 5, 6번 줄은 엄지손가락 피킹 후 밑의 줄에 받쳐 안정된 자세를 유지합니다.

개방현을 이용한 줄 배분 연습

① 6번 줄을 T(엄지)로 소리낸 후 i 〉 m 〉 r 순으로 3번, 2번, 1번 줄을 소리냅니다. 이때 T는 5번 줄 위에 얹어지게 합니다.

② 5번 줄을 T(엄지)로 소리낸 후 i 〉 m 〉 r 순으로 3번, 2번, 1번 줄을 소리냅니다. 이때 T는 4번 줄 위에 얹어지게 합니다.

③ 4번 줄을 엄지로 소리낸 후 i 〉 m 〉 r 순으로 3번, 2번, 1번 줄을 소리냅니다. 이때 T는 늘 3번 줄 위에 두지 말고 밖으로 빼도록 합니다.

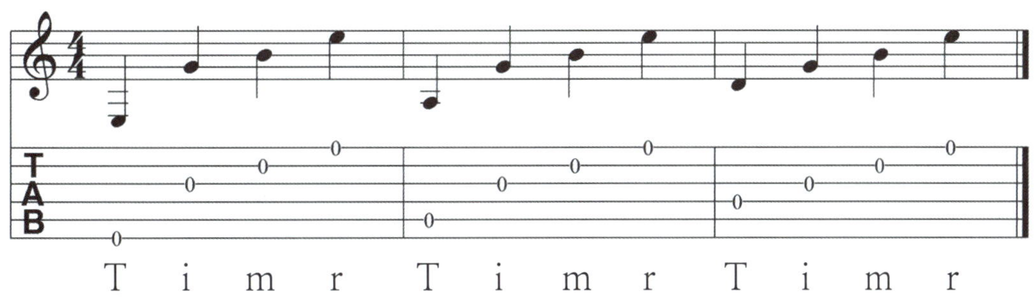

코드표에서의 근음

코드표에는 동그라미를 하나 더 넣어 코드의 근음을 표시해 두는데 이는 아르페지오 연주 때에 제일 먼저 소리 내는 음으로 T(엄지)를 사용하여 소리냅니다.

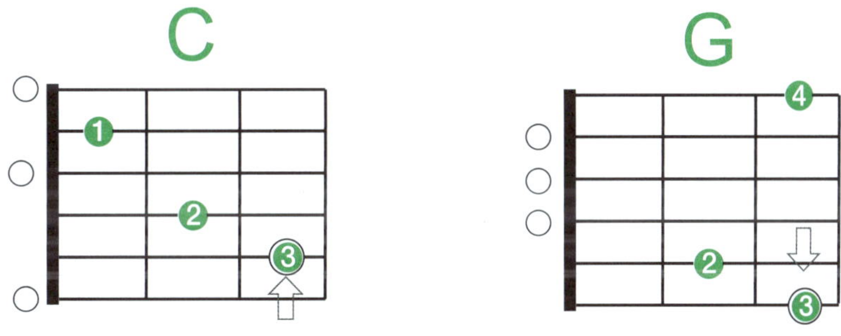

근음 줄은 코드톤인 m(마이너), 7(세븐) 등에 관계없이 근음만 알면 됩니다.

6번줄 : E, F, G 코드들   5번줄 : A, B, C 코드들   4번줄 : D, (E), (F) 코드들

예) Em 코드는 E 코드의 근음 줄인 6번 줄을 소리냅니다.

　　Dm7 코드는 D 코드의 근음 줄인 4번 줄을 소리냅니다.

리듬별 아르페지오 패턴^{Pattern}

패턴이란 '(정형화된, 일정한) 양식이나 규칙'을 말합니다.

우리는 아르페지오 연주를 배우면서 '아르페지오 패턴'이라는 말을 자주 듣게 되는데, 아르페지오 주법에서 '패턴'이란, 줄을 튕기는 순서가 한마디(또는 몇 박자) 안에서 일정한 규칙이 있게 연주하는 것을 말합니다.

① 왈츠 아르페지오 패턴

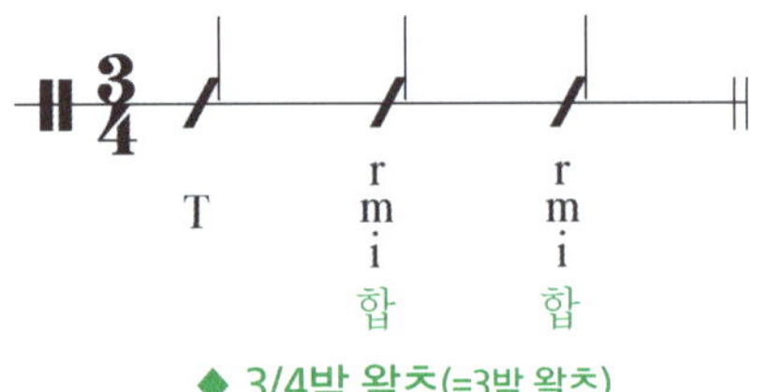

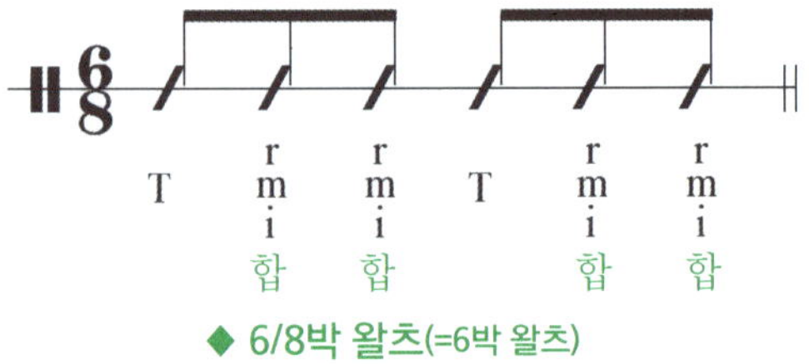

◆ 3/4박 왈츠(=3박 왈츠)　　　　　◆ 6/8박 왈츠(=6박 왈츠)

② 칼립소 아르페지오 패턴

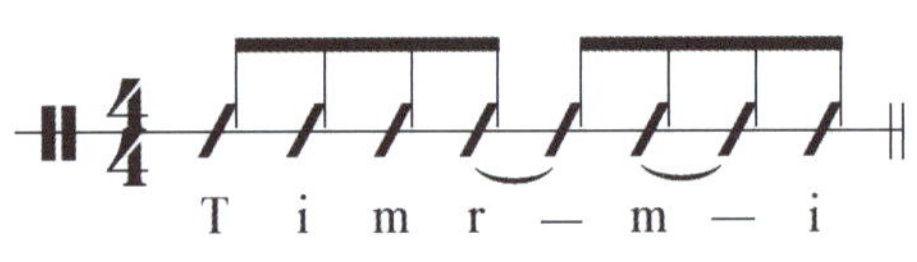

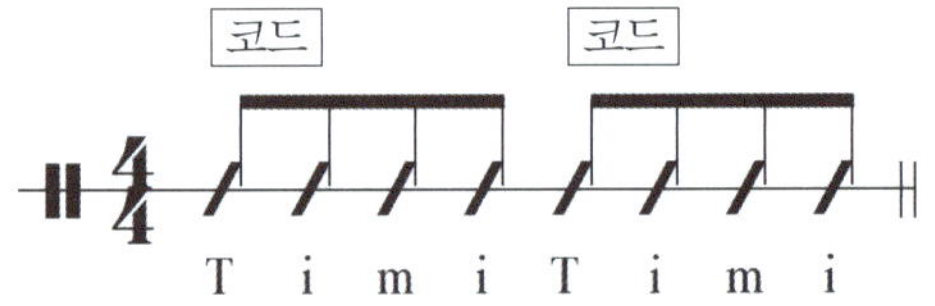

◆ 한마디에 코드가 한 개인 경우　　　　◆ 한마디에 코드가 두 개인 경우

③ 고고^{GoGo}와 슬로우 고고^{Slow GoGo} 아르페지오 패턴

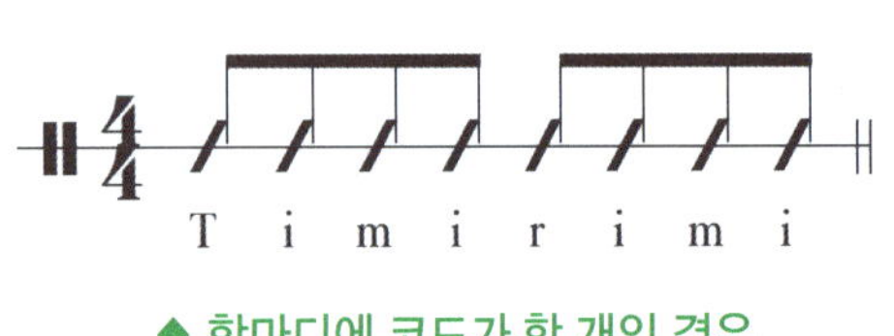

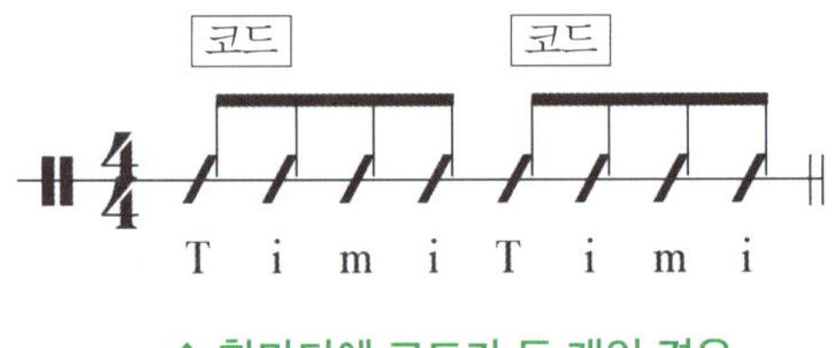

◆ 한마디에 코드가 한 개인 경우　　　　◆ 한마디에 코드가 두 개인 경우

④ 셔플 아르페지오 패턴

셔플 리듬은 다른 리듬에 비하여 아르페지오 사용이 까다로워 연주에 사용하는 경우가 적습니다.

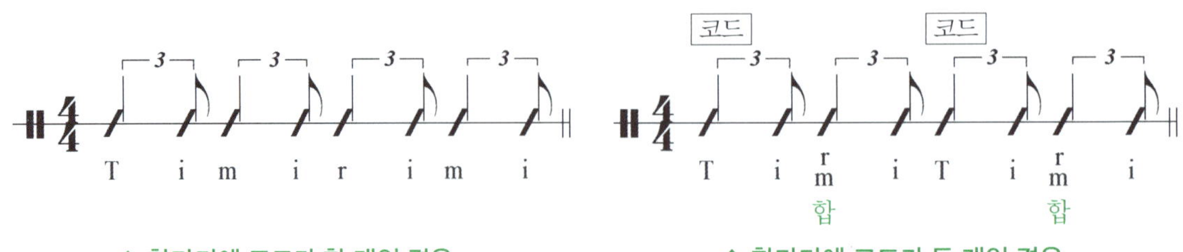

◆ 한마디에 코드가 한 개인 경우　　　　◆ 한마디에 코드가 두 개인 경우

리듬별 아르페지오 패턴을 제시된 코드 진행에 맞춰서 연습합니다.

아르페지오 주법에서도 스트로크와 마찬가지로 원활한 코드운지를 위해 마디의 마지막 음에 코드를 오픈하여 다음 코드의 근음을 먼저 눌러 줍니다.

연습 1

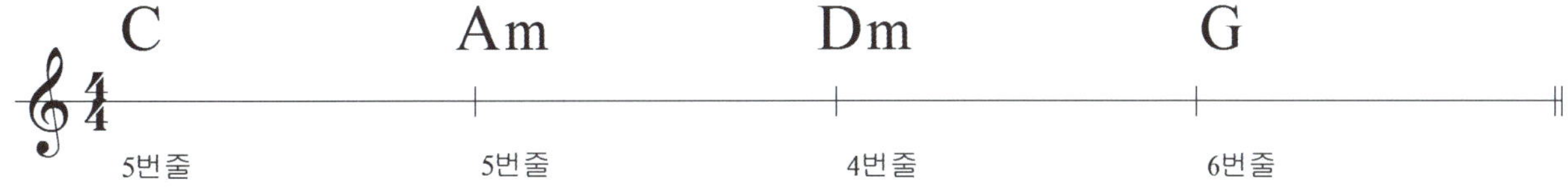

연습 2   **배운 코드 전부 연습하기**

※ Bm 코드의 경우 약식일 때 T로 4번 줄을 소리내지만 Bm의 근음인 B음이 아닌 코드 구성음 중의 한음을 소리내어 연주하는 것입니다. (근음은 5번 줄 2프렛)

나성에 가면

길옥윤 작사, 작곡 / 샘트리오 노래

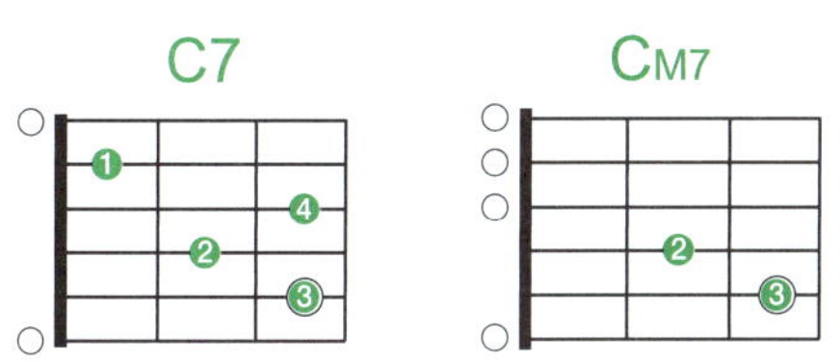

C7

CM7

연주 Tip

마무리(엔딩)은 엄지에서 지문이 있는 부분으로 다운 스트로크 하면 됩니다.

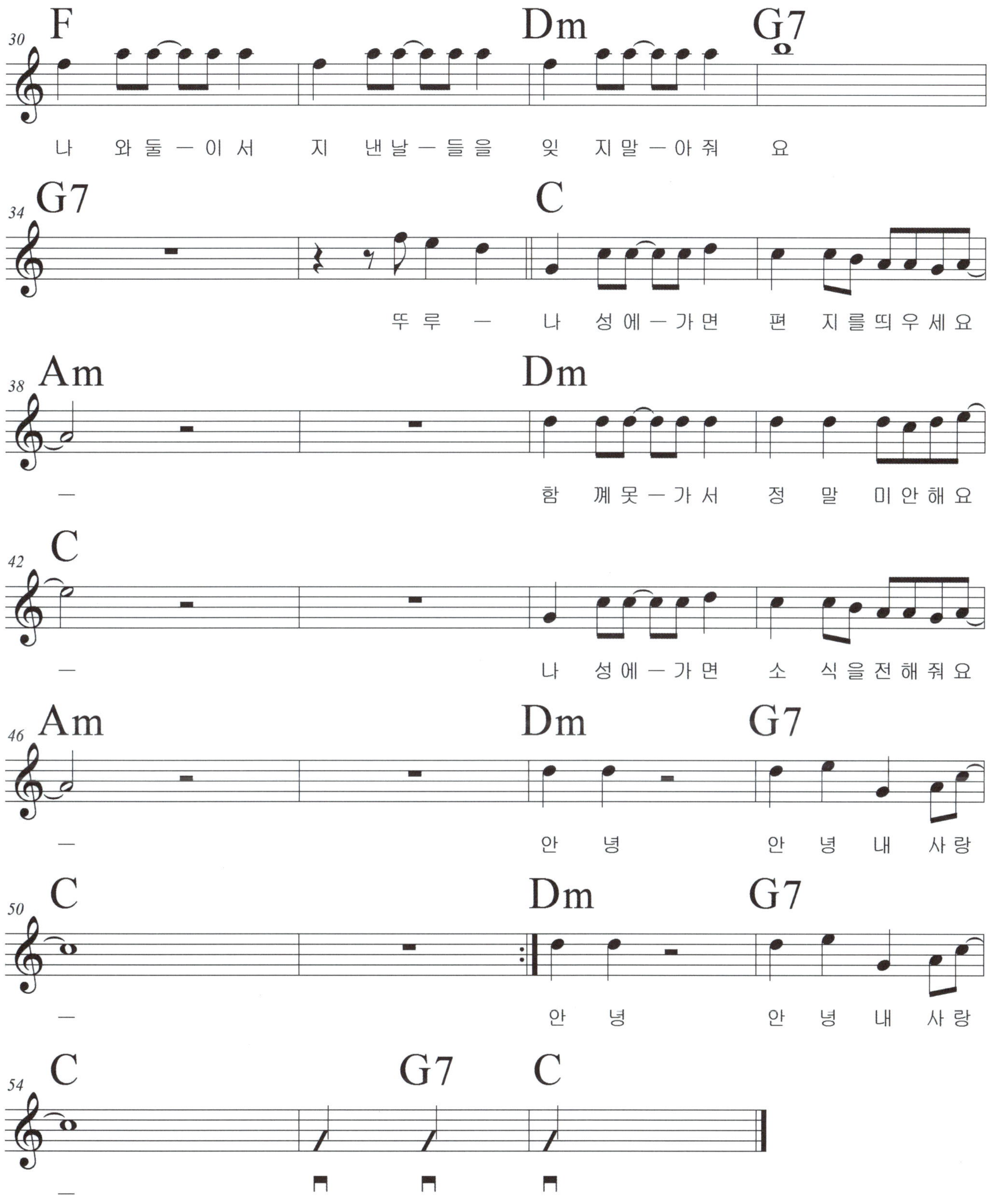

30 F Dm G7
나 와 둘 — 이 서 지 낸 날 — 들 을 잊 지 말 — 아 줘 요
34 G7 C
뚜 루 — 나 성 에 — 가 면 편 지 를 띄 우 세 요
38 Am Dm
— 함 께 못 — 가 서 정 말 미 안 해 요
42 C
— 나 성 에 — 가 면 소 식 을 전 해 줘 요
46 Am Dm G7
— 안 녕 안 녕 내 사 랑
50 C Dm G7
— 안 녕 안 녕 내 사 랑
54 C G7 C
—

악보 50. 나성에 가면

옛 시인의 노래

이경미 작사, 이현섭 작곡 / 한경애 노래

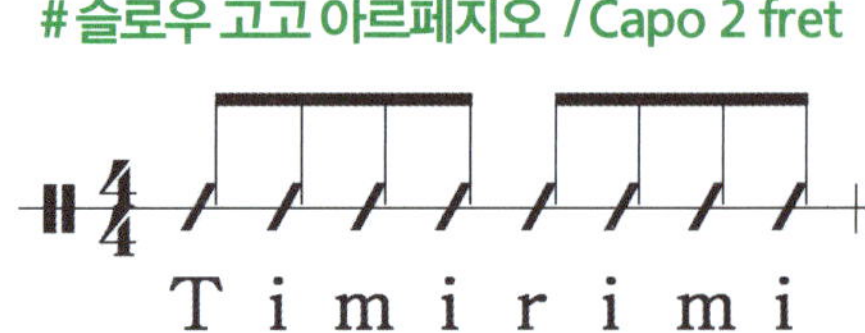

♩ = 72

날 엔시—인의 눈빛 되어 시 인의가슴이되 어 아름
다 운사연들을 태 우고 또태우고태 웠었 네 ———
뚜루루루룻 전에맴 도—는 낮 은—휘파람소 리
시 인은 시인은 노래부른다 그옛날의사랑—얘기 를
그옛날의사랑—얘기 를 그옛 날의 사랑—얘기 를
좋은

그 겨울의 찻집

양영자 작사, 김희갑 작곡 / 조용필 노래

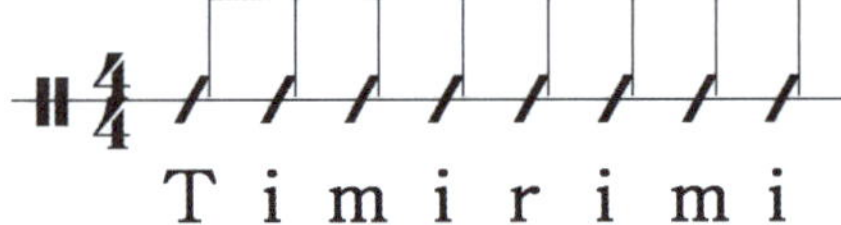

♩ = 70

1.
25
Dm   Am   Dm G E7
29
Am   Dm   E7   Am
2.
33
Am   C   E7   Am

남남

최성수 작사, 작곡, 노래

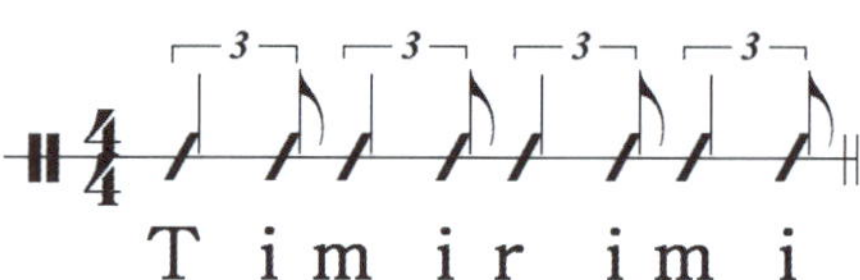

♩=96

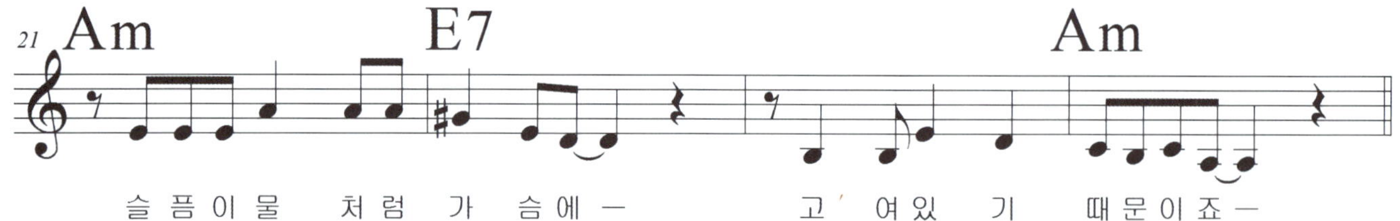

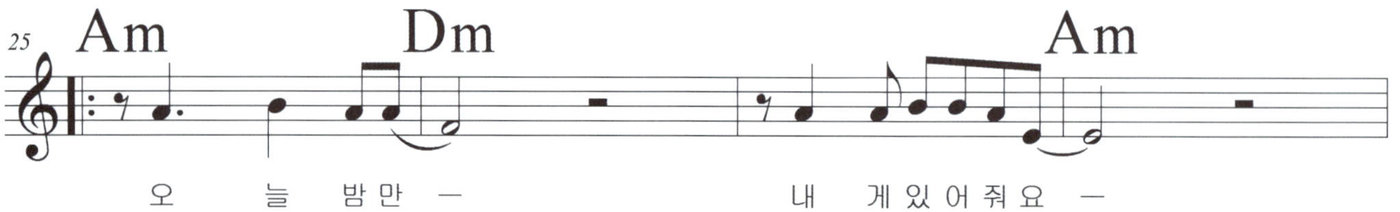

연주Tip
악보에서 멜로디(보컬음)가 노래 부르기 힘들 정도로 낮게
보이지만 카포를 끼고 연주하기 때문에 원곡과 같은 음으로
노래하게 됩니다.

Am   E7   Am
더 이 상 바 라 지   않 겠 ─ 어 요
Am   Dm   Am
아 침 이 면 ─   모 르 는 남 ─ 처 럼
Am   E7   Am
잘 가 라 는   인 사 도 없 이 ─
Am   E7
사 랑 해 요 ─   그 것 뿐 이 었 어 요
E7   Am
사 랑 해 요 ─ ─   정 말 로 사 랑 했 어 요
Am   Dm G7   C   A7
Dm   Am   Dm E7 Am

낭만의 통기타 초급 교재에 나오는 모든 리듬을 정리해 보았습니다.

그리고 각 리듬마다 어울리는 아르페지오 패턴이 있으므로 항상 번갈아 연습하는 습관을 가져봅니다.

1. 트롯^{Trot}

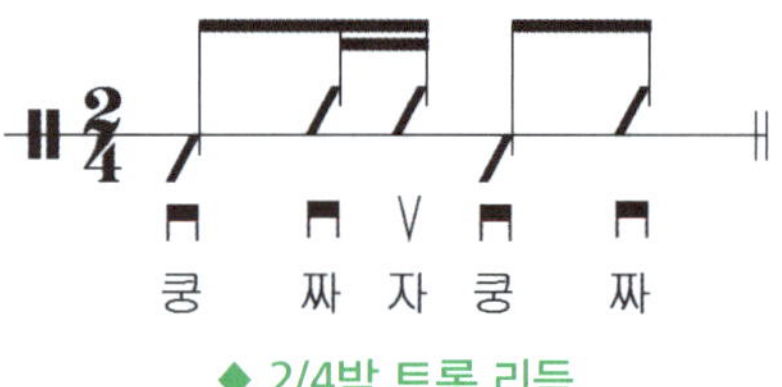

◆ 2/4박 트롯 리듬

◆ 4/4박 트롯 리듬

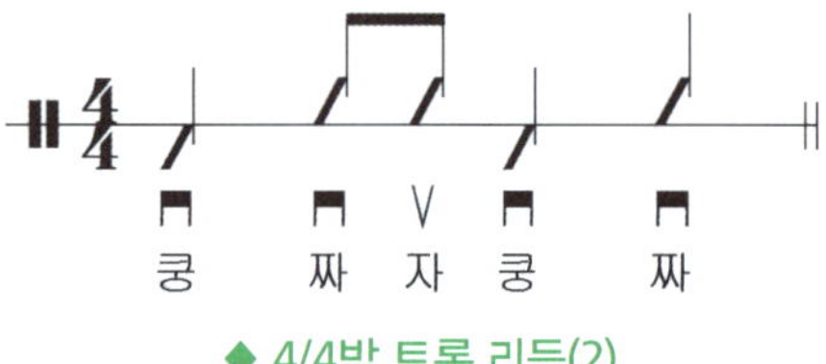

◆ 4/4박 트롯 리듬(2)

2. 왈츠^{Waltz}

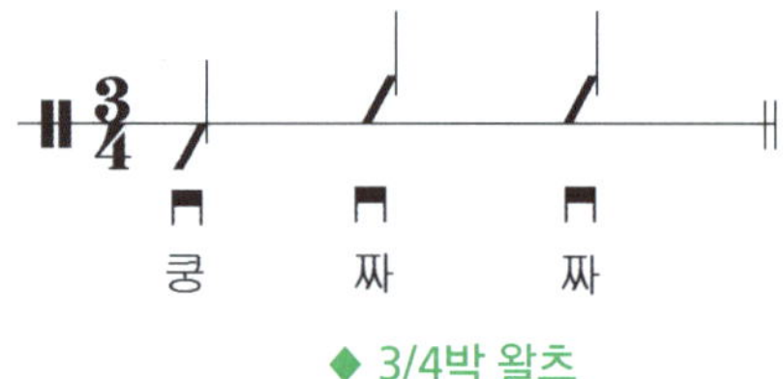

◆ 3/4박 왈츠

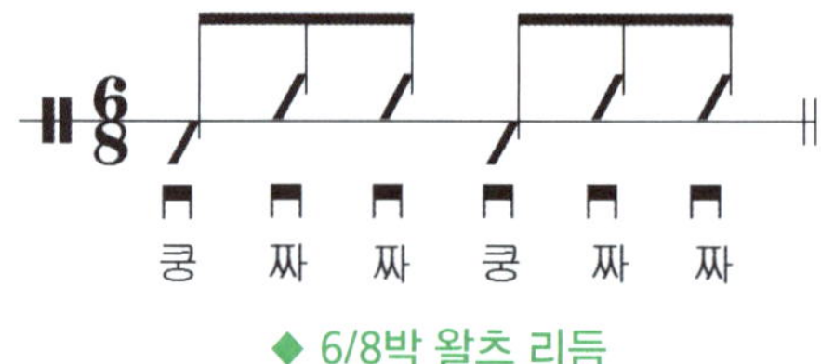

◆ 6/8박 왈츠 리듬

3. 8비트^{8Beat}

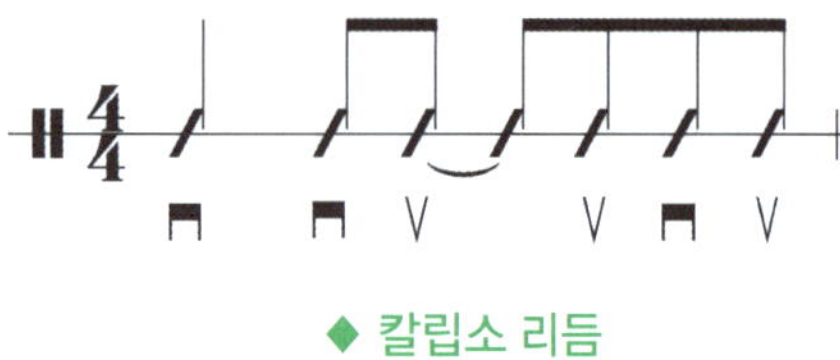

◆ 칼립소 리듬

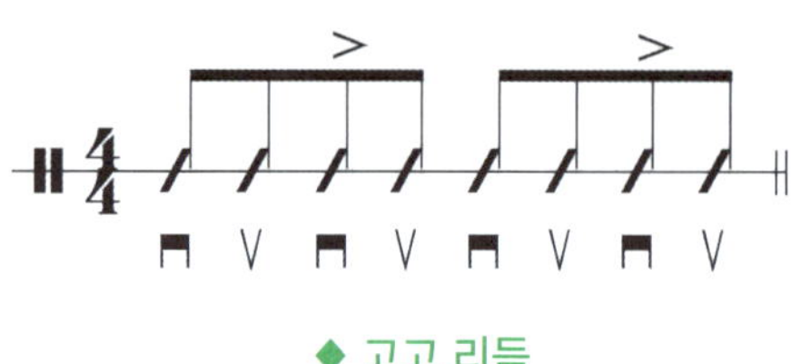

◆ 고고 리듬

4. 16비트^{16Beat}(발라드)

◆ 슬로우 고고 리듬

5. 셔플^{Shuffle}

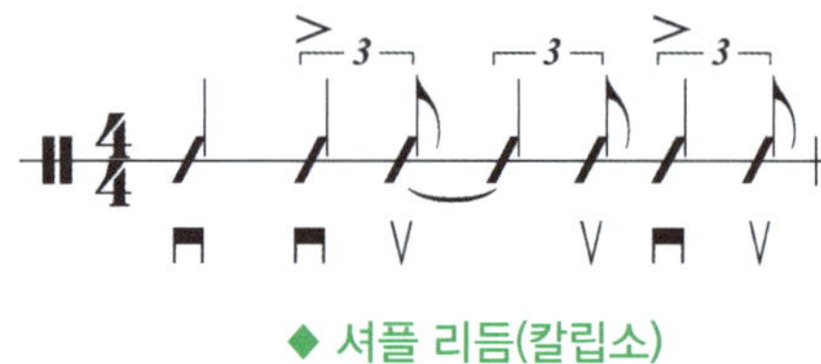

◆ 셔플 리듬(칼립소)

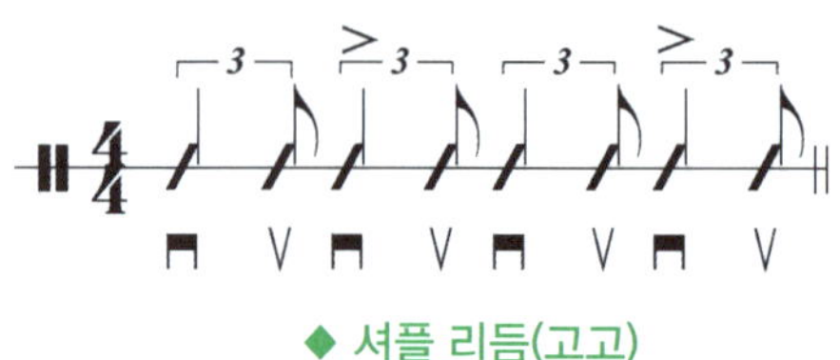

◆ 셔플 리듬(고고)

#낭만 6.
종합 연습하기

POINT

각 리듬마다 스트로크와 아르페지오가 있으므로 번
갈아 연습하면서 리듬의 느낌을 익혀 교재에 수록
된 곡 외에도 연주할 수 있도록 충분히 연습합니다.

천년지기

정동진 작사, 김정호 작곡 / 유진표 노래

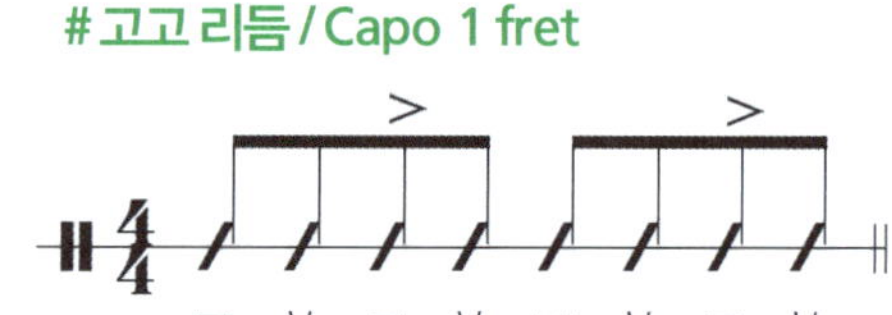

연주Tip
원곡은 섹션이 많은 디스코 리듬의 곡입니다. 유튜브 레슨
영상을 잘 듣고 섹션연주를 표현해 봅니다.

E
Am
우 리우 정의 찬을 — 높이
Dm
E7
들 어 — 건 배를 하자 — 같 은 —
F
C
배 — — — — 를 함 께 — 타 고 떠 나 는 인 생길 —
F
D
G
니 가 — 있 어 — 외 롭 — 지 않 아 — 넌
Dm
G
C
To Coda
1.
정 말 — 좋은 — 친 구 야 —
2. C
C
Dm
G
친 구 야 — 넌 정 말 멋 진 친
D.S. al Coda
C
G
C
구 야 — —

토요일 밤에

조성욱 작사, 작곡 / 김세환 노래

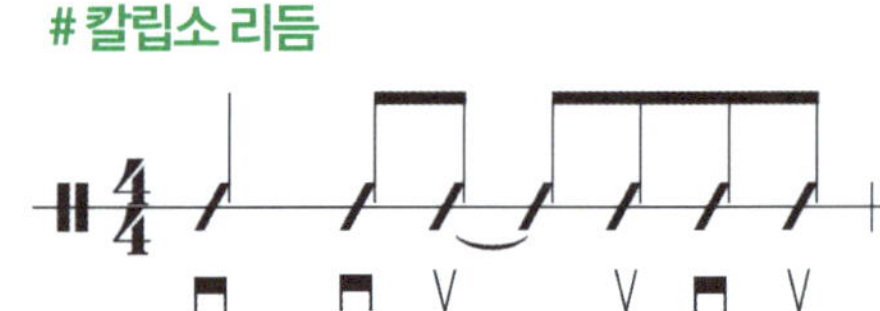

이 페이지는 이전 책에서 '가을이 오면'의 악보였지만 여러 문제로 '토요일 밤에'로 교체되었습니다.

창밖의 여자

배명숙 작사, 조용필 작곡, 노래

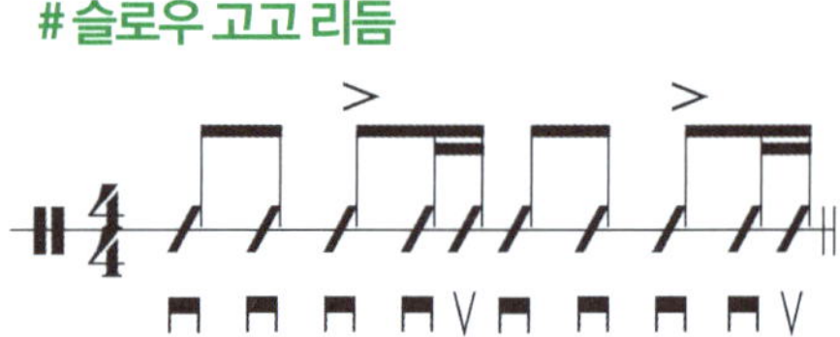

♩ = 65

연주Tip
1. 원곡의 노래는 늘어지듯이 부르는 부분이 많으므로 원곡
   을 들으며 연습할 경우 박자 맞추는 것에 주의합니다.
2. 느린 속도의 곡에서 한 코드로 2마디를 연주할 경우 박자
   를 놓치지 않도록 주의합니다.

E7   Am   B7   Em
차라리 그대의흰 손으로 — 나를 잠들게 하 — 라 —
Em   D   G
Am   G   B7   Em
B7   Em
B7   Em
나를 잠들게하 — 라

악보 56. 창밖의 여자

나 그대에게 모두 드리리

이장희 작사, 작곡, 노래

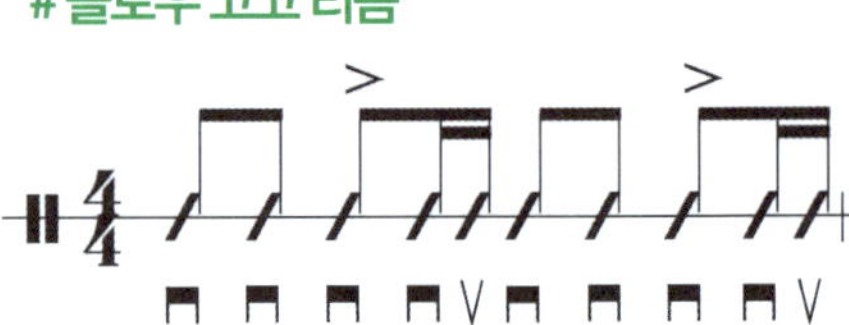

♩ = 68

Em	A7	D

Em	A7	D	Bm

Em	A7	D

Em	A7	D	Bm

Em	A7	D	G

D	G	D	G

그 대 두 손에— 가 득 드 리— 리
나 그 대 에
게
드 릴 게 있 네
오 늘 밤 문
득
드 릴 게 있 네
나 그 대 에
게
모 두 드 리 리
터 질 것 같
은
이 내 사 랑 을

누구 없소
윤명운 작사, 작곡 / 한영애 노래
Am7
Dm7(디 마이너 세븐)
Em7
칼립소 리듬 / Capo 1 fret
엄지손가락
♩ = 118
Am7
D7
Em7
여 보
Am7
D7
Am7
세 요 — 거 기 누 구 없 소 어 둠 은
세 요 — 거 기 누 구 없 소 새 벽 은
Dm7
C
E7
늘 그 렇 게 — 벌 써 깔 려 있 어 — 창 문 을 두 드 리 는
또 이 렇 게 — 나 를 깨 우 치 려 — 유 혹 의 저 녁 빛 에
Am7
D7
Am7
달 빛 에 — 대 답 하 듯 — — — 검 어 진
물 든 내 — 모 습 지 워 주 니 — 그 것 에
Dm7
E7
Am7
골 목 길 에 — 그 냥 한 번 불 러 봤 어
감 사 하 듯 — 그 냥 한 번 불 러 봤 어
F
C
E7
Am7
날 기 억 하 — 는 사 람 — 들 은 지 금 모 두 —
오 늘 을 기 — 억 하 는 — 사 람 들 은 지 금 —
F
G
C
E7
오 늘 밤 도 — 편 안 히 들 주 무 시 고 계 시 는 지 —
벌 써 하 루 를 시 작 하 려 고 바 삐 들 움 직 이 고 —

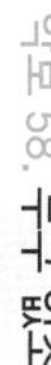

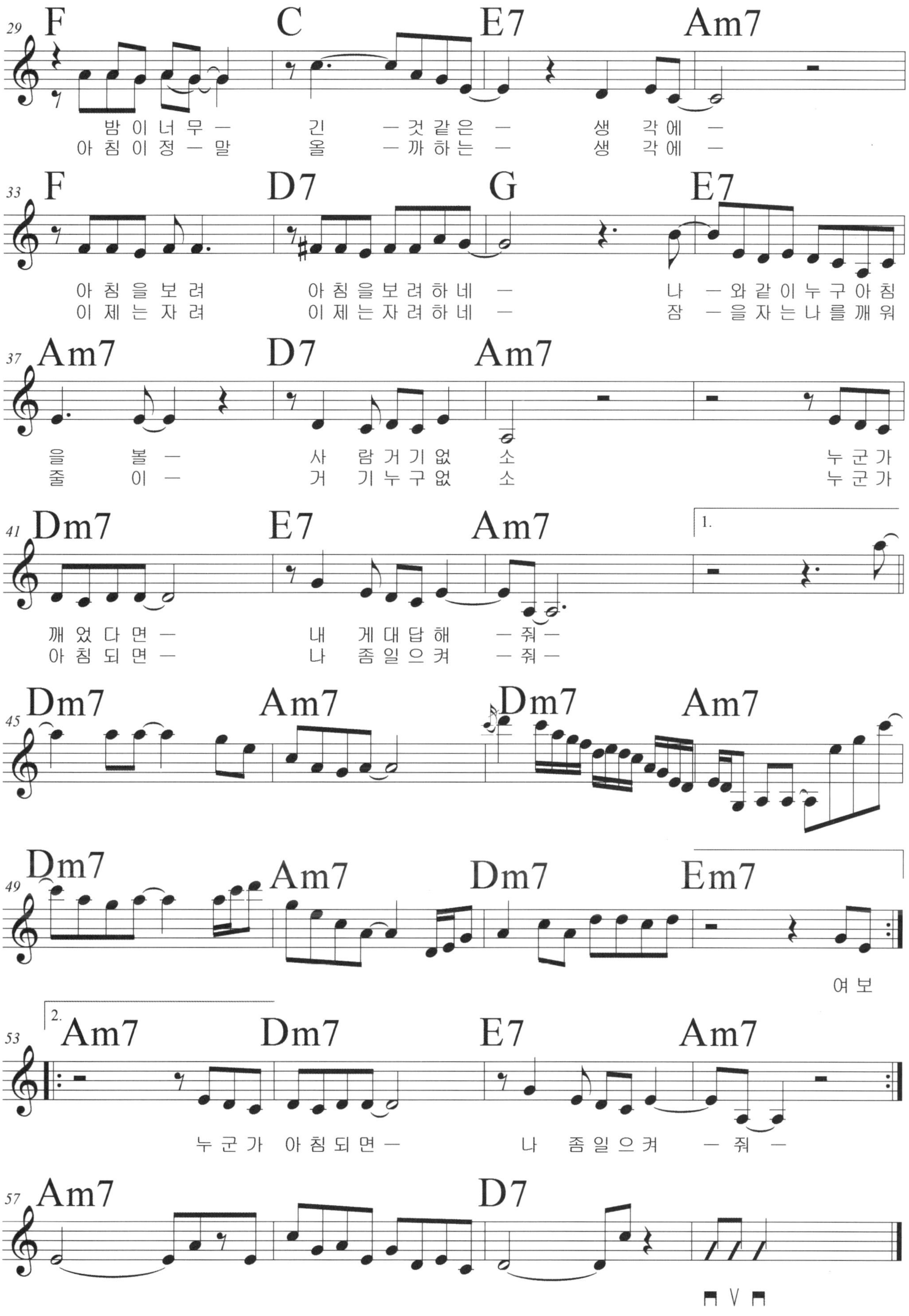
29 F C E7 Am7
밤 이 너 무 ㅡ 긴 ㅡ 것 같 은 ㅡ 생 각 에 ㅡ
아 침 이 정 ㅡ 말 올 ㅡ 까 하 는 ㅡ 생 각 에 ㅡ
33 F D7 G E7
아 침 을 보 려 아 침 을 보 려 하 네 ㅡ 나 ㅡ 와 같 이 누 구 아 침
이 제 는 자 려 이 제 는 자 려 하 네 ㅡ 잠 ㅡ 을 자 는 나 를 깨 워
37 Am7 D7 Am7
을 볼 ㅡ 사 람 거 기 없 소 누 군 가
줄 이 ㅡ 거 기 누 구 없 소 누 군 가
41 Dm7 E7 Am7
1.
깨 었 다 면 ㅡ 내 게 대 답 해 ㅡ 줘 ㅡ
아 침 되 면 ㅡ 나 좀 일 으 켜 ㅡ 줘 ㅡ
45 Dm7 Am7 Dm7 Am7
49 Dm7 Am7 Dm7 Em7
여 보
53 2. Am7 Dm7 E7 Am7
누 군 가 아 침 되 면 ㅡ 나 좀 일 으 켜 ㅡ 줘 ㅡ
57 Am7 D7

J에게

이세건 작사, 작곡 / 이선희 노래

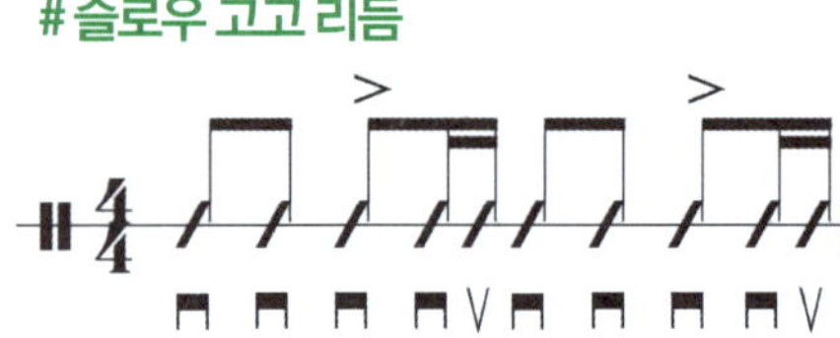

♩ = 83

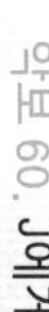

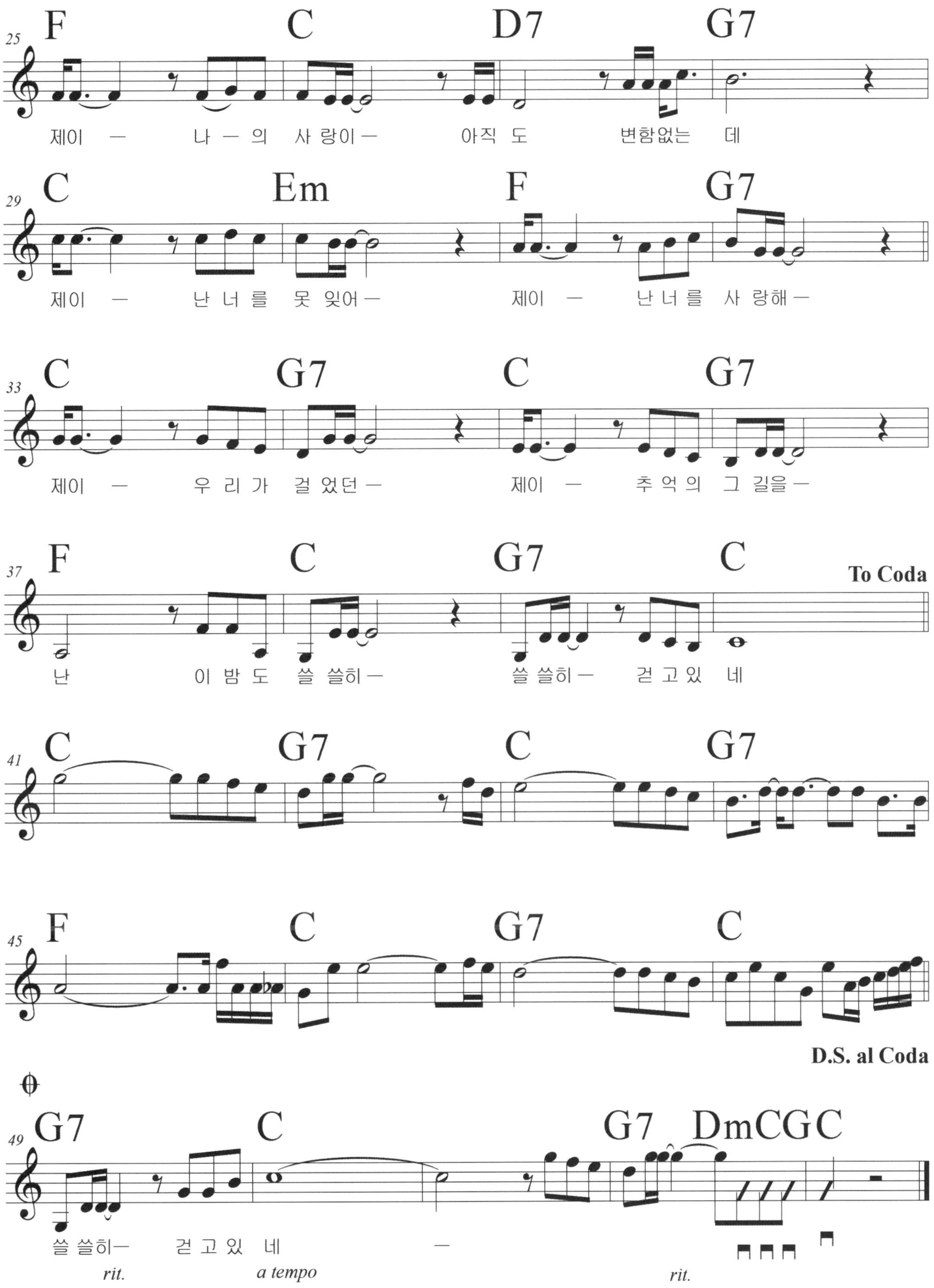
F C D7 G7
제이 ㅡ 나 ㅡ 의 사 랑이ㅡ 아직 도 변함없는 데
C Em F G7
제이 ㅡ 난 너 를 못 잊어ㅡ 제이 ㅡ 난 너 를 사 랑해ㅡ
C G7 C G7
제이 ㅡ 우 리 가 걸 었던ㅡ 제이 ㅡ 추 억 의 그 길을ㅡ
F C G7 C
To Coda
난 이 밤 도 쓸 쓸히ㅡ 쓸 쓸히ㅡ 걷 고 있 네
C G7 C G7
F C G7 C
D.S. al Coda
G7 C G7 DmCGC
쓸 쓸히ㅡ 걷 고 있 네 ㅡ
rit.
a tempo
rit.

누이

이수진 작사, 설운도 작곡 / 설운도 노래

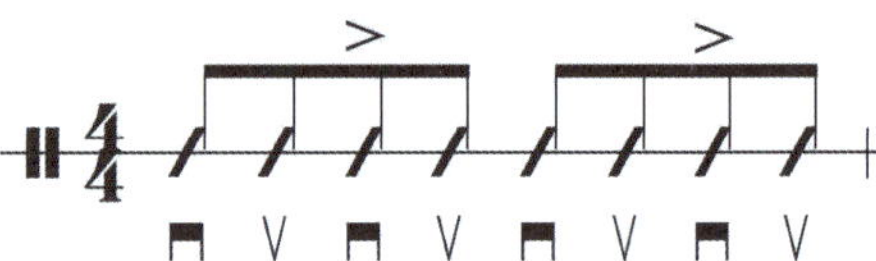

G A D
마음 이 외로 워 — 하소 연할 때도 —
G E A
사 랑으로 내게 다가 와
D A
예쁜 미 소로 — 예쁜 마음으로 —
G A
내 마음을 감 싸주 던 누이
D G
나의 가 슴에 — 그대향한마 음은 — 언
A D To Coda
제 나 사랑하고있 어 요
D G
A D A
D.S. al Coda
D A D
영 원 히 사랑하고있 어 요
G A D
나 나 나 나 나 나나나나 —
3 3

악보 62. 누이

아빠의 청춘

반야월 작사, 손목인 작곡 / 오기택 노래

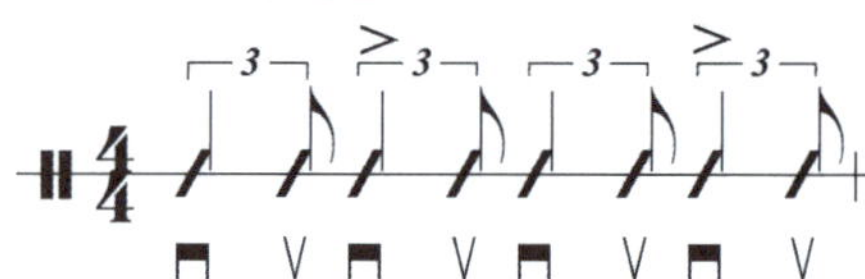

Am   E7   Am
21
노 랭 이 라 비 웃 으 며 욕 하 지 마 라 —   나 에 게 — 도 아 직 까 지 —
황 소 고 집 부 리 다 가 큰 코 다 쳤 네 —   나 에 게 — 도 아 직 까 지 —
Am   E7   Am   Am   E7   Am
25
청 춘 은 있 다 —   헤 이   원 더 풀 —   원 더 풀 —
꿈 이 야 있 다 —   헤 이
Dm   E7   Am
29
아 빠 의 청 춘   부 라 보 — 부 라 보 —   부 라 보 — 부 라 보 —
Am   E7   Am   Am   E7
33
아 빠 의 인 생
E7   Am E7   Am E7
37
Am   E7   Am
41

악보 63. 아빠의 청춘

그때 그 사람

심수봉 작사, 작곡, 노래

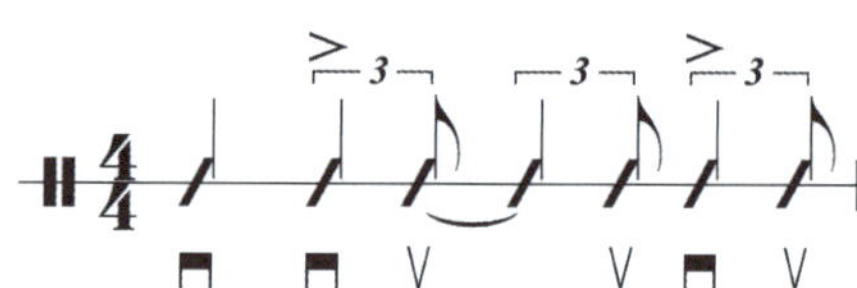

29 Dm E7
위 로 하 며   다 정 — 했 던   사 랑 — 한 — 사 람 —
언 제 라 도   감 싸 — 주 던 —   다 정 했 던 사 람 —

33 Am E7
안 녕 이 란   단 한 마 디   말 도 없 이 —
그 러 니 깐   미 워 하 면   안 되 겠 지 —

37 Dm C E7
지 금 은 어 디 에 서 —   행 복 할 까 —
다 시 는 생 각 해 서 도   안 되 겠 지 —

41 Dm Am E7 To Coda
어 쩌 다   한 번 쯤 은   생 각 해 줄 까
철 없 이   사 랑 인 줄 —   알 았 다 면

45 E7 Am
지 금 — 도   보 고 싶 은   그 때   그 사 람 —

49 Am Dm

53 F E7 Am

D.S. al Coda
57 E7 Am
이 제 는   잊 어 야 할   그 때   그 사 람 —

61 E7 Am
음 — —   잊 어 야 할   그 때   그 사 람

하숙생

김석야 작사, 김호일 작곡 / 최희준 노래

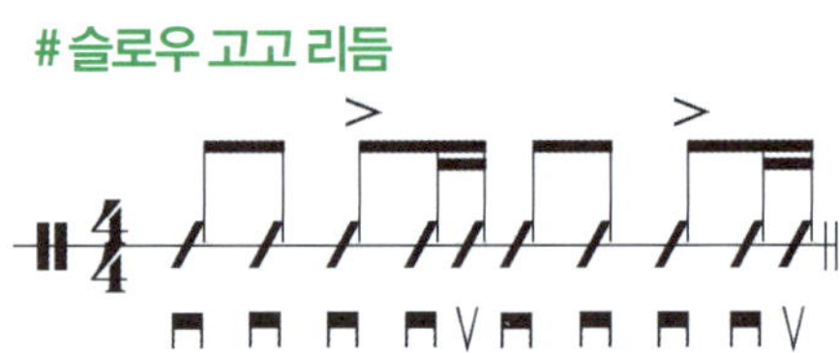

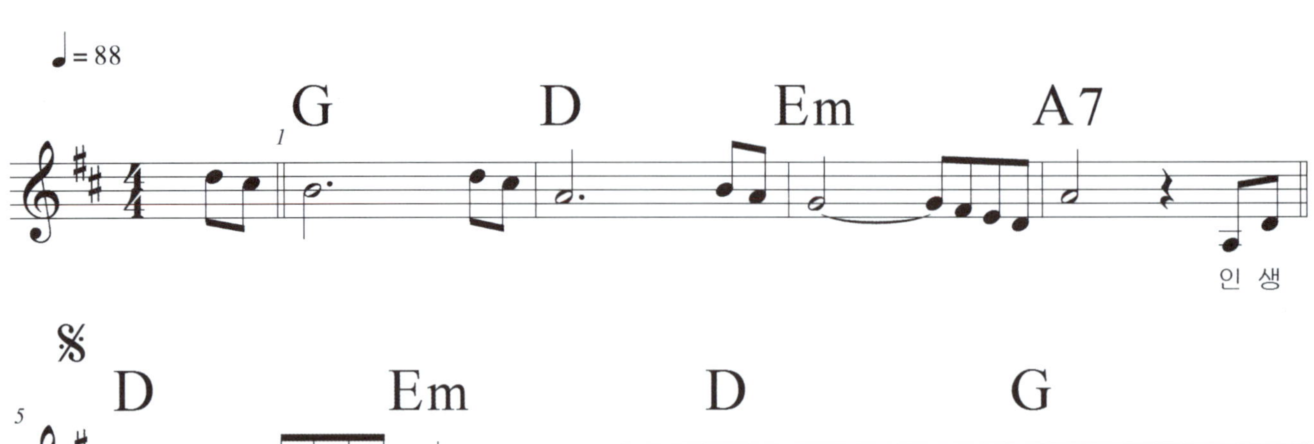

DM7(디 메이져 세븐)
엄지손가락

D   G   A7   To Coda D
이 흘 러 가 듯   정 처 없   이 흘 러 서 간 다
이 흘 러 가 듯   소 리 없   이 흘 러 서 간 다

D   A7   D

D   G   Em   A7   D
인 생
D.S. al Coda

D   A7   D   A7
다   소 리 없   이 흘 러 서 간 다   소 리 없   이 흘 러 서 간

D   A7   D
다

잊혀진 계절

박건호 작사, 이범희 작곡 / 이용 노래

언 제 나 돌 아 오 는 계 절 은—
나 에 게 꿈 을 주 지— 만
이 룰 수 없 는 꿈 은 슬 퍼 요
나 를 울 려 요
우— — — — — — — — — — — —

안동역에서

김병걸 작사, 최강산 작곡 / 진성 노래

Dm6(디 마이너 식스)
엄지손가락
Am6(에이 마이너 식스)

고고 리듬 / Capo 4 fret

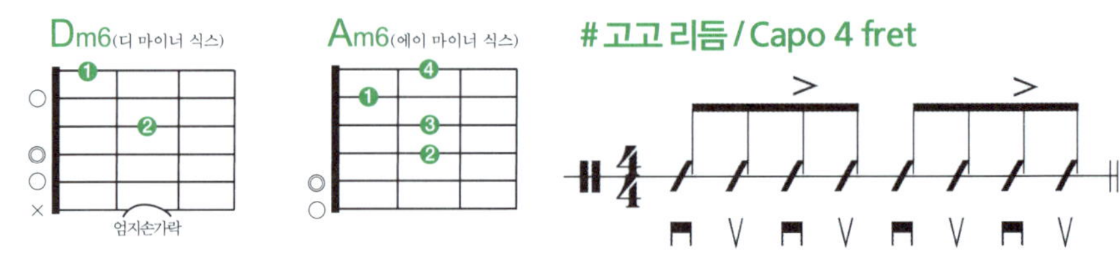

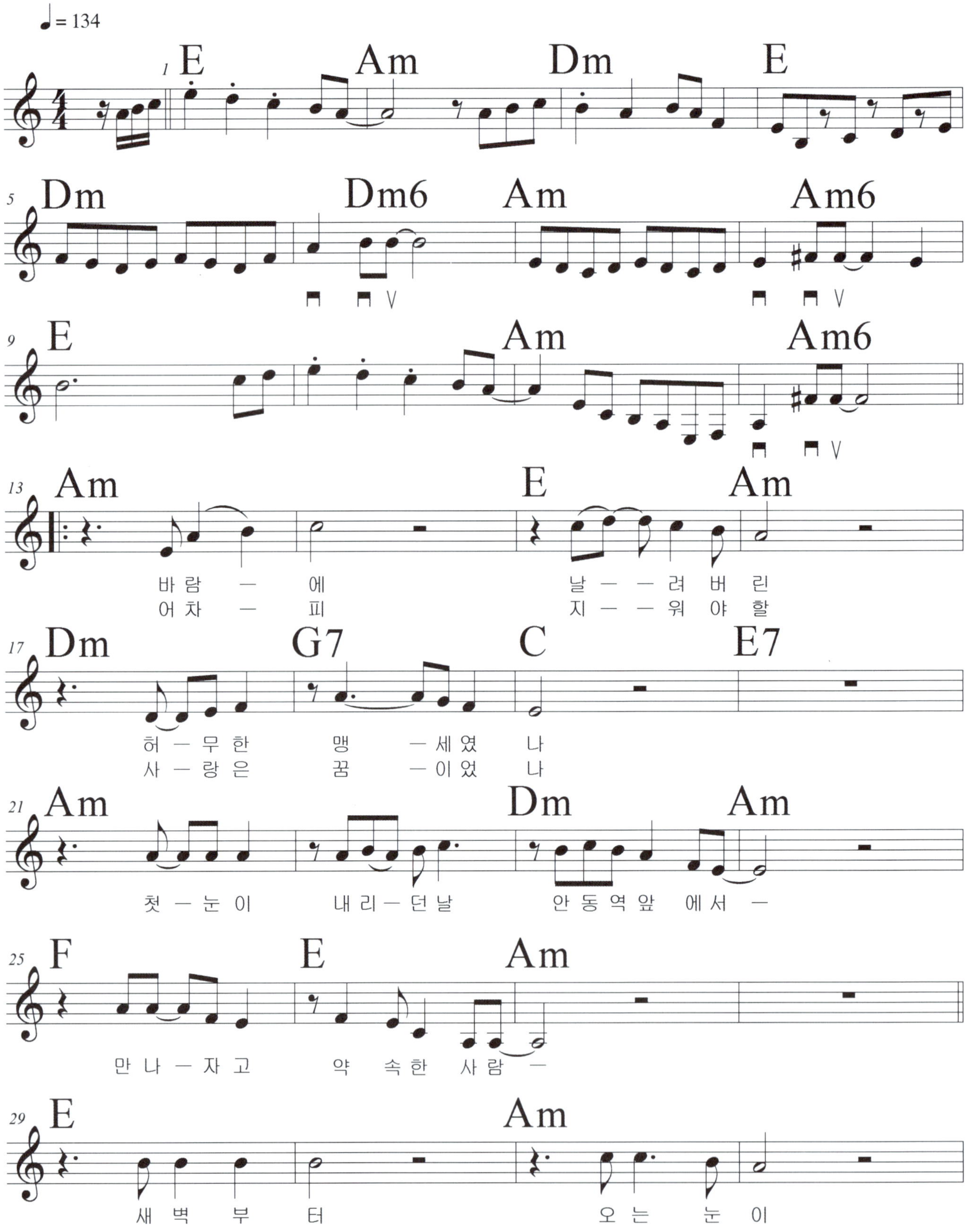
♩= 134
E Am Dm E
Dm Dm6 Am Am6
E Am Am6
Am E Am
바 람 — 에 날 — — 려 버 린
어 차 — 피 지 — — 워 야 할
Dm G7 C E7
허 — 무 한 맹 — 세 였 나
사 — 랑 은 꿈 — 이 었 나
Am Dm Am
첫 — 눈 이 내 리 — 던 날 안 동 역 앞 에 서 —
F E Am
만 나 — 자 고 약 속 한 사 람 —
E Am
새 벽 부 터 오 는 눈 이

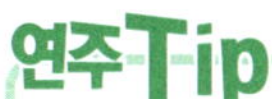

연주Tip

1. 섹션이 많은 곡이므로 원곡을 잘 듣고 따라 연주해봅니다.
2. 악보의 페이지 문제로 원곡에서 간주 8마디를 생략하였으며 마무리(엔딩)이 다릅니다.

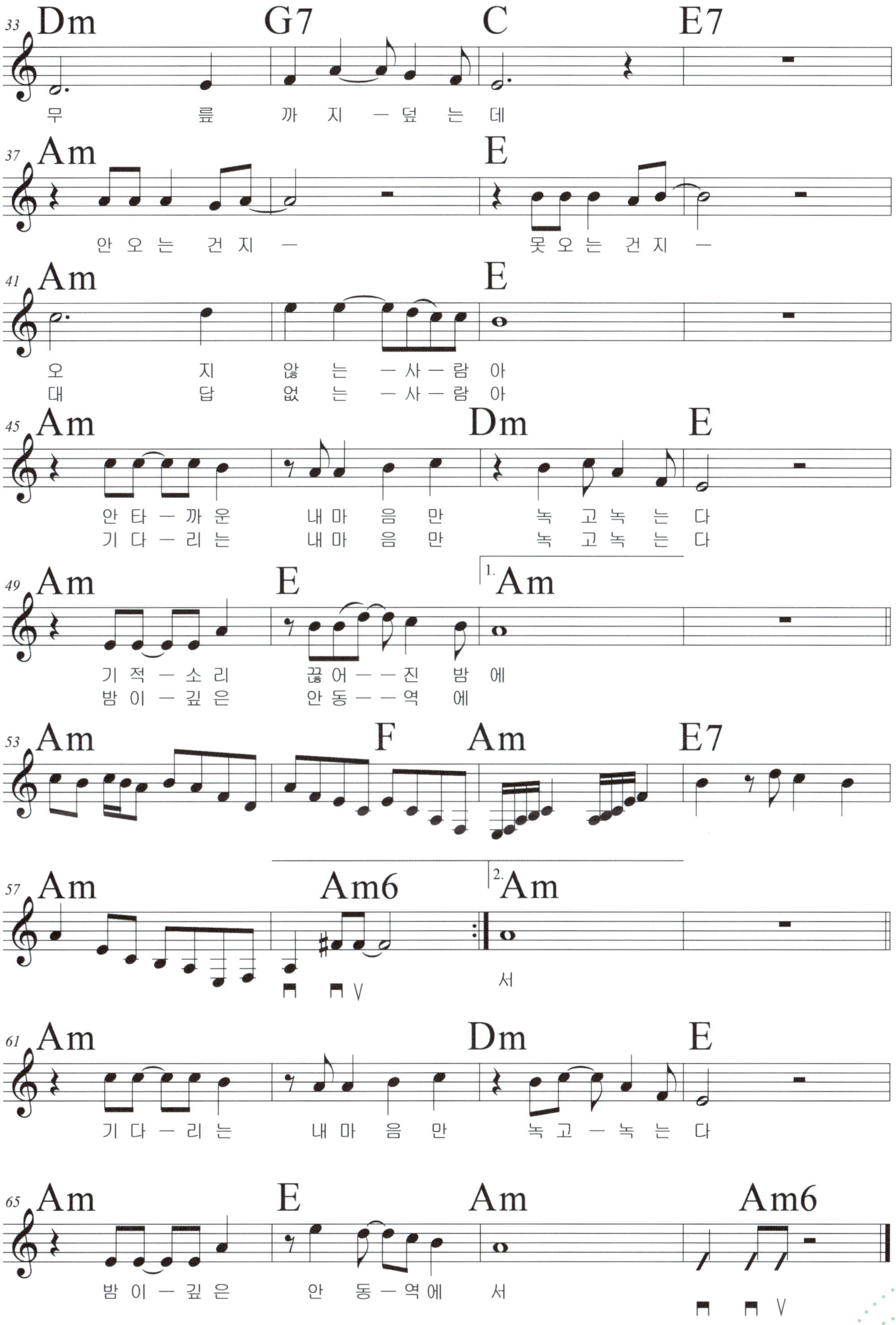
33 Dm G7 C E7
무 릎 까 지 — 덮 는 데
37 Am E
안 오 는 건 지 — 못 오 는 건 지 —
41 Am E
오 지 않 는 — 사 — 람 아
대 답 없 는 — 사 — 람 아
45 Am Dm E
안 타 — 까 운 내 마 음 만 녹 고 녹 는 다
기 다 — 리 는 내 마 음 만 녹 고 녹 는 다
49 Am E 1. Am
기 적 — 소 리 끊 어 — — 진 밤 에
밤 이 — 깊 은 안 동 — — 역 에
53 Am F Am E7
57 Am Am6 2. Am
서
61 Am Dm E
기 다 — 리 는 내 마 음 만 녹 고 — 녹 는 다
65 Am E Am Am6
밤 이 — 깊 은 안 동 — 역 에 서

어느 60대 노부부 이야기

김목경 작사, 작곡 / 김광석 노래

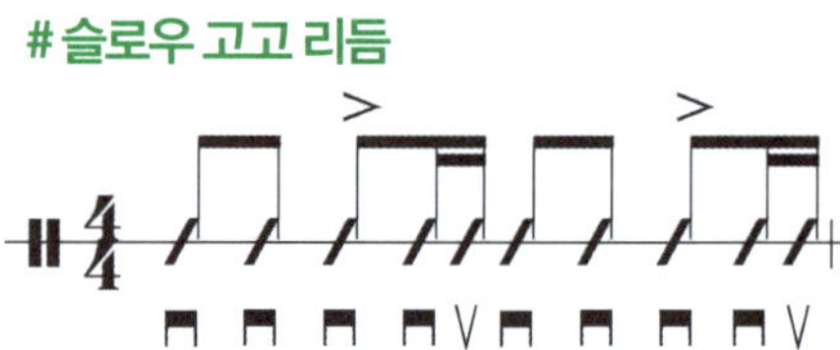

는	모 두 말 라	여보—그눈물을 기억— 하 오
세 월 이	흘 러— 감 에	흰 머 —리가늘 어 감 에	모두
가	떠 난 다 고	여보내손을 꼭 잡 았 소	세월
D.S. al Coda
다시—못올 그 먼 길 을	어 찌 —혼 자 가 —려하 오	여기
날	홀 로 두 고	여보왜한마디 말—이 없 소
여보—안녕히—잘 —가시 게	여보—안녕히—잘 —가시 게
여보—안녕히—잘 —가시 게
rit.	a tempo

봄비

이희우 작사, 김희갑 작곡 / 이은하 노래

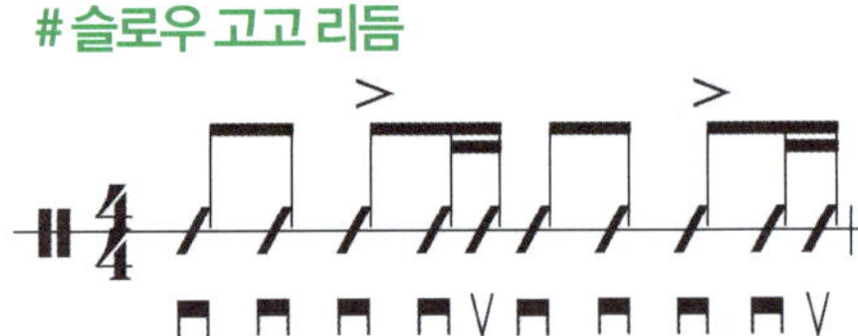

슬로우 고고 리듬

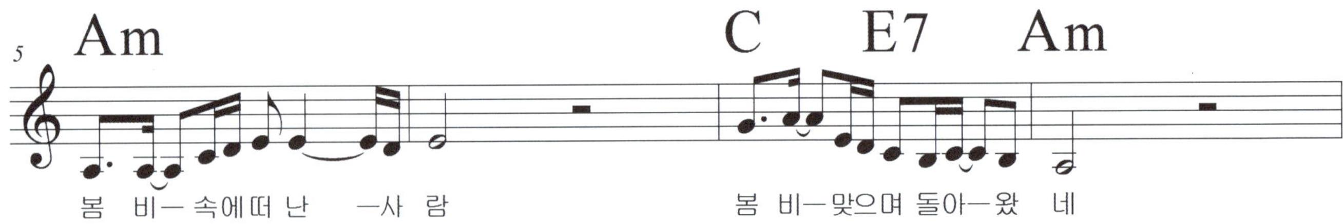

봄 비― 속에 떠 난 ―사 람
봄 비― 맞으며 돌아―왔 네

그 때 그날 은―
그 때―그날은―
웃으면서 헤어졌는데

오 늘 이 시 간
오 늘 이――시간
너 무 나 ―아 쉬 ― 워

서 로 가 울 면 서
창 밖―을 보네 ― ― ― ― ―

21
Am   G   F   Am   G   Am
봄 비가 되어   돌아온 사람   비가 되어 가슴 적시 네

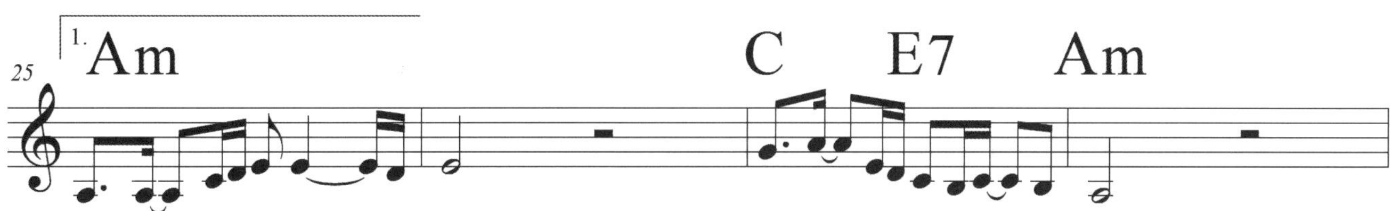

1.
25
Am   C   E7   Am

2.
29
G   C   Dm   Am   G   Am

사랑했지만

한동준 작사, 작곡 / 김광석 노래

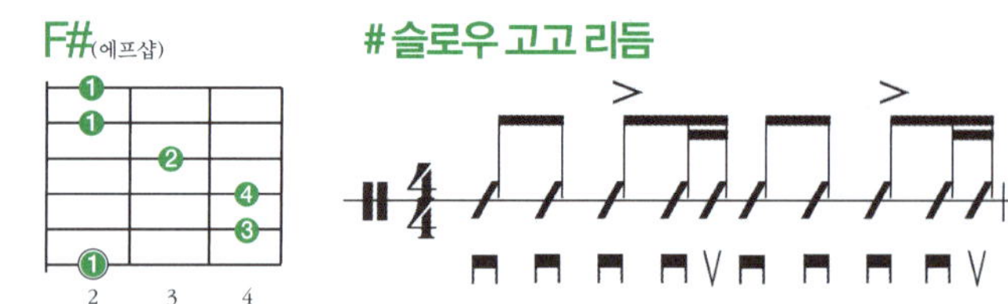

♩=78

연주Tip
1. 원곡은 코드 변화가 복잡하지만 이 악보는 초급 난이도에 맞게 조정하였습니다.
2. F# 코드는 F 코드를 한 프렛 높게 잡은 것으로 F 코드를 운지한다면 어렵지 않게 소리낼 수 있습니다.
3. 이 악보는 '김광석 2'의 수록곡 Ver.으로 만들어졌습니다.

바 라 볼 뿐 다 가 설 수 없 어 지 친 그 대 곁 에
머 물 고 싶 지 만 떠 날 수 밖 에 그 대 를 사
랑 했 지 만
그 대 를 사 랑 했 지 만

※ 유튜브 채널에 〈초급 코드 총정리〉를 검색하면 전체 코드를 운지 부가 설명을 볼 수 있습니다.

코드네임 읽는 법과 표기법 (C 코드를 예로 듭니다)

C	C Major	씨 메이저(보통 '씨'라고 함)
Cm	C minor	씨 마이너
C7	C seven	씨 세븐
Cm7	C minor seven	씨 마이너 세븐

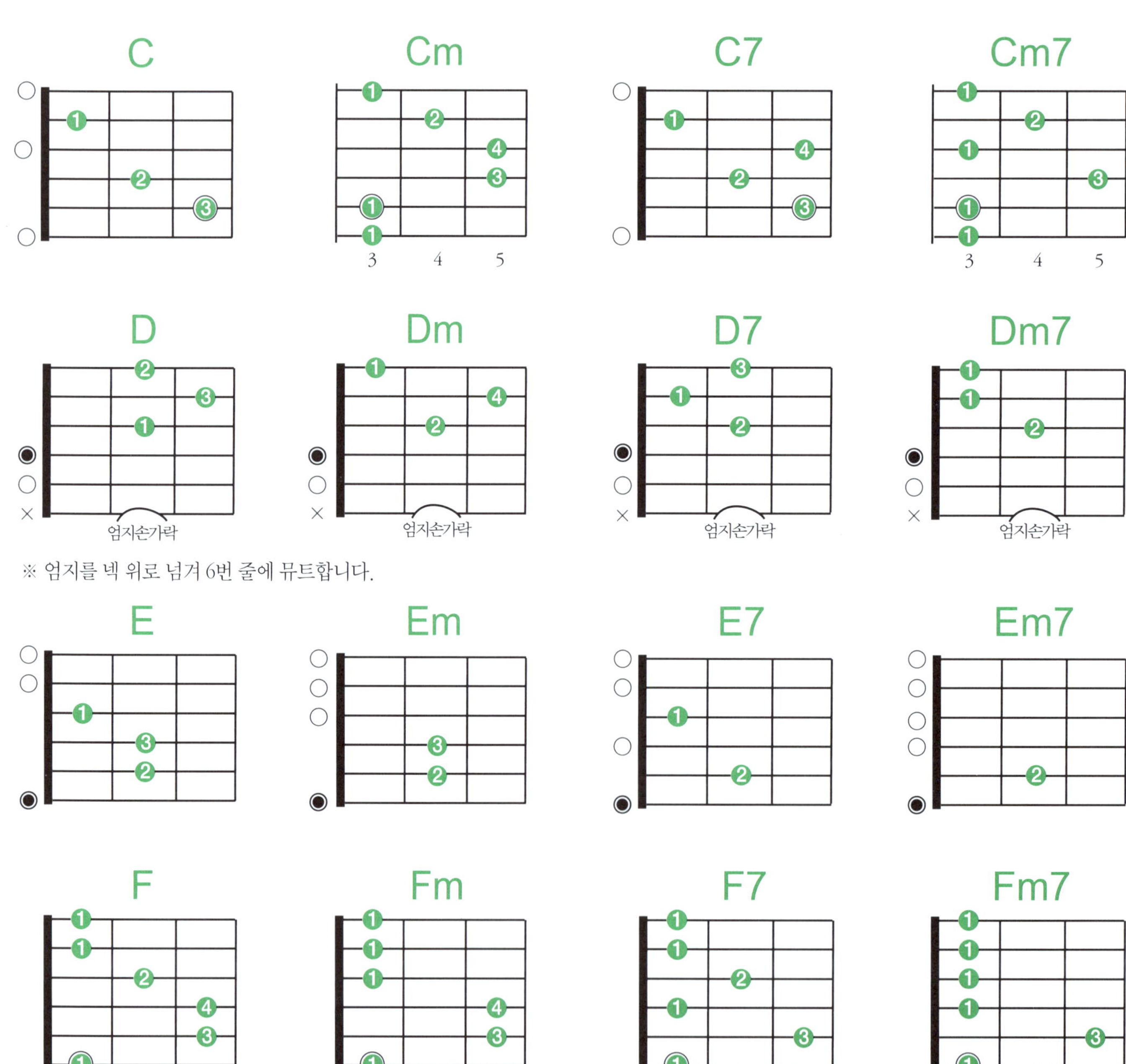

※ 엄지를 넥 위로 넘겨 6번 줄에 뮤트합니다.

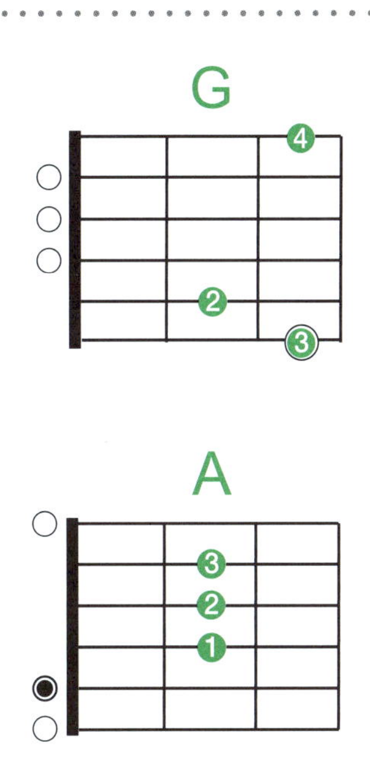

G

Gm

G7

Gm7

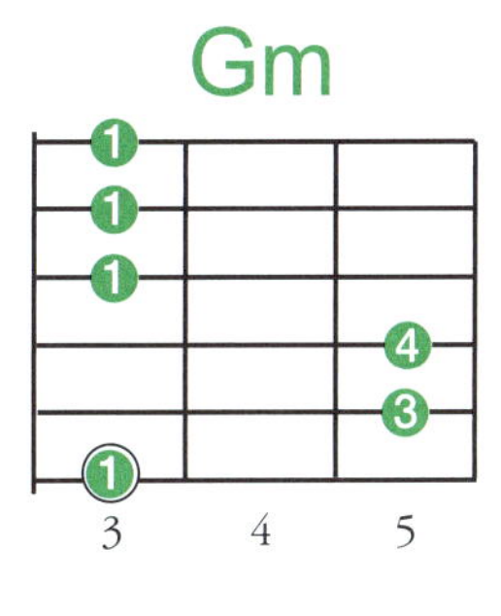
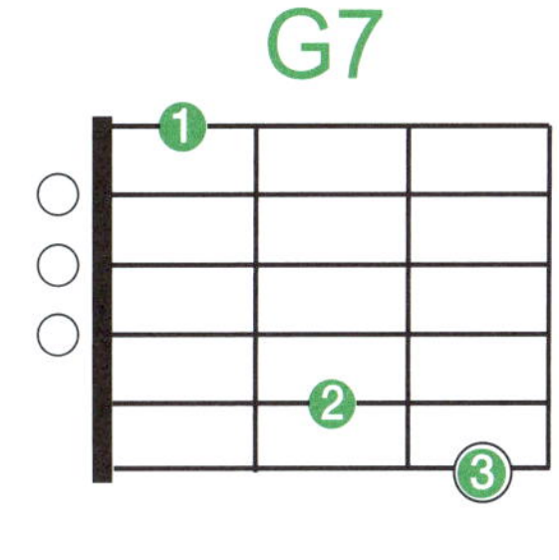
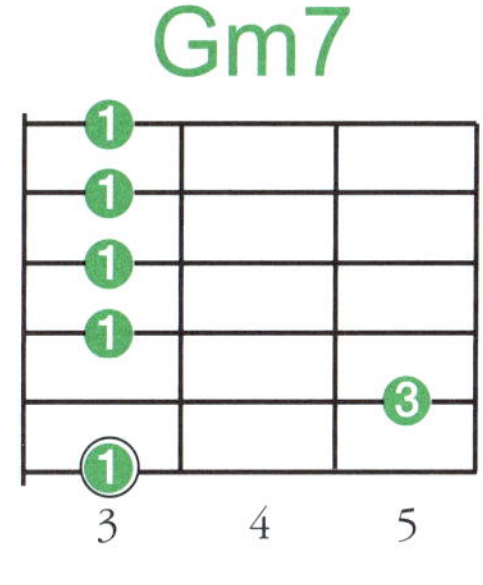

A

Am

A7

Am7

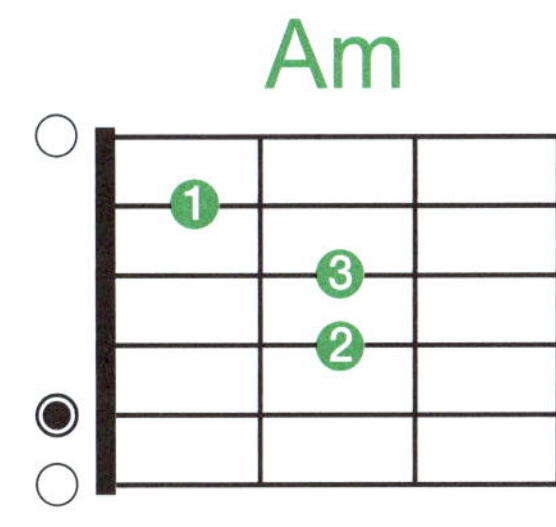
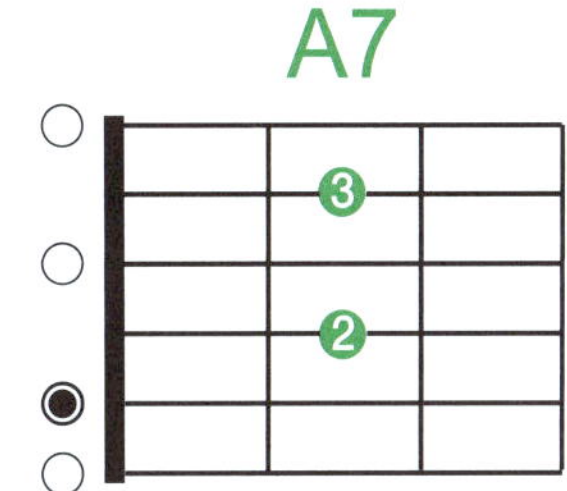
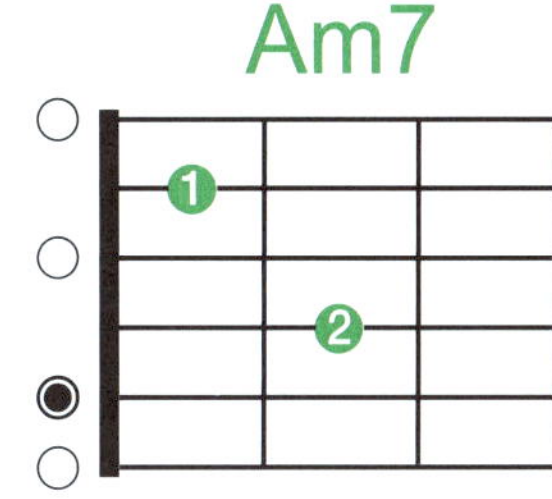

B

Bm

B7

Bm7

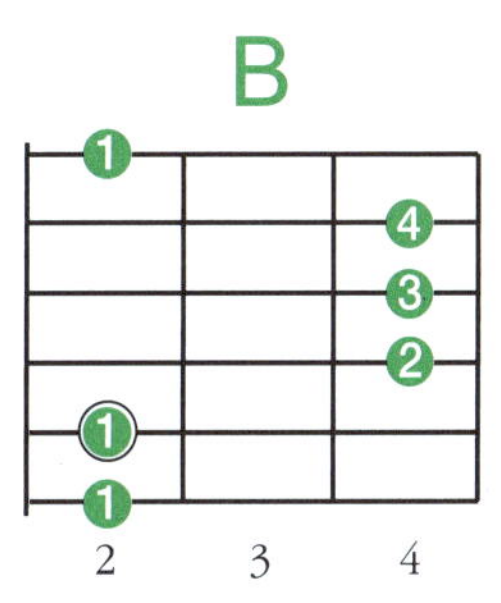
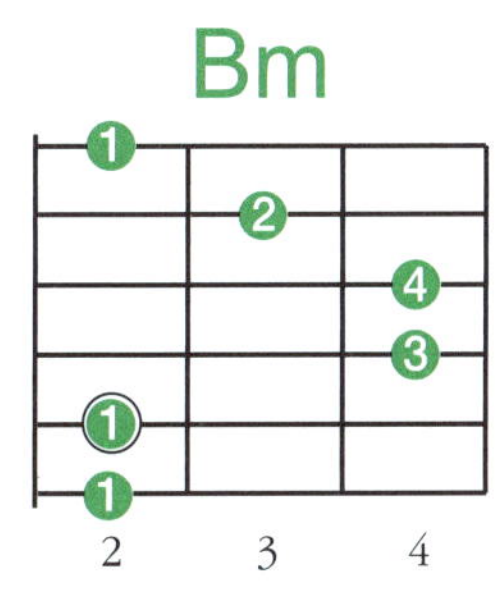
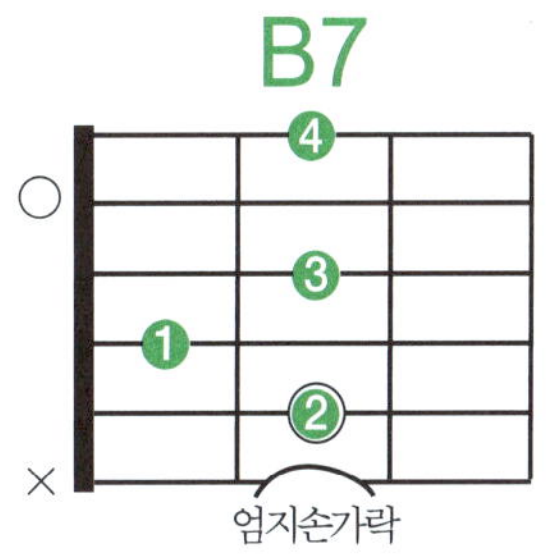
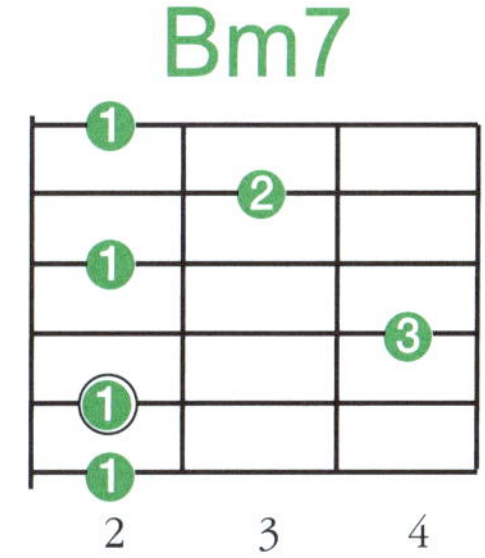

예제곡에 있는 코드 정리

Asus4 (에이 서스포)

F#m7 (에프샵 마이너 세븐)

Dm6 (디 마이너 식스)

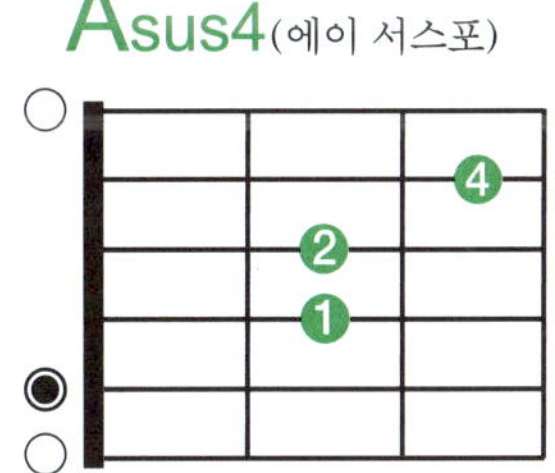
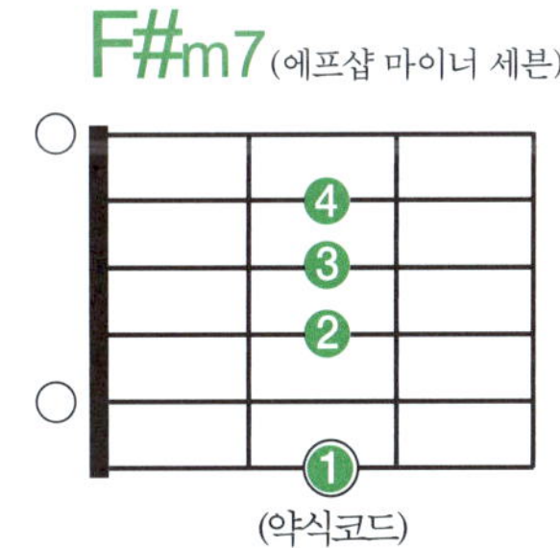

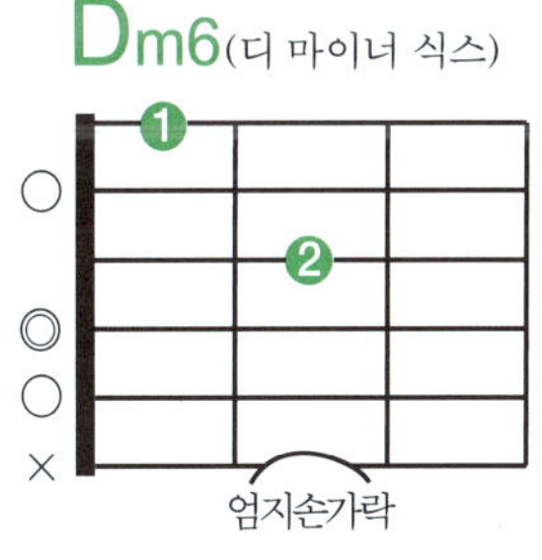

Am6 (에이 마이너 식스)

DM7 (디 메이져 세븐)

F# (에프샵)

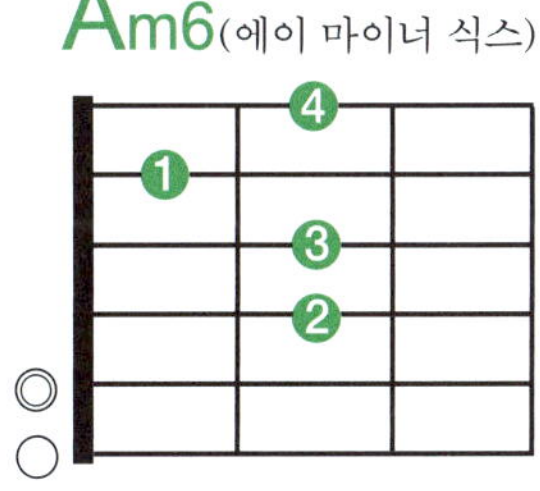
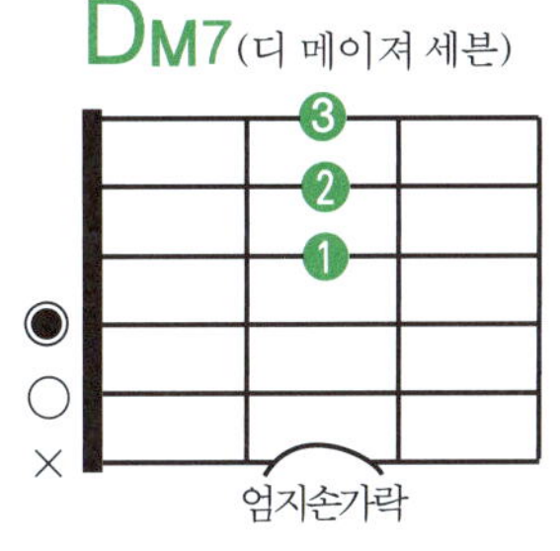

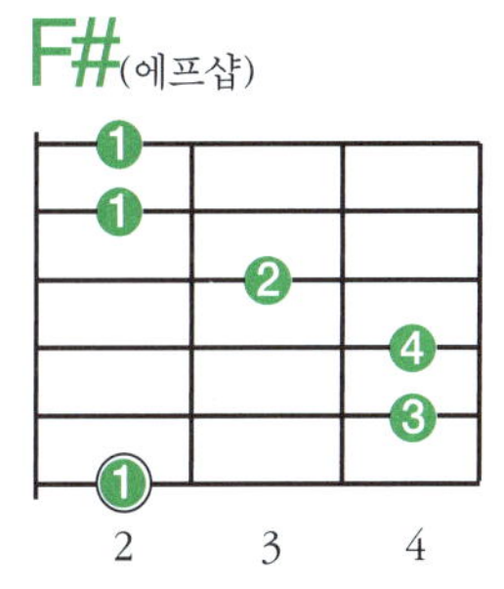

저자 **박해민**

부산예술대학 졸업, 실용음악학 학사
민스뮤직 출판 / 민스뮤직 / 민스 악기(주) 대표

2004	뮤지컬 '렌트' 베이스 세션
2006	밴드 '엘리스' 베이스 세션
2008	그룹 '보이스 컬쳐' 통기타 세션
2013	단편영화 '부자유친 OST' 작곡 및 기타 세션
2013	《통기타 폼나게 쳐봐/초급》 출판
2014	그룹 'Real Acoustic' 결성 및 1st싱글 '설렘' 발매
	가수 '달두리' '이별준비' 작곡, 편곡 및 기타, 베이스 세션
2015	《통기타 폼나게 쳐봐/중급》 출판
	그룹 'Real Acoustic' 2st싱글 Acoustic Dance 발매
	《밴드스쿨/초급》 출판
	이소원 '니가좀말해줘' 편곡 및 기타, 베이스 세션
	Bang-fly 1st싱글 '기다림' 베이스 세션
2016	악기 관련 국내 특허 취득
2017	엘레강스 2nd 싱글 '지구가 울어' 편곡, 세션
2018	《낭만의 통기타/중급》 출판
2019	《낭만의 통기타/초중급곡집》 출판
2020	《낭만의 통기타/고급》 출판
2021	《낭만의 통기타 박통세곡집》 출판
2022	《응답하라 통기타/초급》 출판
2023	《응답하라 통기타/중급》 출판

외 다수의 뮤지컬, 라이브, 녹음 세션

현) 실용음악학원 및 강의센터에서 통기타,
    베이스 기타 강의
현) 'Real Acoustic' 의 리더

현) 실용음악학원 및 강의 센터에서 통기타, 일렉 기타 강의
현) 밴드 '옆집아저씨' 맴버

저자 **최기타(최수현)**

서해대학교 실용음악과(재즈기타 전공) 졸업

1993	KBS 오늘같은밤 기타 세션
1994	이상은 기타 세션
1998	KBS 미니시리즈 '질주' 기타 세션
1999	MBC 미니시리즈 '국회' 기타 세션
2000	MBC 일일연속극 '날마다 행복해' 기타 세션
2003	그룹 '가무진' 레코딩, 라이브 기타 세션
2008	전자첼로 '오아미' 기타 세션
2011	밴드 '옆집아저씨' 결성 활동 중
2012	그룹 '용가리' 편곡 및 기타세션
2013	하이브리드 성인가요 '아라지오' 기타 세션
2014	가수 '미기' Happy love 앨범 기타 세션
	'미기 With 옆집아저씨' 콘서트 공연
2015	배기성 '인간X끼' 편곡 및 기타세션
2016	가수 '미기' 미기스타일 앨범 편곡 및 기타 세션
	외 다수의 라이브, 녹음 세션

발행일 2025년 10월 1일 (개정2판, 1쇄)
발행처 민스뮤직출판
서울특별시 서초구 남부순환로 350길 59-6
저 자 박해민, 최기타(최수현)
편 집 민스뮤직출판 편집부
디자인 이은영

홈페이지 : http://www.minsmusic.kr
ISBN : 979-11-979815-2-4

값 18,000원